Angela Staberoh
ANJA

Angela Staberoh

ANJA

Vom Recht eines Kindes, in Würde zu sterben

Nachwort von
Johann-Christoph Student

Patmos Verlag
Düsseldorf

Dieses Buch ist der Erinnerung an Anja gewidmet.
Das Umschlagfoto wurde sechs Monate
vor Anjas Tod aufgenommen.
Alle Namen und Initialen von im Buch erwähnten Personen,
außer von denen, die schriftliche Beiträge beigesteuert haben,
wurden geändert.

ANGELA STABEROH

Die Deutsche Bibliothek – CIP-Einheitsaufnahme

Staberoh, Angela:
Anja : vom Recht eines Kindes, in Würde zu sterben
Angela Staberoh. Nachw. von Johann-Christoph Student. –
1. Aufl. – Düsseldorf : Patmos, 1998
ISBN 3-491-72382-5

1. Auflage 1998
Umschlagfoto: Angela Staberoh
Umschlaggestaltung: Volker Butenschön
Satz: Utesch GmbH
Druck und Bindung: Grafo, Basauri (Vizcaya)

ISBN 3-491-72382-5

Inhalt

»MAMI, HALS AUCH KAPUTT«

»Mami, Hals auch kaputt«, sagt Anja traurig, als ich sie aus ihrem Bett hebe.

Ihr kleiner Kopf baumelt unkontrolliert hin und her wie bei einer Stoffpuppe mit einem zu langen Hals. Der zweite Schlaganfall innerhalb von drei Wochen hat grausam zugeschlagen. Nach einer linksseitigen Lähmung ist über Nacht auch die rechte Körperseite gelähmt. Das Köpfchen muß gestützt werden wie bei einem Neugeborenen, die Arme hängen schlaff herunter.

Ohne daß es ich es will, drängt sich mir das Bild aus einem Fernsehfilm über Primaten auf: Eine Schimpansenmutter schleppt ihr totes schlaffes Kind noch tagelang in den Wäldern mit sich herum. So trage ich jetzt mein zweijähriges Kind umher. Aber mein Kind lebt noch.

Behutsam lege ich Anja im Wohnzimmer auf die Couch und halte sie eng umschlungen. Meine Bewegungen sind fast roboterhaft. Das Entsetzen über diese abrupte Verschlechterung von Anjas Gesundheitszustand legt sich wie ein lähmender Schleier auf alles Denken und Tun. Verzweifelt versuche ich, Anja den geliebten Lutschedaumen der rechten Hand in den Mund zu stecken.

Es ist unvorstellbar schmerzlich, mit ansehen zu müssen, wie er kraftlos wieder herausrutscht. Auch wenn ich den Daumen an ihrem Mund festhalte, kann sie nicht mehr daran nukkeln, vermutlich registriert sie den Daumen, der so oft als Seelentröster gedient hat, nicht mehr als »ihren« Daumen. Es ist seltsam, daß der Ausfall dieses Freudenspenders mich viel mehr bekümmert als die totale Hilflosigkeit, in der sich Anja jetzt befindet.

Während Uwe mit der Ärztin telefoniert, die sofort kommen will, um uns beizustehen, sieht Anja mich mit großen Augen an, ihre Mundwinkel zucken, und Tränen kullern die Kinderwangen hinunter.

»Mami, Mami«, stöhnt sie, und in dieses Klagen lege ich die nicht ausgesprochene Frage: »Mami, warum?«.

Ich spüre, wie mein Schmerz mich zu überwältigen droht. Nein, ich will Anjas Wehklagen durch den Anblick einer schluchzenden Mami nicht noch verschlimmern. Uwe übernimmt meine Trösterrolle, und ich rette mich ins Zimmer nebenan, um hemmungslos zu weinen. Wie kann das Schicksal nur so grausam sein.

*

Meine Gedanken schweifen einige Jahre zurück.

Wir hatten uns Kinder gewünscht. Nicht so heftig und ausschließlich, wie es bei manchen Ehepaaren der Fall ist, wir ließen uns einfach überraschen. Die erste Überraschung war gelungen:

Ich fühlte mich ausgesprochen wohl während der ersten Schwangerschaft, spielte noch im achten Monat Tennis, hatte allerdings etwas Mühe, bei der Rückhand genügend weit auszuholen, da ja der dicke Bauch die Ausholbewegung einschränkte.

An einem Donnerstag nachmittag im Juni hatte ich mich mit meiner Freundin Doris zu einem Stadtbummel verabredet, um Bettwäsche für den Stubenwagen zu kaufen, den Uwe in liebevoller Kleinarbeit gefertigt hatte. Himmelblau mit bunten Blümchen hatte es mir angetan.

Aber ich war nicht ganz bei der Sache, es beunruhigte mich, daß ich seit Stunden keine Bewegungen meines Kindes mehr gespürt hatte. Doris beruhigte mich lachend:

»Er wird halt auch mal eine Verschnaufpause einlegen!« Es war für sie selbstverständlich, daß es ein Junge werden würde.

Meine Unruhe wuchs von Stunde zu Stunde. Pausenlos flehte ich mein Baby an: »Beweg dich doch, bitte, bitte, nur ein einziges Mal!«

Am nächsten Tag war mein erster Gang zum Gynäkologen, der mir nach erfolgter Untersuchung mit betretenem Gesicht erklärte:

»Es tut mir leid, Ihnen dies sagen zu müssen, aber Ihr Kind ist tot, es sind keine Herztöne mehr zu hören!«

Ich hörte mich ganz mechanisch »C'est la vie« sagen. »C'est la vie«, hämmerte es pausenlos in meinem Kopf, wie wenn eine Schallplatte immer in der gleichen Rille läuft. Ich konnte einfach nichts anderes denken. Normalerweise benutze ich diese Platitüde niemals, sie dachte sich von selbst.

Ich verließ die Praxis und wollte mit dem Auto nach Hause fahren. Wie in Trance bewegte ich den Schalthebel. An der nächsten Ampel wurde meine Fahrt abrupt gestoppt. Ich war auf einen Mercedes vor mir aufgefahren. Es war wirklich leichtsinnig, nach einer solchen Botschaft Auto fahren zu wollen.

Da das Städtische Krankenhaus gerade in einen Neubau verlegt wurde, hatte ich Bedenken, ob ich bis zu der künstlichen Einleitung der Geburt, einige Tage später, nicht Gefahr laufen würde, durch mein totes Kind vergiftet zu werden. Meine Sorge war unbegründet. Wenige Tage später brachte ich unseren Sohn zur Welt. Ein genetischer Defekt hatte zu einer offenen Bauchdecke geführt und die inneren Organe des Babys freigelegt.

Traurig standen Uwe und ich vor dem leeren Stubenwagen, der einen süßen kleinen Schreihals hätte aufnehmen sollen.

Wir packten bald darauf unsere Koffer. Anstatt Windeln zu wechseln und die Aufregungen frischgebackener Eltern zu erleben, mieteten wir uns in New York ein Auto, einen silbergrauen neuen Gremlin, und tauchten für fünf Wochen in das Abenteuer einer Ost-West-Durchquerung der Vereinigten Staaten ein.

*

Wieder saß Uwe an meinem Krankenbett und tröstete mich. Dieses Mal nach einer Fehlgeburt. Nun schien es uns sinnvoll, eine genetische Beratung in Anspruch zu nehmen. Das Humangenetische Institut der Universität T. prüfte, was zu prüfen war, und kam zu dem Schluß, daß man uns grünes Licht geben könne für eine dritte Schwangerschaft. Die bedauerlichen Fehlschläge würden im Bereich der statistischen Wahrscheinlichkeit liegen.

12. SEPTEMBER 1978

Meine Wange wird getätschelt. »Frau Staberoh, hören Sie mich, aufwachen!«

Mühsam öffne ich die Augen, der Narkoseschleier weicht langsam zurück und bei meinem Bemühen um Orientierung fällt mein Blick auf das nebenstehende Babybettchen, in dem ein winziges Menschlein, in weiße Tücher verpackt, den Geburtsstress durch eifriges Daumennuckeln zu bewältigen versuchte. Ungläubig wandert mein Blick zu Uwe und den Gynäkologen, die nach dem Kaiserschnitt um mein Bett stehen.

»Herzlichen Glückwunsch zu Ihrem Töchterchen, es ist alles in Ordnung!« strahlt Dr. D. Noch immer kann ich dieses große Geschenk nicht fassen. Dieses Geschenk nannten wir Anja.

Nach zwei Tagen wird Anja auf die Kinderstation verlegt, als Vorsichtsmaßnahme, wie man uns erklärt, aufgrund einer sich entwickelnden Gelbsucht. Außerdem gibt es Probleme bei der Nahrungsaufnahme.

Als wir Anja das erste Mal auf der Kinderstation besuchen, sind wir entsetzt, unser Kind mit einer auf der Stirn angegipsten Infusionsnadel anzutreffen. Vier Wochen lang wird Anja mittels Infusionen und Nasensonden aufgepäppelt. Sie wird gepikst, gestochen und grellem Licht ausgesetzt. Ebenso wie die Säuglinge in den Bettchen neben ihr, ist sie der Möglichkeit beraubt, sich auf sanfte Art an dieses Erdenleben zu gewöhnen. Eine Narbe auf ihrem Handrücken bleibt als Erinnerung an diese unsanfte Anpassungsphase zurück. Auf unsere besorgte Frage, ob diese entbehrungsreiche Zeit nicht ein Trauma bei unserem Kind hervorrufen würde, beruhigt uns die Säuglingsschwester:

»Babys sind plastisch in ihrer Entwicklung, sie werden ihre

frühkindlichen Erlebnisse gut verarbeiten.« Wir sind einigermaßen beruhigt.

Wir litten mit unserem Kind. Es war dies sozusagen der erste Probelauf für die Ereignisse, die noch vor uns lagen.

In der Klinik fiel uns erstmals eine außergewöhnliche Marmorierung von Anjas Haut auf. Bevor Anja nicht das Gewicht von 3000 Gramm erreicht hatte, wollten die Ärzte sie nicht entlassen. Wir hatten volles Vertrauen zu ihnen. Als wir Anja nach Hause nahmen, fragte ich den diensthabenden Kinderarzt sogar, ob ich mit Anja schon an die frische Luft gehen oder ob dies schädlich für sie sein könnte.

Diese übergroße Besorgnis setzte sich zu Hause fort. Ich glaube nicht, daß es in Friedrichshafen einen zweiten frischgebackenen Vater gab, der soviel Gluckeninstinkte entwikkelte wie Uwe. Nachts brachte er mir Anja zum Stillen. Sobald sie den letzten Tropfen getrunken hatte, nahm er sie von der Brust weg und legte sie auf die Waage , um zu kontrollieren, ob sie wirklich auch genügend Nahrung aufgenommen hatte. Fein säuberlich trug er in einem Diagramm die tägliche Milchaufnahme ein, ebenso die Menge an Fenchel- und sonstigen Babytees. Das einzige, was darin noch fehlte, war die Anzahl der Bäuerchen, die unser Baby täglich produzierte.

Die anfänglichen Routineuntersuchungen beim Kinderarzt blieben ohne Befund. Anja entwickelte sich wie ein normales Kind und es schien ihr gut zu gehen bis zum Ende ihres ersten Lebensjahres.

Anja konnte plötzlich nur noch unter großen Schmerzen ihr großes Geschäftchen verrichten. Untersuchungen an der Kinderklinik in Friedrichshafen ergaben eine Darmverengung. Als weitere Anomalien wurden eine doppelt angelegte Vagina und ein Rückfluß von der Harnblase zur Niere festgestellt. Auf Empfehlung der Ärzte ließen wir in Narkose eine Anusdehnung bei Anja vornehmen, die jedoch nur vorübergehende Erleichterung brachte, so daß der Eingriff wiederholt werden mußte. Erst im Laufe des zweiten Lebensjahres konnte sie ballaststoffreiche Ernährung zu sich nehmen, so daß die Auswirkungen der *Darmstenose* nur noch selten zu schmerzhaften Entleerungen führte.

*

Das erste Mal konnten wir eine Urlaubsreise planen. Portofino.

Das bezaubernde kleine, eindreiviertel Jahre alte Persönchen im weißen Rüschenkleid, blitzenden weißen Mausezähnchen, dunkelblondem Bubikopf und großen blauen Kulleraugen, hatte es dem jungen schwarzlockigen Parkplatzwächter angetan.

»*Que bella é!*«

Meine Italienischkenntnisse reichten aus, um zu verstehen, was er mir gestikulierend und immer wieder auf Anja zeigend, vermitteln wollte. Heiraten wollte er sie unbedingt in so etwa fünfzehn Jahren. Wir lachten schallend, und Anja genoß es, mit so viel Aufmerksamkeit bedacht zu werden.

Uwe stöhnte: »Wenn das jetzt schon anfängt, dann werden zu dieser Zeit ganze Heerscharen von verliebten Katern um das Haus herum streunen.«

Ziemlich genau fünfzehn Jahre später standen wir jedoch trauernd am Grab unseres Kindes.

Ich weiß noch genau, wie Anja nach unserer Rückkehr aus Italien um ein Uhr morgens sofort in ihr Kinderzimmer rannte, sich auf ihr Dreirad setzte und im Wohnzimmer putzmunter ihre Runden drehte, während wir, todmüde von der langen Fahrt, sie von den Vorteilen einer erholsamen Nachtruhe zu überzeugen suchten.

*

Wenige Nächte später riß mich Anja mit angstvollem Schreien aus dem Schlaf. Ich nahm sie aus dem Bettchen, um sie in meinen Armen zu beruhigen. Sie wehrte sich dagegen und stieß mich weg. Mein Versuch, Anja auf den Boden zu stellen, war erfolglos. Anja sackte zusammen, die Beinchen knickten einfach um. Uwe war ebenfalls herbeigeeilt und trug unser hysterisch schreiendes Kind aus dem Haus, ins Freie, in der Hoffnung, daß es vielleicht draußen zur Besinnung kommen würde. Nach einer Weile beruhigte sie sich, und als wir wieder in die Wohnung zurückkehrten, konnte Anja wieder stehen. Mit ihrem Daumen im Mund als Einschlafhilfe kam sie wieder zur Ruhe.

Die Kinderärztin, der ich diesen Vorfall schilderte, beruhigte mich: »Kinder können sich gelegentlich in eine solche Hysterie hineinsteigern, daß auch einmal Funktionen kurzzeitig ausfallen können.« Wir vergaßen dieses ungewöhnliche nächtliche Vorkommnis schnell wieder.

Aus heutiger Sicht können wir feststellen, daß dies die erste *ischämische* Attacke, das heißt, der erste kleine Schlaganfall war.

Wir waren sehr glücklich mit Anja. Sie entwickelte sich normal, auch wenn sie immer noch untergewichtig und sehr zart für ihr Alter war. Die Routineuntersuchungen bei der Kinderärztin verliefen immer noch zur vollsten Zufriedenheit. Anja war ausgesprochen kontaktfreudig, und die Nachbarskinder rissen sich darum, mit ihr spielen zu dürfen.

Wenn ich am Sandkasten saß und Anja freudestrahlend und beifallheischend auf ihre neuesten, selbstgebackenen Sandkuchenkreationen aufmerksam machte, wanderten meine Gedanken manchmal zu Berichten über Indianerfrauen, die ihren gesunden, hübschen Kindern die Gesichter mit Asche einrieben, damit die Götter nicht neidisch werden würden. Oder zu den Opferriten im antiken Griechenland, als man bei einer Glückssträhne ebenfalls den Göttern opferte, um sie nicht mißgünstig zu stimmen. Ich hatte ein lebhaftes Bedürfnis, es ihnen gleichzutun.

»Anja, halt!« rufe ich entsetzt. Anja hält erschrocken in ihrem Vorhaben inne, auf dem Balkon vom Tisch auf ihre Matratze zu klettern, die ich zum Lüften zwischen Brüstung und Tisch gelegt hatte. Wie konnte ich nur so sorglos sein, die Balkontür offen stehen zu lassen. Wäre ich nur zwei bis drei

Sekunden später im Wohnzimmer erschienen, wäre Anja vielleicht schon auf das andere Ende der Matratze geklettert, das über die Brüstung ins Freie hinausragte und elf Stockwerke in die Tiefe gestürzt. Zitternd vor Schreck hole ich Anja vom Tisch herunter. Die Götter waren anscheinend doch nicht neidisch gewesen. Nie im Leben hätte ich mir verziehen, wenn Anja aufgrund meiner Leichtsinnigkeit mit zerschmetterten Gliedern am Fuß des Hochhauses gelegen hätte.

*

Drei Tage vor ihrem zweiten Geburtstag bekommt Anja plötzlich Fieber, ihr Gesichtchen verzieht sich immer wieder zu einem weinerlichen Ausdruck, ohne daß sie jedoch wirklich weint. Es tut mir in der Seele weh, sie so stumm leiden zu sehen. Auf meine bohrenden Fragen: »Was fehlt dir denn, mein Mäuschen?« schüttelt sie nur den Kopf. Wenn Anja sich gelegentlich in Wutausbrüchen übt und dabei weint, wie andere Kinder dies auch tun, löst dies keinerlei Mitgefühl aus, aber diese Mundwinkel, im Schmerz stumm nach unten verzogen, so als ob sie die Zähne zusammenbeißen wollte, graben sich tief in mein Gedächtnis ein.

Die Hälfte des Tages verschläft Anja, was bisher noch nie vorgekommen war. Die Kinderärztin vermutet eine leichte Mittelohrentzündung. Sie hätte sich nicht gründlicher irren können.

Ich überlege mir, ob ich die Einladung für den Kindergeburtstag wieder rückgängig machen soll. Aber am nächsten Tag sind Schmerzen, Schläfrigkeit und Fieber wie weggewischt. Anja fühlt sich wieder wohl, und die Vorkommnisse des Vortages erscheinen mir wie ein böser Spuk. Erst Monate später stellt er sich als Mosaiksteinchen eines Gesamtbildes dar.

»Ich will auch so ein Auto!« fordert mit Nachdruck der kleine Stefan und zeigt begehrlich auf das gelbe Postauto, das Anja soeben dem Geschenkpapier entnommen hat. Zwei kleine Knirpse und drei junge Damen im zarten Alter von zwei bis vier Jahren sitzen am Tisch mit schokoladeverschmierten Mäulchen und erwartungsvollen Augen. Das Kasperle und die böse Hexe waren doch angesagt. Anja trägt das weiße Rüschenkleidchen, in dem sie schon in Portofino das Herz des jungen Italieners entflammt hatte. Ihr Gesichtchen ist gerötet vor Aufregung und Freude. »Kasperle, komm!« stimmt sie mit ein in die Willkommensrufe der anderen Geburtstagsgäste. Keiner ahnt, daß dies der letzte »normale« Geburtstag unseres Kindes sein sollte.

EIN SCHICKSALSTRÄCHTIGER TAG

19. September 1980

Wie jeden Morgen tönt es aus dem Kinderzimmer: »Mami, aufwecken!« – auf meine Antwort wartend: »Ja, Mäuschen, ich komme sofort«! Was in der Realität jedoch bedeutet, daß ich mich wieder in meine Decke einkringele, um noch ein paar Minuten die wohlige Wärme des Bettes zu genießen. Heute sind jedoch die Rufe eindringlicher. Als ich an Anjas Bett stehe, wundere ich mich, daß sie sich nicht über das Gitter lehnt und mir die Arme entgegenstreckt, wie sie es sonst immer zu tun pflegt, sondern noch auf dem Rücken liegt.

Nachdem das Gitter nach unten geklappt ist, hebe ich Anja hoch und stelle sie auf den Fußboden, wo sie wie ein Taschenmesser zusammenklappt. Wir sind beide fassungslos. Noch einmal versuche ich Anja hinzustellen, wieder versagen die Beinchen, und sie kippt weg in meine Arme, die ich vorsorglich ausgebreitet habe. Nun fällt mir auch auf, daß der rechte Arm schlaff herunterhängt. Entsetzt starre ich mein Kind an und murmle immer wieder vor mich hin: »Das kann doch nicht wahr sein.«

Anjas rechte Körperhälfte ist gelähmt. Ich informiere in knappen Worten Uwe im Büro, bestelle ein Taxi, das Anja und mich zur Kinderärztin bringen soll und trage Anja behutsam nach draußen. Mit großen Augen schaut sie mich an, schmiegt sich an mich und scheint die ganze Hektik gar nicht zu verstehen. Offensichtlich hat sie keine Schmerzen, was mich etwas beruhigt.

Bei der Kinderärztin – Uwe war schon eingetroffen – werden wir sofort an die Städtische Kinderklinik überwiesen. Dort warten auf Anja die ersten Torturen. Infusion legen zur Verabreichung von Cortison und weiteren Medikamenten, Rückenmarkspunktion, Röntgen. Zu der damaligen Zeit war es Eltern nicht erlaubt, bei den Untersuchungen ihrer Kinder anwesend zu sein. Es zerreißt uns fast das Herz, wenn Anja vom Klinikpersonal abgeholt wird zu schmerzhaften Untersuchungen und wir sie noch eine Station weiter in höchster Not schreien hören: »Mami, gleich vorbei.« Mit diesen Worten, »Anja, es ist gleich vorbei«, hatten wir zuvor versucht, sie zu beruhigen und zu trösten.

Es war mir jedoch in den nächsten Nächten erlaubt, bei Anja im Krankenzimmer zu übernachten, was eine große Erleichterung für uns alle war. Uwe kam nach Büroschluß sofort ins Krankenhaus und wir saßen meistens zu dritt auf dem Krankenbett, engumschlungen, unser halbseitig gelähmtes Kind, an Infusionen hängend, in der Mitte. So hatten wir auf der Station schnell unseren Spitznamen weg: »Die heilige Familie.«

*

Die Lähmung an Anjas rechter Hand ist nach ein paar Tagen fast vollständig zurückgegangen. Das rechte Bein jedoch versagt nach wie vor seinen Dienst.

Da Anjas Krankheitssymptome für die Städtische Kinderklinik nicht einzuordnen waren, wurden wir nach Tübingen verlegt. Uwe nahm Urlaub, und wir sahen mit gemischten Gefühlen dem Aufenthalt in einer Universitätsklinik entgegen. Wie angenehm waren wir überrascht über die beinahe familiäre Atmosphäre, die auf der Kinderstation herrschte. Uns wurde das Gefühl vermittelt, daß wir die Partner von Pflegepersonal und Ärzten sind. Dies war eine neuartige Erfahrung für uns.

An der Hand geführt, macht Anja die ersten unbeholfenen Gehversuche, sie ist wieder fröhlich geworden und genießt es, wenn die Kinderschwester ihr ein paar Salzstangen zusteckt. Interessiert betrachtet sie den fünfjährigen krebskranken Nikki, der ohne Scheu sein Glatzköpfchen trägt und den Infusionsständer, mit dem er verbunden ist, spazieren fährt.

Die räumlichen Verhältnisse waren jedoch so beengt, daß

es unmöglich für die Eltern war, neben ihrem kranken Kind zu übernachten, so daß wir beide außerhalb der Klinik unser Quartier suchen mußten.

Für den nächsten Tag ist eine Angiographie in Vollnarkose vorgesehen, um die cerebralen Gefäße darzustellen. Wir werden über die Risiken aufgeklärt und dann beginnt das zermürbende Warten.

Ich beobachte die geschäftig hin- und her eilenden Krankenschwestern und mit fortschreitender Zeit glaube ich an ihrem Gesichtsausdruck zu erkennen, daß irgend etwas schief gelaufen sein mußte mit unserem Kind. Sind die Bewegungen nicht viel hektischer und die Mimik viel ernster geworden als zuvor? Ich werde zusehends nervöser. Es hatte ganz sicher Komplikationen gegeben.

Dann die Erlösung. Ein Krankenbett wird hereingefahren, Anja blinzelt noch etwas benommen, und die Krankenschwester berichtet freudestrahlend, daß alles gut gelaufen sei. Es war nicht alles gut gelaufen, aber dies stellte sich erst einige Wochen später heraus, denn bei diesem Eingriff war eine Thrombose oder Gefäßverletzung im rechten Oberschenkel entstanden mit fortschreitender Verkümmerung des rechten Beines. Jetzt jedoch bin ich zutiefst erleichtert.

»Auf diesem Röntgenbild ist sehr gut das *Rete mirabile*, das sogenannte Wundernetz, zu sehen.« Der Neurologe zeigt dabei auf eine Angiographie von Anjas Gehirn. Wir sitzen zusammen im Kreis mit verschiedenen Ärzten. Anja patschte unterdessen voller Begeisterung mit Fingerfarben im Spielzimmer der Klinik. »Die Hauptgefäße im Gehirn bei Anja sind verschwunden, statt dessen hat sich ein Netz von Kleinstgefäßen, die *Kollateralen*, gebildet, um die Notversorgung des Gehirnes aufrechtzuerhalten. Diese Symptomatik ist dem ›*Moya-Moya-Syndrom*‹ zuzuordnen. Jedesmal, wenn ein größerer Gefäßverschluß stattfindet, löst dies einen Schlaganfall aus, der mit dem Funktionsverlust einer bestimmten Gehirnpartie einhergeht. *Moya-Moya* ist ein japanisches Wort und heißt soviel wie ›Nebel‹ oder ›Dunst‹. Die Krankheit wurde das erste Mal Anfang der sechziger Jahre in Japan beschrieben. Die Analogie zum Nebel wurde gewählt, weil die vielen kleinen zerebralen Notgefäße sich auf der Angiografie nur noch als Rauch oder Nebel darstellen.«

Alle starren auf die Gefäßaufnahme unseres Kindes. Dieser japanische Nebel legt sich nun auch auf unser Denken. Das war doch gar nicht möglich, das konnte einfach nicht sein. Das gab's doch gar nicht – wiederholt auftretende Schlaganfälle bei Kindern! Der Neurologe muß dies falsch interpretiert haben.

Nur noch wir beide sitzen jetzt dem Spezialisten gegenüber. »Es tut mir leid, daß ich Ihnen keine positivere Diagnose mitteilen konnte. Im Moment können wir hier nichts mehr für Ihr Kind tun. Ich würde Ihnen empfehlen, sich an die Universitätsklinik in Freiburg oder in Zürich zu wenden, da dort mehr Erfahrungen bei Gefäßerkrankungen bei Kindern vorliegen.«

Wir sträubten uns einfach gegen die Wahrheit. Es war zu grausam, was unser Kind erwarten würde, wenn wir die Prognose akzeptieren würden. Es mußte ein Irrtum vorliegen. Als wir wieder alleine waren, widerlegte Uwe die Aussage des Neurologen mit Analogien aus der Hydraulik. Hatte er nicht auf der Universität gelernt, daß sich Flüssigkeiten bei Staus und Verschlüssen anders verhalten würden als so, wie das der Neurologe geschildert hatte? Uwe erwähnte irgend etwas von Kapillarwirkung, er mußte einfach mehr davon verstehen als der Neurologe!

Ja, es war offensichtlich, Anja hatte einen Schlaganfall erlitten. Aber hatte nicht die Kinderärztin gemeint, Kinder erholen sich viel schneller als Erwachsene von zerebralen Schädigungen? Wir würden intensive Krankengymnastik betreiben mit Anja. Hatte nicht die Sprinterin Wilma Rudolf als Kind ein gelähmtes Bein? Und hat sie nicht später die Goldmedaillen nur so abgesahnt? Es würde ja vollkommen reichen, wenn Anja das Tennisspielen lernen könnte. Diese Vision war ganz lebhaft vor meinen Augen. Uwe würde Anja trainieren, so wie er auch mich trainiert hatte. Und irgendwann würde Anja sagen: »Ach Papi, du bist auch nicht mehr der schnellste, und außerdem solltest du die Vorhand besser durchziehen!«

Der Chauffeur des Krankenwagens, der uns wieder in Richtung Bodensee fuhr, wunderte sich über die eher euphorische Stimmung, in der wir uns befanden. Vermutlich hatte er gramgebeugte Eltern erwartet, die mit ihrem schwerkranken Kind nach Hause wollten.

Es würde ja alles gut werden. Gleich morgen würden wir uns einen Termin bei der Krankengymnastik geben lassen.

DER ALPTRAUM

Zwei Wochen nach dem Befund »Moya-Moya« tritt Frau Dr. Z. fast geräuschlos ins Wohnzimmer. Mit besorgtem Blick beugt sie sich zu Anja nieder, um ihr von Fieber heißgerötetes Gesichtchen zu streicheln: »Jetzt werde ich dich nur ganz kurz piksen, und dann wird es dir besser gehen«, versucht sie Anja zu trösten. Nach der Valiumspritze hört Anja auf zu wimmern und schläft in Uwes Armen ein.

Erst jetzt kommt uns die ganze Tragweite der Ereignisse dieses Morgens voll zu Bewußtsein. Fassungslos betrachten wir unser nun beidseitig gelähmtes Kind und wischen ihm behutsam die Schweißperlen von der Stirn. Dies kann doch nur ein Alptraum sein, aus dem wir jeden Augenblick erwachen werden. Unser Kind wird sich wieder ausgelassen im Kreis drehen und »'ingel-'ingel-'eihe, sind de' Kinder 'eihe« singen, wie sie es schon so oft getan hatte. Uwe wird seine kleine Prinzessin einfangen, durch die Luft wirbeln und mit einem Purzelbaum das Ringel-Reihe-Spiel beenden. Der Alptraum läßt sich jedoch nicht wegwischen, er bleibt Wirklichkeit.

»Wenn Sie mich noch brauchen sollten, dann rufen Sie mich in der Praxis an. Ich habe heute Samstagsdienst. Sie sind sehr stark im Ertragen eines solchen Schicksalsschlages. Wenn ich daran denke, zu welchen Bagatellerkrankungen ich heute noch gerufen werde, dann wird es mir schon schwerfallen, überall die erwartete ernsthafte Anteilnahme zu zeigen.«

Mit diesen Worten verabschiedet sich Frau Dr. Z.

Stumm halten wir Wache bei unserem Kind. Was sollten wir in unserer Verzweiflung tun: Den ganzen Tag wehklagen, uns gemeinsam vom Balkon in die Tiefe stürzen? Wir sind hilflos diesem Schmerz ausgeliefert. Warum muß Anja dieses

Leid ertragen? Wie wird es weitergehen? Gibt es doch noch eine Hoffnung auf Heilung? Würde Anja bald sterben? All diese Fragen tauchen langsam aus der Betäubung auf.

Es ging weiter.

Die Ärztin hatte nicht einmal versucht, uns vorzuschlagen, Anja sofort in ein Krankenhaus zu bringen.

Obwohl sich die Ereignisse überschlagen hatten und uns keine Zeit blieb, unterschiedliche Vorgehensweisen abzuwägen, bestand sofort Übereinstimmung zwischen Uwe und mir, daß wir Anja nicht stationär aufnehmen lassen würden, bevor nicht Klarheit über eine erfolgversprechende Therapie bestehen würde. Wir wurden beide beeinflußt von der Aussage des Tübinger Neurologen: »Wir können im Moment nichts für Ihr Kind tun.« Diese eingestandene Hilflosigkeit des Gehirnspezialisten bestimmte intuitiv unser Handeln.

In die Realität übertragen hieß dies, daß in der Städtischen Kinderklinik irgendwelche Standardmaßnahmen ergriffen worden wären, weil man ja nicht inaktiv hätte bleiben können. Diese Quälerei ohne therapeutischen Effekt mußten wir Anja ersparen. Es würde keine »Heilige Familie« geben.

Abends rief ich Peter an, der als Internist in Stuttgart praktizierte, ein Bekannter aus längst vergangenen Tagen. Ich schilderte ihm unsere Situation. »Laßt das arme Würmchen bei euch zu Hause sterben«, hörte ich seine Worte am Telefon. Zum ersten Mal war das Wort Sterben laut ausgesprochen worden. Es wirkte wie ein Schock.

Nein, Anja durfte nicht sterben, wir würden unser ganzes Vermögen opfern, um irgendwo in der Welt eine Therapie für unser krankes Kind zu finden. Diese Paarung von Verdrängungsmechanismus, Sinn für Realität und Praxisbezogenheit würde noch ein ganzes Jahr lang der Motor für unser Handeln sein.

Jetzt stand erst einmal die praktische Seite im Vordergrund. Wie konnten wir die täglichen Dinge des Lebens für Anja so angenehm wie möglich gestalten? Wie könnten wir ihr, trotz der enormen Beeinträchtigung ihrer Körperfunktionen, Lebensfreude vermitteln?

Von Vorteil erwies sich nun, daß ich meine Berufstätigkeit mit Anjas Eintritt in unser Leben aufgegeben hatte. So konnte ich rund um die Uhr für ihre Pflege bereit sein. Natürlich benötigte ich ebenfalls Erholungsphasen.

Uwe und ich gaben unser gemeinsames Schlafzimmer auf, um im Wechsel mit Anja die Nacht zu verbringen. Von Montag bis Freitag schlief Anja in meinem Zimmer und am Wochenende bei Uwe, damit ich die Möglichkeit bekam, zwei Nächte durchzuschlafen. Ich wollte nicht, daß Uwe wochentags Nachtdienst bei Anja machte, da er es sich nicht leisten konnte, daß tagsüber bei seiner Arbeit der Kopf nach unten fallen und sonores Schnarchen seinen Schlafmangel kundtun würde.

Wir wollten Anja das Gefühl einer nicht abbrechenden Geborgenheit geben. Wenn sie sich schon nicht auf die zuverlässige Steuerung ihrer Körperfunktionen verlassen konnte, so sollte sie sich wenigstens auf Mami und Papi verlassen können.

Nachts war es notwendig, sie immer wieder zu drehen, da sie aus eigener Kraft nicht mehr fähig war, ihre Schlafposition zu ändern. Aufs Töpfchen mußte sie ja auch gelegentlich. So wurde ich nachts geweckt von einem piepsenden Stimmchen: »Mami, Pipi machen!« Trotz der tiefgreifenden körperlichen Veränderungen hatte Anja nicht wieder eingenäßt. Sie war Tag und Nacht trocken und trug keine Windel mehr.

Der Tagesablauf mußte neu gestaltet werden. Wenige Tage nach dem zweiten Schlaganfall begann Anja sich wieder wohler zu fühlen. Sie jammerte nicht mehr und wollte nicht mehr ausschließlich schmusen. Ihre Kinderbücher wollte sie hören, vom Zappelphilipp und die Abenteuer des Mäuschens Genoveva. Mit ihrer Lieblingsspeise, Nudeln mit Tomatensoße, mußten wir sie füttern, da sie nicht mehr alleine essen konnte. Auf einer Matratze, die wir im Wohnzimmer in eine Ecke gelegt hatten, türmten wir viele Kissen und mitten hinein setzten wir Anja, nach beiden Seiten so ausgepolstert, damit sie nicht umkippen konnte. In dieser Position konnte sie mit der nur leicht geschädigten rechten Hand, die jetzt – nachdem die linke total schlaff war – die Aktivität übernommen hatte, schon wieder kleine Türmchen bauen.

Wenn ich dann anerkennend in die Hände klatschte und erzählte, daß in dieses Türmchen sicherlich der Mäusejunge Robert einziehen und ihr zuwinken würde, dann strahlte sie wie zu gesunden Zeiten und erklärte ernsthaft: »Anja auch in Turm zu 'obert.« Sie hatte häufig noch Schwierigkeiten, den ersten Konsonanten eines Wortes auszusprechen.

*

Mißtrauisch beäugt Anja die fremde Umgebung. Als sie jedoch andere Kinder mit einem Ball spielen sieht, ist sie beruhigt.

Aufmerksam beobachte ich, wie die Krankengymnastin, Frau C., Anja zu motivieren versucht, die schlaffe linke Hand zu einer roten Stoffpuppe hin zu bewegen. Natürlich grapscht Anja schnell mit der rechten danach. Das war ja wohl nicht der Sinn dieses Spielchens. Also, das Ganze noch einmal. Unauffällig hält Frau C. Anjas Rechte fest. Ein paar Zentimeter nur bewegt sich ihr linker Arm zu dem begehrten Püppchen hin.

Dies war also das Förderprinzip: Anja spielerisch zu motivieren, die gelähmten Glieder einzusetzen. Nach einigen Therapiestunden fühlte ich mich in der Lage, diese selbständig fortzuführen. Nur durch genaueste Beobachtung von Anjas Motorik konnte ich erkennen, wo sich Ansätze zur Regenerierung zeigten. Was mich bei Anja beeindruckte, war, daß sie die starke Beeinträchtigung ihrer motorischen Funktion inzwischen als gegeben ansah, so, als sei es nie anders gewesen.

Drei Wochen später versuchte Anja immer wieder, vom Sitzen in den Vierfüßlerstand zu kommen. Irgendwann gelang es. Die schlaffe Lähmung des linken Arms war zurückgegangen, so daß sie sich mit beiden Armen auf dem Boden abstützen konnte, noch etwas wackelig, aber sie fiel nicht mehr zur Seite.

Was waren da doch für verlockende Objekte in drei Meter Entfernung: Die Lieblingspuppe »Pepe«, mit ihren roten krausen Haaren, die ein Stückchen Schokolade in der Hand hielt.

»Anja, komm mal her zu mir, willst du nicht von meiner Schokolade naschen?« quäkte Pepe. Ein paar Zentimeter rutschten Anjas Knie auf dem Fußboden entlang. Sehnsüchtig blickte sie zu der Schokolade hin. Pepe näherte sich Anja so weit, daß sie nochmals einen Versuch unternehmen mußte, um an die begehrte Süßigkeit heranzukommen.

In kleinen Schritten verbesserten sich Anjas motorische Funktionen. Sie konnte wieder alleine essen und sich nachts auch wieder ohne Hilfe im Bett umdrehen. Allerlei Spiele dachte ich mir aus, um Anja, ohne daß sie sich dessen bewußt wurde, wieder mehr Selbständigkeit zu geben. Eines ihrer Lieblingsspiele war »Frau Dr. Schulz«. In leidendem Tonfall stellte ich fest:

»Oh, die Anja hat sich die rechte Hand angestoßen, da müssen wir sie aber schnell verbinden, damit sie nicht mehr weh tut!«

Verschmitzt lächelnd streckte mir Anja die Rechte hin zum Verbinden. Nun begann die eigentliche Therapie. Mit der schwer geschädigten Linken mußten dem armen Pepe, der doch auch eine verletzte Hand hatte und sich nicht selber helfen konnte, viele Klötzchen in den Laderaum des Lastwagens gefüllt werden, damit er ein Puppenhaus bauen konnte. Irgendwann erlahmte ihr Eifer. Pepe dankte ihr überschwenglich für ihre Hilfe.

Das nächste Mal mußte Pepe wieder andere Arbeiten verrichten, zu denen er dringend Anjas Hilfe benötigte.

Um die Beinmuskeln zu kräftigen, war der Einsatz der »Hexe Wackelzahn« gefordert.

Obwohl ich kein Talent zum Basteln und Malen habe und auch Stricken, Häkeln und ähnliches verabscheue, hatte ich mich vor Weihnachten von einem Mütterkreis einladen lassen, in dem Kasperlefiguren gebastelt wurden. Trotz meiner zwei ›linken Hände‹ hatte ich das Bedürfnis, für Anja selber Puppen anzufertigen. Die Endprodukte waren zumindest ansehnlich.

Auf eine weitere Teilnahme an diesen Mütterkreisen verzichtete ich jedoch. Die anderen Mütter hatten ausschließlich gesunde Kinder, die nach deren Aussage überhaupt nicht gesund waren. Ich mußte mir die ausführlichen Schilderungen von lebensbedrohenden Mandeloperationen, gefährlichen Blinddarmentfernungen und Keuchhustenattacken anhören. Es fehlte mir einfach die notwendige Ernsthaftigkeit, diese Ereignisse entsprechend zu würdigen. Ich verstummte, was konnte ich schon derlei Dramatik entgegensetzen. Was sind schon zwei Schlaganfälle meines Kindes im Vergleich zu einer langwierigen Mittelohrentzündung. Es wurde ohnehin peinlichst vermieden, mich nach meinem kranken Kind zu fragen.

Ich war offensichtlich untauglich geworden für ganz normale Kommunikationsformen.

*

»'exe 'ackelzahn, 'exe 'ackelzahn«, ruft Anja in freudiger Erwartung. Über dem aufgespannten Tuch im Kinderzimmer erscheint die Hexe Wackelzahn.

»Grüß Gott, Anja«, krächze ich stellvertretend für die Hexe, »das Kasperle hat mir heute morgen gesagt, daß er nur kommen kann, wenn ich vorher fünf Kniebeugen gemacht habe. Aber ich bin doch so alt und klapprig. Ich schaffe das nicht mehr. Kannst du denn nicht die fünf Kniebeugen für mich machen, damit der Kasper kommen kann?«

Das ist überhaupt keine Frage. So schnell kann ich gar nicht die Puppenfiguren fallen lassen und Anja an beiden Armen fassen, wenn sie ruft: »Mami, sofort 'niebeugen machen!« damit das Kasperle endlich kommen kann.

Morgen würden mir schon wieder neue Tricks einfallen, um Anja zu entsprechenden Übungen zu veranlassen.

Inzwischen war Anja wieder zu einem Sonnenscheinkind geworden, das gerne lachte und mit neugierigen Fragen die Welt für sich erschließen wollte.

Im Dezember konnte Anja wieder, an einer Hand geführt, gehen. Freies Stehen oder Laufen war nicht möglich. In der Wohnung bewegte sie sich auf allen vieren vorwärts, d.h. sie schleifte die Knie auf dem Boden entlang. Wir nannten diese Vorwärtsbewegung Krabbeln. Nachdem sie grundsätzlich die »gute Hand« zum Spielen einsetzte und die linke nur, wenn sie mit beiden Händen etwas festhalten wollte, verbesserte sich deren motorische Funktion nur langsam.

*

Es machte Anja Spaß, wenn wir Spaziergänge unternahmen und sie, jetzt wieder im Buggy sitzend, mit anderen Kindern Kontakt aufnehmen konnte. Doch dies war inzwischen zu einem großen Problem geworden – der Verlust der sozialen Kontakte. Es war deprimierend mit ansehen zu müssen, wie Anja die Nähe gleichaltriger und etwas älterer Kinder suchte. Diese zeigten jedoch kein Interesse mehr, mit ihr zu spielen. War sie vor ihrer Erkrankung der Favorit gewesen, machten ältere Kinder jetzt einen Bogen um sie, um meiner Frage zu entgehen: »Hättest du nicht Lust, ein bißchen zu Anja zum Spielen zu kommen?« Die Kleineren näherten sich meist dem Buggy, zeigten mit dem Finger auf Anja und wollten wissen: »Was hat die?« Die gelegentliche liebevolle Betreuung durch die beiden Großmütter war kein Ersatz für gleichaltrige Spielkameraden.

Bis zum Ende ihres Lebens würde Anja dieses sehnsüchtige Hinterherschauen nach anderen Kindern beibehalten. Und bis an unser Lebensende werden Uwe und ich bei der Erinnerung daran einen schmerzhaften Stich im Herzen spüren.

Ich faßte den Entschluß, mich gegen dieses soziale Abseits zu wehren. Es würde irgendwo Menschen geben, die sich nicht abschrecken lassen würden von Anjas schwerer Behinderung, man müßte diese Menschen nur suchen.

»Welche Mutter wäre daran interessiert,
regelmäßig ein- bis zweimal pro Woche ihr Kleinkind
zu Mutter mit gelähmtem Kind, zwei Jahre alt,
zum Spielen zu schicken?«

Dieses Inserat, das ich in der lokalen Tageszeitung aufgeben wollte, hatte ich vorbereitet, als ich mit Anja eingeladen wurde zu einem Kaffeeklatsch mit meinen Cousinen, die nur ein paar Straßen weiter entfernt wohnten. Ich erzählte ihnen von meinem Vorhaben, in der stillen Hoffnung, sie würden mir den Vorschlag machen, daß Anja natürlich regelmäßig zu ihren Kindern zum Spielen kommen könnte. Das erwartete Echo blieb aus. Fairerweise muß ich bemerken, daß ich nicht weiß, wie ich mich verhalten hätte an ihrer Stelle. Hätte ich ein solches Opfer gebracht? Ich weiß es einfach nicht.

Also würde ich gleich morgen das Inserat aufgeben.

Nach dessen Erscheinen in der Tageszeitung blickte ich tagelang wütend auf das Telefon, weil es einfach nicht klingeln wollte. Ein zweites Mal erschien das Inserat, und diesmal klingelte das Telefon gleich zweimal. Eine junge Mutter bot mir an, ihre zwei kleinen Jungen, Andy und Alexander, einmal in der Woche vormittags zu mir zu bringen, und einmal könnte Anja zu ihr kommen.

Der zweite Anruf, der eine bis heute andauernde Freundschaft einleiten sollte, kam von einer Lehrerin, die nach der Geburt ihrer Töchter, Irina und Ute, sich für mehrere Jahre hatte beurlauben lassen. Die Hilfsbereitschaft dieser zwei Mütter ermöglichte es Anja, viermal in der Woche vormittags, sich mit gleichaltrigen Spielgefährten auseinanderzusetzen. Außerdem machten die von Hexe Wackelzahn verordneten Kniebeugen noch mehr Spaß in der Gemeinschaft anderer.

*

Unterdessen lief die Suche nach möglichen Therapien für die Moya-Moya-Erkrankung auf Hochtouren. Wir hatten inzwischen auch in der medizinischen Fachliteratur nach weiteren Informationen über dieses Syndrom geforscht. Der fortschreitende cerebrale Gefäßverschluß war bislang vorwiegend bei japanischen Kindern vorgekommen. Auf Grund der uns 1981 vorliegenden Literatur bestand eine statistische Wahrscheinlichkeit von etwa 1 : 20 Millionen, sich diese Krankheit zuzuziehen, deren Ursache, erworben oder angeboren, nach wie vor unbekannt war. Es war mit immer wiederkehrenden Schlaganfällen zu rechnen, die neurologische Ausfälle auslösen würden, wie z.B. wechselseitige Lähmungen, Sprachverlust, Gesichtslähmungen, Epilepsie, Gesichtsfeldausfälle sowie Kopfschmerzen. Ein tödlicher Verlauf war ebenfalls möglich. Wir brachten diese Prognose auf einen grausamen Nenner, und dieser hieß: »Ein Sterben auf Raten«.

Dieses Urteil war so ungeheuerlich und unfaßbar, daß wir es sofort wieder in den Bereich des Unmöglichen schoben, denn wir würden ja ein Heilmittel für unser Kind finden. War Anja nicht schon wieder auf dem Wege der Besserung und genoß die kleinen Freuden des Alltags?

Kontakte wurden zur neurologischen Abteilung der Universität Freiburg geknüpft. Zusammen mit Anja besuchten wir Professor S. , der uns einen intra-extracraniellen Bypass empfahl, bei dem Gefäße innerhalb und außerhalb des Gehirns miteinander verbunden werden sollten. Mit dieser Operation würde eine bessere Blutversorgung des Gehirns erreicht werden. Diese Vorgehensweise erschien uns einleuchtend, vor allem nachdem uns versichert wurde, daß dieser Eingriff in der heutigen Zeit problemlos durchzuführen wäre. Wir waren fest davon überzeugt, daß unser Kind jetzt geheilt werden würde und einem normalen Leben entgegensehen konnte.

Bericht der Klinik
Januar 1981

Bei der am 21. 1. 81 durchgeführten retrograden Brachialis-Angiographie konnten mit ausreichender Sicherheit extra- wie intracraniell keine Gefäße lokalisiert werden, die das notwendige Kaliber für einen extra-intracraniellen Shunt besitzen.

Ca. sechs Std. kam es nach diesem Eingriff zu zunehmenden Zuckungen des linken Mundwinkels und der linken Hand, die Gabe von Rivotril, Chloralhydrat und Valium hat-

ten keinen Einfluß. Außerdem trat eine Temperaturerhöhung bis 39,6° auf.

Rheomakrodex-Infusionen konnten einen ischämischen Insult mit Verstärkung der linksseitigen Paresen nicht verhindern, außerdem kam es zum Auftreten einer Facialis- und Hypoglossusparese.

Was im nüchternen Klinikbericht nicht zum Ausdruck kommt, waren die dramatischen Ereignisse dieser Tage.

Aufgrund der Gefäßerkrankung war es immer äußerst schwierig, einen Zugang zu Anjas Gefäßen zu finden, um eine Infusion zu legen. Egal an welcher Stelle ihres Körpers, es war überall das gleiche Problem, so daß sie zuerst sediert werden mußte, bevor man mit der Suche beginnen konnte. Am nächsten Tag zählte ich zwölf Einstiche an ihrem Körper, das heißt elf erfolglose Versuche. Wieder ihr panisches Schreien: »Mami, Mami, gleich vorbei!« Langsam vernebelten sich ihre Sinne und das Schreien wurde leiser.

Nach dem Aufwachen aus der Narkose mußten wir entsetzt mit ansehen, wie ihre linke Gesichtsseite sich in unaufhörlichen Zuckungen bewegte. Ich flehte den Stationsarzt Dr. Z. an: »So tun Sie doch was, tun Sie doch endlich etwas, sie können unser Kind doch nicht so leiden lassen!«

Dr. Z. legte mit hilfloser Geste seine Hand auf meine Schulter: »Sie spricht auf die verabreichten Medikamente nicht an, wir versuchen trotzdem unser Möglichstes.«

Anja versuchte immer wieder, uns etwas zu sagen, aber ihre Sprache war verwaschen, und es war nicht zu verstehen, was sie uns mitteilen wollte. Sie lag im Bett, die Infusionsnadel, durch die keine Abhilfe kam, an der Stirn angegipst, und bot ein Bild des Jammers. Ich weiß nicht, ob unsere Tröstungsversuche und unser Streicheln sie erreichten. Alles in ihrem kleinen Körperchen war aus dem Gleichgewicht geraten. Der linke Arm folgte den nicht beeinflußbaren Zuckungen des Gesichtchens. Zum Lallen gesellten sich Schluckbeschwerden. Vergeblich versuchte sie, die Augenlider zu öffnen.

Ich weiß nicht mehr, wie wir diese sechs langen Stunden durchgestanden haben, bis wenigstens die Zuckungen aufhörten. Zurück blieben erneute Lähmungen des linken Armes und Beines, eine verwaschene Sprache, die kaum zu verstehen war. Die Infusionen wurden nach zwei Tagen abgekoppelt, und wir konnten Anja wieder ganz in unsere Arme nehmen und einhüllen in die vertraute Geborgenheit bei Mami und Papi.

Der nächste Schock ließ nicht lange auf sich warten. Dr. Z. eröffnete uns, daß auf dem Angiogramm sich keine Gefäße dargestellt hätten, die den erforderlichen Durchmesser von mindestens 0,7 mm aufweisen würden. Nur ab dieser magischen Zahl wäre eine Bypass-Operation möglich.

Sollten wir schon alle Hoffnungen aufgeben?

Wir beschlossen, Anja erst wieder einmal die Chance zur Erholung von diesem Schlaganfall zu geben und so schnell wie möglich wieder nach Hause zu fahren.

Anja war erschöpft eingeschlafen, und wir legten sie vorsichtig ins Bett zurück. Uwe ging in den Park, um eine Pfeife zu rauchen und anschließend unsere Koffer zu packen für die Heimreise am nächsten Tag.

Links von unserem Kind lag der elfjährige Jürgen. Nach einer Tumoroperation, die vor zwei Tagen durchgeführt worden war, hatte er den Kopf fast komplett bandagiert. Wenn er unruhig wurde, war sein Stöhnen zu vernehmen.

Rechts von Anja lag die kleine Bettina seit sechs Wochen im Koma, nachdem sie von einem Lastwagen überfahren worden war. In einer Stunde würde die Mutter kommen und mit Tränen in den Augen immer wieder eindringlich rufen: »Bettina, Bettina, hörst du mich, die Mama ist da!« Sie würde ihre Hand halten und darauf warten, daß irgendein Zeichen des Erkennens über das Gesicht ihrer Tochter huschen würde.

Als ich das Krankenzimmer verlassen wollte, um Uwe im Park aufzusuchen, bekam ich zum ersten Mal einen Eindruck davon, was es heißt, ein Kind mit einer exotischen Erkrankung mit der schon erwähnten statistischen Wahrscheinlichkeit von 1 : 20 000 000 zu haben. Zwei junge Ärzte, die ich noch nie zuvor auf der Station gesehen hatte, stürmten herein, geradewegs auf Anjas Bett zu. Sie hatten keine Augen für den krebskranken Jungen und nicht für das Mädchen im Koma. Sie betrachteten interessiert das marmorierte Gesichtchen unseres Kindes, und ich hörte sie unter anderem das Wort Moya-Moya flüstern. Dann verließen sie das Krankenzimmer. Vielleicht würde einer von ihnen nach vielen Jahren seinem Medizin studierenden Enkel mit leuchtenden Augen erzählen, daß er einmal in seinem Leben, während seiner Assistenzzeit, einen »Moya-Moya-Fall« gesehen hätte.

*

Zu Hause angekommen, beginne ich aufs neue mit Hilfe der Hexe Wackelzahn die linke Körperhälfte von Anja zu aktivieren. Nach einigen Wochen ist sie wieder in der Lage, mit Unterstützung zu gehen. Auf allen vieren krabbelnd holt sie den rothaarigen Pepe zu sich her, um ihn Daumen lutschen zu lassen. Die Sprache ist wieder verständlich geworden. Wenn Uwe nach Hause kommt, wartet Anja schon sehnsüchtig auf die Purzelbäume, die Uwe mit ihr machen wird. Immer wieder kommt an ihn die Aufforderung: »Papi, mehr mach« oder »Einmal noch und dann ist Schluß«. Der letzte Satz ist in unser Redewendungsrepertoire eingegangen. Wir benützen ihn noch heute, dabei wissend, daß dies Anjas Worte waren.

Fernsehberichte über die Klagen von Eltern behinderter Kinder, daß der Therapiestress ihr Leben beherrschte, waren für mich ein abschreckendes Beispiel. Jeden Tag einen Termin bei irgendeinem Therapeuten mit Anja zusammen wahrzunehmen, würde für mich nicht in Frage kommen. Ich würde mich instruieren lassen und die notwendigen Therapien bei regelmäßiger Kontrolle durch Fachleute selber durchführen. Es war mir wichtig, daß in unserer kleinen Familie keine Hektik ausbrach, sondern eine entspannte Atmosphäre herrschte.

Etwa alle zwei Monate besuchte ich deshalb zusammen mit Anja die Krankengymnastin, erzählte ihr, welche Übungen ich mit Anja durchführte, welche Fortschritte sie machte, und worauf ich besonders achtete. Versehen mit neuen Anregungen oder auch nur bestärkt, wie bisher weiter zu machen, wurden die Rehabilitationsmaßnahmen in die täglichen Verrichtungen eingebaut. Mein Bestreben nach jedem Schlaganfall, wenn wir wieder von vorne anfangen mußten, war, Anja mit dem Übungsprogramm wieder dem Normalzustand zuzuführen.

Wir besaßen immer noch die irreale Vorstellung, daß der jeweils zuletzt aufgetretene Schlaganfall endgültig der letzte sein würde. Es konnte einfach nicht anders sein.

Das Streben nach Wiedererlangung der normalen neurologischen Funktionen bei Anja brachte jedoch gelegentlich auch mir einen Therapiestress, den ich doch tunlichst vermeiden wollte.

Um ihre intellektuellen Fähigkeiten zu fördern, durfte Anja mir oft »helfen«, Besteck in die Schublade einzusortieren. Messer zu Messern, Gabel zu Gabeln. Anja legt zum dritten Mal einen Löffel ins Gabelfach. Meine Stimme wird immer schärfer: »Wo ist das Löffelfach?« Als sie auch das vierte Mal den Löffel ins Gabelfach einordnet, raste ich aus. »Wie kann man nur so blöde sein!« schreie ich sie an. Verängstigt und erschrocken schaut Anja zu mir auf, ihre Augen füllen sich mit Tränen. Augenblicklich komme ich zur Besinnung. Entsetzt über meine Entgleisung, die meiner großen Enttäuschung zuzuschreiben ist, daß ich unfähig bin, Anja die Wiederherstellung ihrer verlorenen Fähigkeiten zu ermöglichen, tue ich das, was ich auch bei Uwe getan hätte, wenn ich ihn so sehr verletzt hätte. Ich entschuldige mich bei Anja. Pädagogisch sinnvoll oder nicht, darauf kam es hier nicht an. Ich nehme Anja in die Arme: »Mein Mäuschen, Mami war eben gerade ganz böse, das war nicht richtig. Auch der Mami passiert es immer wieder, daß sie versehentlich den Löffel ins Gabelfach legt. Nicht mehr weinen.« Ein tiefer Seufzer der Erleichterung, dann legt sich ein dünnes Ärmchen um meinen Hals, und ein kleines Näschen reibt sich an meiner Nase. Ein letzter Schluchzer: »Mami , nicht mehr schimpfen!« ist der Übergang zu einer langen, langen Schmusestunde.

Uwe und ich hatten schon nach dem letzten Schlaganfall vermutet, daß die *Hemianopsie*, die Halbseitenblindheit, sich nicht mehr zurückgebildet hatte. Dies würde auch die vielen Fehlleistungen beim Besteckeinsortieren erklären.

*

Mit bangem Herzen fuhren wir Anfang März wieder in die Universitätsklinik Freiburg. Die Neurologen hatten uns Hoffnung gemacht, daß sich vielleicht in der Zwischenzeit größere Blutgefäße gebildet hätten, die sich für einen intra-extra-craniellen Bypass eignen würden. Anja befand sich schon in Narkose, als das Röntgengerät ausfiel. Die vorgesehenen Untersuchungen mußten abgebrochen werden. Wir waren bestürzt, als Anja nach dem Aufwachen aus der Narkose wieder die ersten Anzeichen eines Schlaganfalls zeigte, die nur für uns als aufmerksame Beobachter unseres Kindes interpretierbar waren: Langanhaltende Gähnattacken hatten bisher immer dieses katastrophale Ereignis eingeleitet. Es hatte den Anschein, als versuchte Anja durch krampfartiges Einatmen von mehr Sauerstoff dieser Blutleere im Gehirn Herr zu werden. Umsonst.

Der Stationsarzt Dr.E. ließ uns rufen. Dies kam uns sehr gelegen, da wir ihn ohnehin aufsuchen wollten, um ihn darüber zu informieren, daß wir am nächsten Tag mit Anja nach Hause fahren würden. Vielleicht hätte sie die Chance, in der vertrauten Umgebung, ohne panikeinflößende Kliniksituationen, das Unheil nochmals abzuwenden.

Bevor wir Dr. E. unsere Entscheidung mitteilen konnten, ging er mit ernster Miene auf uns zu: »Ich möchte mit Ihnen ganz im Vertrauen sprechen, nicht als Stationsarzt, sondern als Vater von zwei kleinen Töchtern und als Ihr Freund. Nehmen Sie Anja nach Hause, und lassen Sie sie zu Hause in Ihren Armen sterben. Die Chancen, einen Bypass durchführen zu können, sind etwa 5 %. Außerdem besteht das Risiko, dabei eine Epilepsie zu provozieren. Die Quälereien, die Anja dabei durchleiden müßte, stehen in keinem Verhältnis zu der Möglichkeit einer Verbesserung ihres Zustandes. Sie werden jedoch verstehen, daß ich diese meine privaten Ansichten nicht in das Entlassungsprotokoll der Klinik schreiben kann. Sollten Sie abreisen, so wird darin stehen: «Die Eltern haben auf eigenen Wunsch das Klinikum verlassen.»

Wir waren zwar schockiert über diese Offenheit, aber auch sehr dankbar dafür.

Die in der Klinik von uns beobachteten Initialsymptome eines Gehirninfarktes ließen sich in ihrer Dynamik nicht aufhalten.

Zwei Tage später zu Hause wieder eine linksseitige Lähmung, verwaschene Sprache und Schmerzzustände. Anja konnte nicht mehr ohne Seitenstützen sitzen. Auch die rechte Hand zeigte wieder Funktionsstörungen, da sie immer wieder ins Leere griff, wenn sie nach einem Spielzeug greifen wollte. Es wäre allerdings auch denkbar gewesen, daß die Störung im visuellen Bereich lag. Anja mußte wieder gefüttert werden. Immer wieder weinte sie und bat: »Mami, ich will laufen!« Ich wußte nicht, wen dieser unerfüllbare Wunsch mehr schmerzte, Anja oder uns. Vergebens versuchte sie, auf alle viere zu kommen, von Gehen ganz zu schweigen. Uns blieb nichts anderes, als sie viele Stunden am Tag in unseren Armen zu halten, zu trösten, Kinderbücher vorzulesen und aufmerksam zu beobachten, ob sich irgendwelche Rückbildungstendenzen zeigten.

Anfang Mai tapste Anja mit unsicheren Schritten, an einer Hand geführt, wieder quer durchs Wohnzimmer. Wir waren erleichtert und hatten keinen Zweifel daran, daß es wieder aufwärts ging.

Wir waren sicher, in irgendeiner Klinik auf unserem Globus würde es eine Therapie geben für unser Kind. Jetzt begannen unsere Anfragen bei den größten Kliniken weltweit nach einem Heilmittel für Anja.

Wir würden es finden.

DIE SUCHE

- *An Professor B., Neurochirurgische Universitätsklinik, Düsseldorf*
  Antwort:
  Vielen Dank für Ihr Schreiben vom 15. 3. 81 und die ausführliche Darstellung des Krankheitsablaufes bei Ihrer Tochter Anja. Sicher ist Anja zur Zeit für eine Bypass-Operation zu klein. Ich habe mir in der Zwischenzeit nochmals die Literatur durchgesehen. Leider gibt es keine medikamentöse Therapie. Wir werden jedoch hier an der Klinik nochmals alle Anstrengungen unternehmen. Sollten sich neue Gesichtspunkte ergeben, werden ich mich bei Ihnen melden.

- *An die Botschaft der Bundesrepublik Deutschland, Peking*
  Antwort:
  Sie werden in der Zwischenzeit ja meinen Brief mit der ersten – leider negativen Auskunft erhalten haben. Zu meinem großen Bedauern kann ich auch von der medizinischen Hochschule in Peking nichts Positives berichten. Ich füge Ihnen Ablichtung des Originals sowie der Übersetzung des Schreibens dieser Hochschule vom 2. April bei.
  Ich fürchte sehr, daß die Chancen, bei der chinesischen Medizin eine Heilung für die Krankheit Moya-Moya zu finden, sehr gering sind. Sobald ich weitere Berichte habe, setze ich mich wieder mit Ihnen in Verbindung.

- *An die Mayo-Clinic, Rochester, Minnesota*
  Pediatric Neurology,
  James F. Mellinger
  Antwort:
  Thank you for your letter of December 28, 1981. At the

Mayo Clinic we have seen a number of children some of which were reported in the articles which you have apparantly seen. Unfortunately, this illness is sufficiently rare that few people have much in the way of personal experience with the problem ... I think it is only fair to point out that regardless of what form of therapy was undertaken with your daughter, it is unlikely that the neurological impairment which she is currently exhibiting would be reversed. *

– *An Professor Dr. med. M. K.*
Klinikum der Universität Frankfurt am Main
Antwort:
Auf Ihre Anfrage muß ich Ihnen leider mitteilen, daß bei Hirngefäßverengungen die Methode der Ballondilatation bisher praktisch nicht angewendet worden ist. Das Verfahren dürfte daher leider bei Ihrem Kind nicht anwendbar sein.

✳

»Daß wir daran nicht gleich gedacht haben«, bemerke ich zu Uwe, während wir die einschlägige medizinische Literatur durchforsten, »uns schon bei der ersten Sichtung an die japanischen Experten zu wenden, nachdem die Mehrzahl dieser Krankheitsfälle ja in Japan aufgetreten sind!«

Über das Unternehmen, für das ich früher gearbeitet hatte, knüpften wir Kontakt zum Neurologischen Hirnforschungsinstitut in Tokio. Wir hatten Glück. Es paßte alles zusammen.

* *Übersetzung:*
Vielen Dank für Ihren Brief vom 28. Dezember 1981.
Hier in der Mayo-Klinik gab es einige Kinder, über die Sie sich kürzlich in Zeitungsartikeln informieren konnten. Unglücklicherweise ist diese Krankheit so selten, daß nur wenige Menschen persönliche Erfahrungen mit ihr machen konnten ... Ich denke, daß es nur fair ist zu sagen, daß, welche Therapie auch immer mit Ihrer Tochter durchgeführt wurde, es sehr unwahrscheinlich ist, daß die neurologische Beeinträchtigung, die sie z. Z. erfährt, umkehrbar sein wird.

Dr. Suzuki, einer der »Moya-Moya-Päpste«, würde im Juli in München an einem neurochirurgischen Kongreß teilnehmen und uns am 14.7.81 zu einer persönlichen Konsultation zur Verfügung stehen.

*

»Mit welcher Literatur oder welchem Lehrmaterial werden Ihre Studenten und Assistenzärzte in die Palette der Symptomatik bei Schlaganfällen eingeführt? Könnten Sie mir eine Kopie dieser Unterlagen – gegen Aufwandsentschädigung natürlich – zusenden?« fragte ich am Telefon den Oberarzt der Neurologie eines Krankenhauses. Nachdem er sich höchst irritiert zeigte über ein solches Ansinnen, erklärte ich ihm den Verwendungszweck. Dank seiner Kooperation waren wir mit dieser medizinischen Literatur in der Lage, die auftretenden neurologischen Ausfälle bei Anja zu deuten.

Es war uns einfach wichtig, die Auswirkung der Schlaganfälle zu verstehen, um so auch besser auf Anjas Verhalten eingehen zu können:

»Aber Anja, du hast ja noch Nivea-Creme auf der Nasenspitze!« sage ich lachend. Anja sitzt vor mir auf dem Töpfchen. Verdutzt verfolge ich ihre Hand, die erfolglos versucht, das süße kleine Näschen zu finden, um die Creme zu verreiben. »Wo sind denn deine Ohrwatscheln?« frage ich sie. Wieder rudert ihre rechte Hand hilflos in Kopfnähe herum. Sie bekommt die Ohren nicht zu fassen und schaut mich ratlos an. Ich konnte diese Störung ihrer Körperwahrnehmung nicht einordnen und suchte in meinen Unterlagen nach einer Erklärung. Ich wurde fündig, es mußte sich um eine *Autotopagnosie* handeln, einen Ausfall der Körperwahrnehmung, die bei einem der letzten Schlaganfälle aufgetreten sein mußte. Gott sei Dank schien dieser Funktionsverlust Anja nicht weiter zu stören. Trotzdem tat es uns weh, daß unser Kind einer weiteren Fähigkeit beraubt wurde, die Fähigkeit, den eigenen Körper in seiner Ganzheit wahrzunehmen.

Anjas verbale Fähigkeiten waren noch nicht beeinträchtigt.

Im Gegenteil. Durch das häufige Vorlesen ihrer Kinderbücher, das sie, wie alle Kinder, mit allen Sinnen genoß, machte ihre Sprachentwicklung große Fortschritte.

Als ich einmal die Anzahl der Wörter nachzählte, die sie für einen Satz benutzt hatte, kam ich auf vierzehn.

*

Die Tür zum Kinderzimmer ist nur leicht angelehnt. Ich höre Uwe erzählen:

Langsam senkt sich die Sonne, der Himmel wird ganz rot. Unsere zwei kleinen Mäuschen Julia und Robert rennen noch einmal ganz schnell um die Wurzel des großen Nußbaumes und versuchen sich zu fangen. Da ertönt die strenge Stimme des Mäusepapa: »Jetzt ist aber Schluß, die Mami hat das Essen fertig.« Hurtig sausen Julia und Robert durch das enge Mauseloch neben der großen, etwas gekrümmten Wurzel des Nußbaumes. In der kleinen Höhle auf dem liebevoll gedeckten Tisch steht das Abendessen bereit. Heute abend gibt es Gelberübenwurzel mit Weizenkernen und zum Trinken gepreßten Himbeersaft. Das ganze Essen hat die Mäusemama tagsüber aus dem Garten gesammelt. Nach dem Essen müssen sich die beiden kleinen Mäuschen ihre Nagezähne putzen und kuscheln sich dann in ihre Bettchen. Die Bettchen sind mit zartem Moos ausgelegt, und Robert und Julia liegen unter weichen Federn, die der Mäusepapa aus einem Amselnest geholt hat. Mama und Papa geben den zwei Mausekindern noch ein zartes Küsschen mit ihren rosa Schnäuzchen und lassen ihre Kinder in den nächsten Tag hineinschlafen.

Im Wechsel erzählten wir Anja jeden Abend eine Mausgeschichte, die täglich für das Einschlafritual neu erfunden werden mußte. Hierin unterschieden wir uns in nichts von anderen Eltern, deren Erfindungspotential immer wieder neu gefordert wird. Anja zeigte sich zufrieden mit Papis Mauseabenteuern. »Papi, die Mami soll noch singen!« war die Aufforderung für Uwe zur Ablösung.

»Müde bin ich, geh zur Ruh«, begann ich zu singen. Ein klägliches Schluchzen ließ mich innehalten. »Mami, nicht mehr ›Müde bin ich‹ singen, Mami ›Zahl‹ singen.«

Anja hatte bisher immer sehr einfühlsam auf Musik reagiert. Dieses Lied mußte eine große Traurigkeit bei ihr hervorgerufen haben. Nur so konnte ich mir ihren Gefühlsausbruch auf dieses Einschlaflied erklären. Aber was um Himmels willen meinte sie mit dem Zahl-Lied? Hartnäckig beharrte sie darauf, das Zahl-Lied hören zu wollen. Dann mein Heureka-Erlebnis! Es mußte sich um das Lied »Weißt du, wieviel Sternlein stehen« handeln. Es endet mit den Worten »an der ganzen großen Zahl«. Ihr Gefühlsleben war wieder im Lot, als die Sternlein am hohen Himmelszelt standen.

*

Anja stand auf einem Stuhl und hielt sich an der Balkonbrüstung fest. Zur Sicherheit hatte ich meinen Arm um sie gelegt. Anja interessierte sich für die vielen vorbeifahrenden Autos, und ich ließ meinen Blick über das atemberaubende Panorama gleiten. Es war ein Föhntag. Die schneebedeckten Gipfel der Schweizer Alpen waren zum Greifen nah.

Ein Fährschiff durchschnitt das silbrige Band des Sees, um Urlauber und Reisende zum Schweizer Ufer zu bringen. Mein Blick blieb im Vordergrund dieses wundervollen Ausblicks hängen, dem Friedhof. Gedanken drängten sich ins Bewußtsein, die ich bisher nicht zugelassen hatte. »Dort unten wirst du bald liegen, dorthin werden wir dich zu deinem Großvater legen«, kamen die Worte leise von meinen Lippen. Ich hatte nicht darauf geachtet, daß Anja mich aufmerksam beobachtet und belauscht hatte.

»Mami, warum werde ich auf dem Friedhof liegen?«

Inzwischen sprach sie von sich in der ersten Person, Einzahl. Ich war mir ganz sicher, daß sie die Bedeutung meiner Worte noch nicht erfassen könnte und erwiderte: »Wenn man tot ist, dann gibt es eine Beerdigung, und man wird auf den Friedhof gelegt.«

»Mami, kommen viele Leute zu meiner Beerdigung?«

Ich mußte das Spielchen wohl oder übel weiter spielen.

»Ja, Anja.«

»Die Jana auch?«

»Ja, die Jana auch.«

»Was werden die Leute sagen?«

»Sie werden sagen, die arme, arme Anja!«

Vor Begeisterung ruderte sie mit ihrem rechten Arm in der Luft, und ich mußte sie festhalten, damit sie nicht wegkippte.

»Komme ich dann zum Opitz?« Schelmisch schaute sie mich von der Seite her an. Sie wußte genau, daß es Opi heißen müßte und nicht Opitz, der Name eines Friedrichshafener Autohauses. »Ja, der Opi ist schon da unten.«

Ein Außenstehender hätte wahrscheinlich an meinen Geistesgaben gezweifelt, hätte er diese makabre Unterhaltung mit angehört. Anja jedoch fand dieses von ihr initiierte Spielchen so unterhaltsam, daß wir es am nächsten Tag auf dem Balkon wiederholen mußten. Sie bemerkte nicht die Tränen, die ich mühsam dabei unterdrücken mußte.

*

Kathy, meine französische Freundin war zu Besuch. Von ihr stammte Anjas erste Puppe, der rothaarige Pepe. Belustigt hörte Kathy zu, wie Anja das Struwwelpetergedicht auswendig hersagte. Natürlich konnte sie nicht das gesamte Gedicht auswendig. Ich las den ersten Teil einer Zeile vor, und Anja vervollständigte den Rest

es ging spazieren	*vor dem Tor*
ein	*kohlpechrabenschwarzer Mohr*
die Sonne schien	*ihm aufs Gehirn*
da nahm er	*einen Sonnenschirm*

So konnte Kathy etwas deutsch lernen und Anja den hygieneresistenten Struwwelpeter bewundern. Anja verabschiedete sich von Kathy stets mit »A bientôt« oder »Au revoir«. Nie wäre es ihr eingefallen, diesen Abschiedsgruß bei unseren deutschsprachigen Bekannten zu verwenden.

Was hatte ich für ehrgeizige Pläne für Anja. In den französischen Kindergarten, der sich nur ein paar Straßen entfernt befand, wollte ich sie schicken, damit sie zweisprachig aufwachsen würde. In der Schulzeit würde sie sich nicht mit Französisch abplagen müssen. Welche Illusionen ich damals noch hatte ...

*

Einige Sympathien und Abneigungen teilte Anja mit uns. Ich trug Anja auf dem Arm, um mich von einem Bekannten zu verabschieden, der sich glücklicherweise nur selten in unsere Wohnung verirrte.

»Der ist ekelig«, flüsterte sie mir ins Ohr, als sie mein freundliches »Auf Wiedersehen, Herr X.« vernahm. Wenigstens hatte sie soviel Taktgefühl, dies nicht in voller Lautstärke zu äußern.

*

Wenn die regelmäßigen Besuche von Andy, Alexander, Ute und Irina nicht stattgefunden hätten, wäre Anja ziemlich isoliert gewesen. Auf dem Kinderspielplatz fragte ich Jana, vom Hochhaus nebenan: »Willst du nicht mit nach oben kommen und Anja den Zappelphilipp vorlesen?« »Nein, ich mag nicht!« Dann zögerte sie etwas, es schien sie noch irgend etwas zu beschäftigen. »Warum ist die Anja nicht gegen Kinderlähmung geimpft worden?« sprudelte es dann hervor. Ich war bestürzt. So also tuschelten die Leute: »Diese verantwortungslosen Eltern. Lassen ihr Kind nicht gegen Kinderlähmung impfen. Das haben sie jetzt davon. Das arme Kind.«

Ich erklärte Jana, daß Anja Schlaganfälle gehabt hätte, wie es bei alten Menschen vorkommt. Zweifelnd schaute sie mich an. Damit konnte sie ja nun gar nichts anfangen. Kinderlähmung wäre einleuchtender gewesen.

Plötzlich fühlte ich mich argwöhnisch beobachtet von vielen Augenpaaren aus vielen Wohnungen des Hochhauses. Uwe und ich hatten es immer als Bereicherung angesehen, im elften Stock eines Hochhauses zu wohnen. Von wo sonst konnte man solche herrlichen Sonnenuntergänge betrachten? Wo sonst saß man in der ersten Reihe, um sich an der herrlichen Bodenseelandschaft zu erfreuen? Ich erzählte Uwe den Vorfall und schlug vor, daß wir uns doch nach einem Einfamilienhaus mit Garten umsehen sollten, wo wir etwas mehr Privatsphäre haben würden.

*

»Hier in Baguio, nördlich von Manila, gibt es die besten Heiler.« Der Inhaber des Reisebüros zeigt mit ausgestreckter Hand auf die Landkarte hinter seinem Schreibtisch.

Immer wieder war in den Medien berichtet worden von unglaublichen Heilerfolgen der philippinischen Heiler. Nun waren Uwe und ich ausgesprochen analytisch und rational orientiert in unserem Denken und Handeln. Sicherlich gab es jedoch Dinge zwischen Himmel und Erde, die sich naturwissenschaftlich nicht einordnen ließen. Warum also sollten wir nicht mit Anja auf die Philippinen fliegen und die besten Wunderheiler des Landes aufsuchen?

Bestärkt wurden wir hierin durch den Schwager einer Bekannten. Er stammte von den Philippinen und berichtete voller Begeisterung von einem reichen Großgrundbesitzer aus seiner Nachbarstadt, der die Hälfte seines Vermögens einem Heiler vermacht hatte, nachdem dieser ihn von einem, für die Schulmediziner inoperablen Lungentumor befreit hätte. Wenn dieser Heiler Tumore entfernen konnte, warum sollte er nicht auch die cerebralen Blutgefäße unseres Kindes anweisen könnten, sich nicht mehr zu verschließen?

Der Reisebüroinhaber war im Gegensatz zu uns von keiner Skepsis befangen. Erst vor kurzem hatte er eine Exkursion zu diesen Heilern organisiert, an der fast ausschließlich westliche Schulmediziner teilgenommen hatten.

Wir beschlossen, einen der Teilnehmer, einen ehemaligen

Klinikchef aus der Bodenseegegend, nach seinen Eindrücken zu befragen. »Ja, meine Narbe aus dem Zweiten Weltkrieg habe ich behandeln lassen«, meinte schmunzelnd der angesehene Arzt, »seither sind die wetterbedingten Narbenschmerzen weniger geworden«. Ob bei einer so schwerwiegenden Erkrankung wie der unseres Kindes Erfolge zu erzielen wären, da habe er jedoch große Zweifel. Auf jeden Fall wäre dieser Archipel eine Reise wert und für uns eine Abwechslung.

Wir beschlossen, im Herbst auf die Philippinen zu fliegen.

Es sollte jedoch ganz anders kommen.

*

»Your child will be able to walk again« (»Ihr Kind wird wieder gehen können«), waren die zuversichtlichen Worte von Professor Suzuki. Wir befanden uns in einem Hotelzimmer des Penta-Hotels in München. Anja saß auf den Knien von Uwe. Dr. Kodama, der Assistent von Professor Suzuki, hatte sich heruntergebeugt und hielt Anjas kalten, dunkelblau gefärbten rechten Fuß in seiner Hand. Bei der ersten Angiographie war beim Zugang über den Oberschenkel eine Thrombose entstanden, die zu einer *Femoralisstenose* geführt hatte, die das rechte Bein langsam verkümmern ließ. Ein vor kurzem hinzugezogener Gefäßspezialist, hatte uns beruhigt. Seiner Ansicht nach konnte das verletzte Oberschenkelgefäß die Notversorgung des Beines sicherstellen, sodaß keine Amputation drohe. Das Bein war inzwischen deutlich dünner geworden als das linke, die Zehennägel verkrüppelten, Wunden heilten sehr schlecht ab, und im Sitzen verfärbte sich der Fuß dunkelblau.

»No more angiograms«, fuhr Prof. Suzuki weiter fort, *»it is dangerous«* (»Keine Angiographien mehr, es ist gefährlich«). In Japan hätte er gute Erfolge mit der Entfernung des Sympathikus-Nervs vom Carotis-Strang erzielt. Dieses Vorgehen würde die Krankheit stoppen. Wir hatten Vorsorge getroffen, daß Professor Suzuki mit einem Neurochirurgen der Universitätsklinik Freiburg, der ebenfalls an diesem Symposium teil-

nahm, Kontakt aufnehmen und ihm diese Operationsmethode vorschlagen und beschreiben konnte.

Wir waren überglücklich und in euphorischer Stimmung, als wir mit Anja München verließen. Der Motor des Fahrzeugs schien im Takt zu dröhnen: »*She will be able to walk again, she will be able to walk again.*«

Anja saß im Fond des Autos im Kindersitz und ihr Gesichtchen wurde blasser und blasser. »Halte bei der nächsten Ausfahrt an«, bat ich Uwe. Es war schon zu spät. Anja erbrach sich. Nachdem Anja und der Rücksitz notdürftig gesäubert waren, setzten wir unsere Fahrt fort. Ein weiterer unfreiwilliger Stop. Uwe übersah beim Rückwärtsfahren aus der Parklücke einen von hinten heranfahrenden Mercedes. Gott sei Dank nur Blechschaden, den die Versicherung regeln würde.

Ich mußte daran denken, wie ich, nachdem mir der Gynäkologe vor Jahren den Tod unseres ersten Kindes mitgeteilt hatte, auf der Heimfahrt ebenfalls auf einen Mercedes aufgefahren war. Vielleicht sollten Uwe und ich in extrem gefühlsbeladenen Situationen doch auf öffentliche Verkehrsmittel umsteigen, damit Mercedes-Fahrer sich auf den Straßen wieder sicher fühlen können.

Die Wochen bis zur vorgesehenen Operation verliefen auffallend beschwerdefrei für Anja. Welche Wonne war es für uns, Anja lachen zu sehen. Ihr Lieblingsbuch erzählt die Abenteuer einer Eiderente. Eine zentrale Figur in dieser Geschichte ist ein Buntspecht. Immer wieder mußten wir ihr die Frage beantworten: »Was ist, wenn die Julia einen Specht hört?« Die kleine Julia, die ein paar Stockwerke unter uns wohnte, gehörte zu den wenigen Kindern, die Anja gelegentlich noch besuchten.

*

In heller Aufregung flattern die Hühner zur Seite, als unser Auto in die Hofeinfahrt des einsam gelegenen Bauernhauses einbiegt. Neben dem Gemüsegarten hält Uwe an. Ein alter Bauer, von kleiner Statur mit wettergegerbtem Gesicht, heißt uns willkommen. Anja schmiegt sich eng an Papis Hals und betrachtet von sicherem Hort aus die fremde Umgebung. Wir werden in eine niedrige holzgetäfelte Bauernstube geführt und nehmen auf einer harten Eckbank Platz, unter dem Hausaltar mit Kruzifix und himmelblau gewandeter, betender Muttergottes. Während unser Gastgeber geschäftig hin und her eilt, um geheimnisvolle Utensilien einzusammeln, erklärt er uns mit beschwörendem Blick: »In die Stube hereingetragen haben sie die Frau, gelähmt war sie, und offene Füße hat sie auch gehabt. Hinausgegangen ist sie ohne Hilfe!« Wir nicken zustimmend. Diese Wunder geschehen wohl immer nur bei anderen.

Um ja nicht die fast unmögliche Möglichkeit einer Wunderheilung außer acht zu lassen, hatte uns ein katholischer Geistlicher die Adresse dieses Gesundbeters im Allgäu empfohlen. Wir wollten einfach die Zeit bis zur vorgesehenen Operation nicht ungenutzt verstreichen lassen und Heilungsversuche unternehmen, die wir mit unserer Ratio zwar nicht nachvollziehen, die aber auch keinerlei Schaden anrichten konnten.

Der alte Bauer legt nun die eingesammelten Dinge auf den Tisch: eine liturgische lilafarbene Stola mit goldenen Stickereien versehen und ein Gebetbuch. Die Stola hält er über Anjas Kopf. Damit ist Anja nun überhaupt nicht einverstanden. Sie zieht das lila Band herunter und überreicht es schmunzelnd dem Hausherrn. Also ein neuer Versuch. Der Gesundbeter plaziert die Stola wieder auf Anjas Kopf, hält aber beides fest im Griff. Mit der anderen Hand umfasst er das Gebetbuch, aus dem er lateinische liturgische Texte heruntermurmelt. Anja zappelt auf Uwes Arm und unternimmt größte Anstrengungen, einen Zipfel der Stola zu erwischen, um sie herunterzureißen. Immer schneller wird das Murmeln des Gesundbeters. Endlich gibt er Anjas Kopf frei, die sich nun wieder entspannt in Uwes Arm kuschelt.

Offensichtlich ist unser Gastgeber nicht zufrieden mit dieser »Behandlung« im Hauruck-Verfahren. Für das vereinbarte

Honorar möchte er wohl den üblichen Zeitaufwand erbringen.

»Mit Ihrem Hohlkreuz haben Sie sicherlich auch Kreuzschmerzen«, spricht er Uwe an. Anja wandert auf meinen Arm und beobachtet neugierig, wie der Rücken vom Papi mit Franzbranntwein massiert wird. Nachdem Uwe sein Hemd wieder angezogen hat und seine Rückenschmerzen wie weggeblasen zu sein scheinen, blickt mich der alte Bauer fragend an. Ich schüttle den Kopf: »Nein, bei mir gibt es nichts zu kurieren.«

Diese Erfahrung hat uns wieder auf den Boden der Wirklichkeit zurückgeholt. Wir werden auf eine Reise zu philippinischen Wunderheilern doch lieber verzichten. Anja die Strapazen einer solchen Unternehmung zuzumuten, bei absolut unrealistischen Heilungschancen, wäre sträflicher Leichtsinn.

Wir überlassen die Hofeinfahrt wieder den Hühnern, das Allgäu seinen Bauern und fahren an den Bodensee zurück.

*

Klinikbericht

»Da eine extra-intra-cranielle Operation nicht möglich ist, wurde auf einen Vorschlag von Professor Suzuki vom Hirnforschungsinstitut der Universität Tokio, mit dem die Eltern Kontakt aufgenommen hatten, Anja zu einer beidseitigen oberen cervikalen Sympathektomie erneut stationär aufgenommen, 27. 7. bis zum 1. 8. und vom 26. 8. bis zum 30. 8. 1981. Professor Suzuki konnte mit dieser Operationsmethode bei ca. 10 Kindern mit gleicher Erkrankung ein Fortschreiten der Gefäßveränderungen verhindern.«

*

Wie real uns die Heilungsaussichten erschienen, läßt sich daran ermessen, daß ich den Chirurgen beim Vorbereitungsgespräch besorgt fragte, wie weit der Schnitt am Hals an das Kinn heranführen wird. Anja sollte später in ihrem Ästhetikempfinden nicht beeinträchtigt sein. Die Narben würden auf beiden Seiten vom Halsansatz bis zum Ohrläppchen reichen und damit doch ziemlich auffällig sein. Beruhigt dachte ich an die vielen wunderschönen farbigen Schals in den Boutiquen, mit denen sie dann später, wenn die »Kater« ums Haus herumstreunen würden, die zwei häßlichen langen Narben abdecken konnte.

Anja hatte noch ein Drainagerohr aus der Operationswunde am Hals herausragen. Nach dem Aufwachen aus der Narkose krümmte sich ihr Körper immer wieder, so als ob sie kolikartige Bauchschmerzen hätte. Sie verzog dabei jedes Mal das Gesicht und gab dabei kleine Mengen Urin ab. Niemand hatte eine Erklärung für diese Störung. Nach fünf Stunden waren die Bauchkrämpfe abgeebbt und gerieten in Vergessenheit.

Erst nach mehreren Jahren werden sie erstmals wieder auftreten und Anja bis an ihr Lebensende begleiten.

*

Özlem besuchte uns im Krankenzimmer. Das fünfjährige türkische Mädchen mit einer Geschwulst am Kopf, so groß wie eine Kinderfaust, wurde von ihrer Tante an der Hand geführt. Selbständig gehen war für Özlem ebenfalls nicht mehr möglich, seit der Gehirntumor sich ausgebreitet hatte. Auf der verzweifelten Suche nach Hilfe hatten die beiden schon eine zweiwöchige Odyssee durch die neurologischen Abteilungen von Schweizer und deutschen Kliniken hinter sich gebracht.

Ich bewunderte den familiären Zusammenhalt dieser türkischen Familie. Da nur die Tante eine Fremdsprache, Französisch, sprach, und nur sie sich im Ausland verständigen konnte, mußte sie ihr eigenes Baby in der Obhut der zurückbleibenden Familie und von Bediensteten lassen, um mit ihrer Nichte im Ausland eine Behandlungsmöglichkeit zu finden. Im Gegensatz zu Anja war Özlem mürrisch, lachte nie und wimmerte stundenlang »Ana« vor sich hin.

Mit der Tante unterhielt ich mich häufig über ihre zermürbende Suche nach einer erfolgversprechenden Therapie für Özlem. In den nächsten Tagen würde Özlems Mutter sie ablösen. Es gäbe einfach keine andere Möglichkeit mehr, da sie an die Universität wieder zu ihrem Lehramt und zu ihrem Kind zurückkehren müsse.

Zwei Tage später fand auch wirklich die Wachablösung statt. Da ich kein Türkisch verstand, war eine Kommunikation mit Özlems Mutter nicht möglich. Ich konnte nie in Erfahrung bringen, ob Özlem geheilt werden konnte oder nicht.

Wir trafen auch Bettina wieder. Sie war im Frühjahr aus dem Koma aufgewacht und befand sich in der Rehabilitationsphase. Liebevoll schob ihre Mutter sie im Rollstuhl von einem Krankenzimmer ins andere, um auf der Kinderstation Besuche zu machen. Große Probleme bereitete ihr das Sprechen, das mühsam wieder gelernt werden mußte.

*

Wie waren wir glücklich, diese grausame Krankheit jetzt gebannt zu haben und Anja einem normalen Leben zuführen zu können. Es würde keine weiteren Schlaganfälle mehr geben, die sie zu einem Sterben auf Raten verurteilen würden.

An einer Hand geführt lief sie die Uferpromenade entlang und lutschte mit Hingabe ein Eis. Auf dem Wasser tummelten sich zwar keine Eiderenten sondern nur die heimischen Stockenten. Doch dies tat der Freude Anjas an der Entenidylle keinen Abbruch. Die Zukunft lag rosig vor uns. Es würde nicht mehr lange dauern, bis Anja ihre motorischen Defizite aufgeholt haben würde. Dann würden auch die früheren Spielkameraden wieder kommen, und sie in ihren Kreis aufnehmen.

DIE KATASTROPHE IST NICHT AUFZUHALTEN

Während wir die wunderschönen Holzschnitzarbeiten und handgearbeiteten Kachelöfen in einer Behindertenwerkstatt bewunderten, wurde Anja immer apathischer, Gähnattacken traten auf, die in der Vergangenheit immer einen Infarkt einleiteten. Wir wollten es einfach nicht glauben, daß unsere Hoffnungen sich als trügerisch erweisen könnten. Sollten die Schmerzen und die angsteinflößenden Momente, die Anja während der zwei vorausgegangenen Operationen erleiden mußte, umsonst gewesen sein? Sollte die Krankheit, die sich wie eine Katze gebärdete, die lustvoll eine Maus zu Tode quälte, wieder zuschlagen? Hatte nicht der japanische Professor uns Hoffnung gemacht, Anja endgültig aus den Fängen dieser Katze zu entreißen. Oder hatten wir in unserer Verzweiflung, was er als Hoffnung ansah, fälschlicherweise als Gewißheit, ja als unbedingte Heilung interpretiert? Welche neurologische Funktion würde dieses Mal zerstört werden? Oder waren diese Symptome nur unbedeutende Rauchzeichen?

Diese verzweifelte Situation, dieses hilflose Starren auf das drohende Fallbeil, lähmte alles Handeln. Wir wußten, daß keine Macht der Welt die Dynamik des Hirninfarktes aufhalten konnte. Selbst in der Universitätsklinik, an Infusionen angeschlossen, durch die Anja eine ganze Palette von Medikamenten zugeführt wurden, die den Infarkt stoppen sollten, war er über sie hinweggefegt wie ein Hurrikan, unaufhaltsam, eine Schneise der Zerstörung hinterlassend.

Am nächsten Morgen starrt Anja mit glasigen Augen in die Ferne. Sie sieht einfach durch uns hindurch. Die Zunge hängt aus dem geöffneten Mund, aus dem der Speichel tropft. Apathisch liegt sie in Uwes Armen. Ich versuche, ihr etwas Tee in den Mund einzuflößen. Sie ist unfähig zu schlucken, und der Tee rinnt am Kinn entlang. Mit großer Willensanstrengung richtet sie ihren Kopf auf, um mit dem Mund an die Tasse zu gelangen, aber die Flüssigkeit läuft als Rinnsal aus den Mundwinkeln. Nur ein gelegentliches Röcheln dringt aus ihrem Mund, kein einziges Wort mehr.

Wir hatten immer geglaubt, daß mehr Leid, als Anja schon erfahren mußte, nicht möglich sein könnte. Es gab aber noch Steigerungen. Anja hatte offensichtlich eine Schlucklähmung und einen totalen Sprachverlust erlitten.

Wir beraten uns mit der Kinderärztin und beschließen, es zunächst mit einer oralen Notversorgung zu versuchen. Immer wieder ziehen wir Tee in Spritzen auf und träufeln Anja die Flüssigkeit in den Mund. Im Wechsel halten wir Anja in unseren Armen, lassen sie unsere Zärtlichkeit und Geborgenheit spüren. Sie nimmt visuell nicht viel von ihrer Umgebung wahr. Nach wie vor starrt ihr stumpfer Blick in irgendeine Ecke des Wohnzimmers. Unser Streicheln und unsere kosenden Worte scheinen sie jedoch zu erreichen. Auf Uwes eindringliche Beschwörung: »Ich hab dich ganz viel lieb, du bist Papis süße kleine Maus!« geht ein Zittern durch ihren mageren, schlaffen Körper und sie presst sich noch enger in Uwes Arme.

Wie wird es weitergehen? Welche Schritte werden wir unternehmen? Wir sind in ständigem Kontakt und Beratung mit der Kinderärztin.

Nach zwei Tagen geht die Schlucklähmung zurück.

Anja nimmt wieder flüssige Nahrung zu sich, beginnt ihre Umgebung wieder wahrzunehmen und Papi und Mami zu fixieren. Sie weint viel. Wir können einfach nicht beurteilen, wie sehr sie unter dem totalen Verlust der Sprache leidet. Oder ob sie weint, weil sie Schmerzen hat. Ihr Allgemeinzustand ist geschwächt. Freies Sitzen ist nicht mehr möglich, auch nicht die Beschäftigung mit ihrem Spielzeug, da sie die Gegenstände nicht greifen kann. Bei ihrem Versuch, ihren geliebten Pepe zu ergreifen, faßt sie ins Leere.

Wir atmen erleichtert auf, als eine Woche später die Erholungsphase wieder einsetzt und Anja ein erstes zaghaftes Lächeln in ihr gequältes Gesichtchen zaubert.

Unsere Gedanken wandern einige Tage zurück. Die entsetzlichen Ereignisse, die Angst um das Leben unseres Kindes, lassen sich nicht einfach abschütteln. Hätten wir bei einer sich nicht zurückbildenden Schlucklähmung das Recht gehabt, Anja den Tod zu verwehren? Sie durch Zwangsernährung den sich langsam entwickelnden lebensbedrohlichen Zustand überwinden zu lassen, damit sie in ein paar Wochen durch einen weiteren Infarkt dem Tode noch ein paar Schritte näher rückte? Hätten wir sie zum Leben zwingen dürfen? Wir werden eine Entscheidung treffen müssen, welches Vorgehen in Anjas Interesse liegt. Sollte wieder eine solche Schlucklähmung auftreten, konnten wir uns nicht darauf verlassen, daß sie sich wieder nach zwei Tagen zurückbildet.

Mehrere Tage später holte Anja krabbelnd ihr Töpfchen und schob es vor sich her, wenn sie einen Toilettenbesuch signalisieren wollte. Nachts war es jetzt natürlich unumgänglich, eine Windel zu tragen, da sie ja nicht mit dem Töpfchen auf ihr Bedürfnis aufmerksam machen konnte. Es war ihr auch nicht mehr möglich, gezielt auf Gegenstände mit der Hand zu zeigen oder Bewegungen zu imitieren, wie es z.B. für das Erlernen eine Zeichensprache notwendig gewesen wäre. Auch diese Kommunikationsmöglichkeit blieb ihr versagt. Sie konnte Objekte jedoch mit den Augen fixieren. Durch äußerst aufmerksame Beobachtung ihrer Blickrichtung und der Gegenstände, die sich in diesem Bereich befanden, konnten wir ihr oft die gewünschten Dinge reichen. Das war für alle Beteiligten immer ein Erfolgserlebnis. Aber oft genug waren wir verzweifelt, wenn wir ihre Wünsche einfach nicht erraten konnten. Ihre Bemühungen, verständliche Worte zu formulieren, waren stets erfolglos. Nur ein paar archaische Laute kamen von ihren Lippen.

Es war einfach unvorstellbar grausam, unser Kind, das Sätze mit vierzehn Wörtern formulieren konnte, hatte eine totale

Aphasie erlitten. Unser Kind war stumm, unwiderruflich stumm.

In unserer Not wandten wir uns wieder an Professor Suzuki in Tokio. Seine Antwort, die unser Vermittler uns zusandte, war nicht sehr ermutigend:

Telex vom 21. 6. 1982

Professor Suzuki kann sich noch recht gut an das bedauernswerte Kind erinnern. Er hatte bekanntlich damals dem deutschen Chirurgen seine beste Beratung für diese Operation gegeben. Diese Krankheit sei jedoch noch immer im Untersuchungsstadium, und man hätte bis heute noch keine definitive Heilmethode gefunden. Bei den in Japan durchgeführten Operationsfällen wäre die Erfolgsquote bisher auch niedrig, und es würden nur langsam Verbesserungen erwartet.

Professor Suzuki kann zu diesem Stadium nur empfehlen, das Kind nach Möglichkeit zu schonen, damit sich die Schlaganfälle nicht häufen, die eine zerstörende Wirkung auf das Gehirn des Kindes haben. Derzeit kann diese Krankheit noch nicht klinisch behandelt werden.

Professor Suzuki erwähnte noch, daß er weltweit Fragen und Briefe, wie sie von der bedauernswerten Familie Staberoh kamen, erhält und er einfach nicht dazu käme, diese in seinem ohnehin überbeschäftigten Berufsleben individuell zu beantworten.

Ich bedauere, Ihnen keinen optimistischeren Bescheid geben zu können

Wie um alles in der Welt konnte man ein Kind, dazu noch ein Kind, das extreme Entbehrungen ertragen mußte, daran hindern, sich aufzuregen, damit es keinen Infarkt mehr erlitt? Dieses Rezept hatte er leider nicht mitgeliefert.

*

Diese niederschmetternde Auskunft und die darin enthaltene Aussichtslosigkeit waren der letzte Mosaikstein zu der Entscheidung, die wir gemeinsam mit unseren ärztlichen Beratern nach dem letzten verheerenden Schlaganfall getroffen hatten:

Anja würde kein Versuchskaninchen oder Profilierungsobjekt für die Moya-Moya-Forschung abgeben. Die weitere Palette an experimentellen chirurgischen Eingriffen würde an unserem Kind nicht zum Einsatz kommen. Wir hatten kein Recht, Anja zu einem endlosen Sterben zu zwingen, sie zum Leben zu vergewaltigen.

Ein roter Faden würde sich fortan durch Anjas Leben ziehen: unser Bestreben, ihr so viel Freude wie möglich zu vermitteln.

Die Konsequenz hieraus war, daß wir in Zukunft auf jegliche medizinische Intervention verzichten würden, die der Lebensverlängerung unseres Kindes dienen würde. Es würde keinerlei quälende invasive Diagnostik mehr durchgeführt werden, da die Resultate keine therapeutischen Eingriffe nach sich ziehen würden. Anja würde in kein Krankenhaus mehr eingeliefert werden.

Die Konsultationen von Ärzten verschiedener Fachrichtungen, die notwendig werden würden, um Anjas vielfältige Beeinträchtigungen in einem erträglichen Rahmen zu halten, würden wir zu Hause bei uns durchführen. Sie sollte bis zu ihrem Lebensende nicht mehr die vertraute Geborgenheit der häuslichen Umgebung verlassen müssen. Es würde keine Panikattacken in nüchternen Krankenhausfluren mehr geben, eine Angst, die sie jetzt nicht mehr verbalisieren könnte. Anja würde in unseren Armen zu Hause sterben.

Sie selbst, ihre Geist-Seele-Körper-Einheit, würde das Recht und die Möglichkeit haben, diesen Zeitpunkt zu bestimmen. Wir würden uns nicht anmaßen, diese Entscheidung zu beeinflussen. Nur durch unsere Liebe, intensive Fürsorge und Pflege würden wir indirekt darauf Einfluß nehmen.

Sollte eine erneut auftretende Schlucklähmung sich nicht

zurückbilden, würde Anja keine künstliche Ernährung aufgezwungen werden.

Nichtmediziner assoziieren Verhungern und Verdursten meist mit der Horrorvision eines Verdurstenden in der Wüste, der unter der ausdörrenden Wüstensonne entsetzliche Qualen erleidet. Bei einem schwerkranken Menschen, der Nahrung und Flüssigkeiten nicht mehr aufnehmen kann oder will, ist die Auswirkung jedoch eine andere.

Ich zitiere Matthias Jung in seinem Buch »Verweigertes Leben – Verweigerter Tod«:

»Die internationale palliativmedizinische Literatur (palliativ = schmerzlindernd) belegt, daß anders als bei gesunden Menschen, die einer Austrocknung oder gar dem Verdurstungstod ausgeliefert sind, die Austrocknung des Körpers, die finale Lebensphase nicht durch weitere, als quälend erlebte Krankheitssymptome belastet. Sie bewirkt im Gegenteil, daß sich das Sterben rascher und weniger qualvoll gestaltet, weil mit der Flüssigkeitsverminderung auch des Gehirns die Klarheit des Bewußtseins und damit das Ausmaß der Leidensfähigkeit zurückgeht. Eine ganze Reihe von Symptomen werden durch die terminale Austrocknung gemildert, aber vor allem wird durch die Erhöhung der Endorphin-Produktion auch die Schmerzsensibilität verringert. In diesem Krankheitsstadium besteht keine Entsprechung mehr zwischen Durstgefühl und dem Ausmaß der Flüssigkeitszufuhr. Die Patienten quält aber oft eine Trockenheit der Mundschleimhaut.«

Wir würden uns Anjas Lebens- oder Todeswillen unterordnen.

*

Uwe betrachtet kritisch die dunklen Felder an der Hauswand unterhalb des Fensters im Erdgeschoß. »Das sieht nach feuchtem Mauerwerk aus, ich bin nicht dafür, daß wir dieses Haus kaufen!«

»Wie du meinst«, seufze ich enttäuscht. Das ist jetzt schon das dritte Einfamilienhaus, an dem er etwas auszusetzen hatte. Wenn er überall ein Haar in der Suppe findet, dann sitzen wir in zwanzig Jahren immer noch im Hochhaus, grolle ich im geheimen.

In einer Siedlung mit puppenhausartigen Vorkriegshäusern, inmitten von Gärten, mit knorrigen Bäumen, von denen manche ebenso alt waren wie die Häuser, wurden wir fündig. Nachdem wir durch Anjas Erkrankung unsere Mobilität verloren hatten, war der Umzug in dieses Haus gleichbedeutend mit dem Eintritt ins Paradies. Eidechsen genossen träge die Wärme der aufgeheizten Steine der Gartenmauer, Amseln vollführten Spritzorgien im Teich, ganze Heerscharen von Spatzen trugen auf der Wiese ihre Familienstreitigkeiten aus, und in der Dämmerung krochen die Igel aus dem Laubhaufen. Anja war nicht allein. Wir waren eine große Familie.

UNERWARTETE RESONANZ

»Kommst du morgen zum Kaffee?« fragte ich Irene. Ich freute mich immer auf ihre Besuche. Sie gehörte zu den Zeitgenossinnen, die, bewußt oder unbewußt, ein Gespräch oder eine Unterhaltung paritätisch gestalteten. Irene nervte nicht mit stundenlangen Monologen über schreckliche Krankheiten, Arbeitsplatzprobleme oder langatmige Urlaubsbeschreibungen.

»Ich kann leider morgen nicht kommen«, klang es aus dem Telefonhörer. »Wie wäre es am Freitag?« frage ich weiter. Ein kurzes Zögern. »Angela, es hat keinen Zweck, um den heißen Brei herumzureden. Ich werde dich in den nächsten Monaten nicht mehr besuchen. Letzte Woche habe ich die Gewißheit erhalten, daß ich schwanger bin. Ich habe Bedenken, daß der häufige Anblick von deinem schwerkranken Kind sich nachteilig auf mein Baby auswirken könnte. Bitte, hab' dafür Verständnis.«

Ich war bestürzt. Niemals wäre ich auf eine solche Idee gekommen, daß Anja sozusagen den »bösen Blick« haben könnte. Ein paar Jahre später passierte mir dasselbe noch einmal mit einer anderen schwangeren Bekannten, die ebenfalls Angst hatte, daß Anjas Gegenwart die gesunde Entwicklung ihres Babys beeinträchtigen könnte. Auch sie brach den Kontakt zu Beginn der Schwangerschaft ab. Sie gestand mir jedoch erst Jahre später den Grund für den Abbruch unserer freundschaftlichen Beziehungen.

Es war besser, daß dieser soziale Rückzug mich traf. Ich konnte wieder neue Freunde suchen. Anja jedoch war absolut abhängig von meinen Bemühungen, sie in die Gemeinschaft zu integrieren.

*

Anjas Zustand verbesserte sich weiterhin. An einer Hand geführt konnte sie jetzt etwa fünfzig Meter weit gehen. Immer häufiger schleppte sie ihre Kinderbücher herbei, um uns zum Vorlesen aufzufordern. Wenn sie sich wohl fühlte, steckte sie uns wieder mit ihrem herzlichen Lachen an. Auch konnte sie sich gelegentlich alleine beschäftigen. Sie schob ihre Spielzeugautos von einer Ecke des Wohnzimmers in die andere und setzte kleine Legomännchen hinein.

Zu Anjas krankengymnastischer Betreuung kam nun auch die logopädische Förderung hinzu. Ich ließ mich von Therapeuten eines Sprachheilzentrums beraten. Anja artikulierte inzwischen wieder mehrere Silben: bab, pipi, ei, ma, aut.

»Anja, hat die Löwin eine Mähne?« fragte der Logopäde Anja. Kopfschütteln konnte sie nicht mehr. Sie schaute ihn abwartend, ohne Reaktion, an. »Hat der Löwe eine lange Mähne?« Nun war alles an Anja in Bewegung. Unkoordiniert ruderte sie mit ihren Armen in der Luft. Aus ihrer Kehle drang ein undifferenzierter Laut. Selbst für einen ungeübten Beobachter wäre die Schlußfolgerung eindeutig gewesen. Anja wollte mitteilen, daß nur der männliche Löwe eine Mähne besitzt.

Der Logopäde wendete sich wieder an mich: »Nachdem Sie mich um eine Beratung gebeten hatten, hatte ich mir schon ein Konzept zurechtgelegt, das ich Ihnen für die logopädische Förderung von Anja empfehlen wollte. So wie Sie jedoch Ihr Vorgehen geschildert haben und aufgrund der Testergebnisse, möchte ich Ihnen eher den Ratschlag geben, darauf zu achten, daß Sie Ihr Kind nicht überfordern.«

Ich mußte unwillkürlich lächeln. Diese Gefahr bestand seit dem letzten Schlaganfall nicht mehr. Sie hatte zuvor bestanden, als wir noch Hoffnung hatten, diese fortschreitende Krankheit aufzuhalten. Unser ganzes Bestreben war zuvor auf das Wiedererreichen normaler neurologischer Funktionen gerichtet. Jetzt war es nurmehr ein Entlanghangeln von einem Infarkt zum anderen, mit anschließenden Versuchen, die erneut aufgetretenen Schäden wenigstens notdürftig zu reparieren.

*

»Bisher hat sich gezeigt, daß du dich eher wie die Grille verhältst und ich wie die Ameise«, bemerke ich zu Uwe. »Du kennst doch die Fabel, in der die Grille den ganzen Sommer lang zirpt und die Ameise die Vorräte für den Winter einträgt. Ich habe mir schon den Kopf darüber zerbrochen, wie wir Anja finanziell absichern könnten, falls sie, entgegen aller Prognosen, das Erwachsenenalter erreichte, ihre Behinderung keine Berufsausübung zulassen und sie zur Sozialhilfeempfängerin werden würde. Hier habe ich ein Immobilienangebot gefunden« – ich schiebe Uwe die Tageszeitung zu – »eine Gastwirtschaft, genannt das ›Gigele‹, mit zwei Mietwohnungen, in einer oberschwäbischen Kleinstadt, in ca. 60 km Entfernung. Könnten wir nicht ein solches Objekt kaufen, damit Anjas Versorgung im Erwachsenenalter, falls uns etwas zustoßen sollte, durch die Pacht- und Mieteinnahmen gesichert wäre?« Uwe blickt nicht gerade begeistert auf das Immobilieninserat. »Wir können das Gasthaus ja einmal anschauen«, ist sein diplomatischer Kommentar.

Anja verbrachte mehrere Stunden in der Obhut meiner Mutter. Während Uwe die alte Bausubstanz des »Gigele« begutachtete, wurden wir vom Makler schonend darauf vorbereitet, daß das Gasthaus an einen noch zehn Jahre laufenden Brauereivertrag gebunden sei. Mit Verwunderung nahmen wir zur Kenntnis, daß der Besitzer oder Pächter jeden Tag 90 Liter Bier ausschenken müßte, um seinen Vertragspart zu erfüllen.

Nein, auch wenn nur eine Verpachtung der Gastwirtschaft infrage kommen würde, das war uns doch zuviel Bier, außerdem waren wir ausgesprochene Weintrinker. Wir erbaten uns vom Makler eine Woche Bedenkzeit. Nach Ablauf dieser Frist teilten wir ihm ebenso schonend mit, daß wir einem anderen Käufer das Kopfzerbrechen überlassen würden, wie man jeden Tag 90 Liter Bier an den Mann oder die Frau bringt.

Aber das Absicherungsbestreben der Ameise ließ keine Ruhe. Wenig später konnte ich Uwe davon überzeugen, ein Mehrfamilienhaus ein paar Straßen weiter zu erwerben. Die Ameise blickte nun zufrieden in die Zukunft.

Ich sah Anja als junge Frau sich an Krücken aus der kleinen Erdgeschoßwohnung in den Garten bewegen, wo blauer Himmel und Schmetterlinge, der Duft von honiggelben Narzissen und Vogelgezwitscher ihr Herz erfreuen würde. Die Mieteinkünfte der restlichen Wohnungen würden ihr ein bescheidenes Auskommen garantieren, Anträge auf Sozialhilfe würden ihr erspart bleiben.

Wenige Monate später wurden mir diese Visionen jäh genommen. Ein weiterer Schlaganfall, der Anja fast aller Kommunikationsmöglichkeiten beraubte, ließ alle Überlegungen, wie sie trotz Behinderungen ein selbstbestimmtes, eigenständiges Leben führen könnte, falls sie das Erwachsenenalter erreichen würde, gegenstandslos werden. Nach einigen Jahren veräußerten wir die Immobilie wieder, sie war zum Ballast geworden. Die Ameise hatte keinen Grund mehr, Vorräte für den Winter einzubringen.

*

Uwe hatte bei Ausbruch der Erkrankung angefangen, minutiös Tagebuch zu führen über jede Störung in Anjas Befinden. So lagen uns nach Anjas Tod Dutzende von Blättern vor, auf denen ihr langer Leidensweg festgehalten war. Ohne seine Aufzeichnungen wäre es nicht möglich gewesen, dieses Buch zu schreiben.

Nur für uns ist nachvollziehbar, welches Leid sich für unser Kind hinter diesen sachlichen Eintragungen verbirgt:

1. 2. 82 gegen 17.00 Schlucklähmung ca. 5 Minuten, Würgereiz, quengelig, weint öfters, faßt immer wieder an den Hinterkopf

6. 2. 82 Schlucklähmung dreimal, je ca. 10 Minuten, Zuckungen der rechten Augenpartie 3 Stunden

14. 2. 82 ganzer Tag Zuckungen der rechten Gesichtshälfte, rechtes Augenlid hängt herunter

17. 2. 82 Schlucklähmung zweimal, 5–10 Minuten, Zunge hängt heraus, Speichel tropft aus dem Mund, Würgereiz

30. 8. 82 9.00 Uhr rechte Halbseitenlähmung, kann nicht mehr sitzen und sich umdrehen, scheint ihren Zustand zu erfassen, weint bitterlich, wenn sie sich aufrichten will, sehr quengelig

1. 9. 82 kann wieder sitzen und sich umdrehen. Mehrere Stunden apathisch, starrt an die Decke

6. 9. 82 Schreianfall 12.00 Uhr. Legt sich auf Boden, krümmt sich, klopft mit rechter Hand an ihren Kopf, ringt nach Luft

15. 9. 82 Schlucklähmung 30 Minuten, Zunge hängt heraus, linker Arm schlaff, döst vor sich hin

24. 9. 82 Schlucklähmung 15 Minuten, macht unmotivierte Kaubewegungen, Würgereiz

Nicht immer fühlte sich Anja schlecht. Wenn es ihr gut ging, steckte sie uns mit ihrem herzlichen Lachen an. Wie unendlich dankbar waren wir, wenn Anja sich wohl fühlte und selbstversunken die kleinen weiß gestrichenen Puppenbettchen in ihrer Puppenstube neu gruppierte.

*

Freunde und Familienmitglieder fragten immer wieder einmal vorsichtig an, ob es denn nicht eine Bereicherung für uns alle wäre, wenn Anja ein Geschwisterchen hätte. Auch wir hatten gelegentlich das Für und Wider eines Familienzuwachses überlegt.

Da Uwe und ich offensichtlich nicht in der Lage waren, Gene für überlebensfähige oder lebensfähige Kinder weiterzugeben, wäre uns der vierte Versuch einer Schwangerschaft verantwortungslos erschienen. Unsere Maxime war, Leid zu verhindern und nicht zu erzeugen. Also blieb nur die Erwägung einer Adoption oder eines Pflegekindes übrig. Wir schreckten aber zurück vor der Endgültigkeit einer Adoption.

Könnten wir es physisch und psychisch verkraften, wenn ein adoptiertes Kind schwer krank werden würde, und ebenfalls Pflege benötigen würde? Wie könnten wir die Situation bewältigen, wenn z. B. dieses Kind an Leukämie erkranken würde. Es hätte dann ein Recht darauf, während der monatelangen Therapien in der Klinik ebenso begleitet zu werden wie Anja. Anjas Erkrankung beispielsweise konnte auch noch im späteren Kindesalter oder in der Pubertät ausbrechen.

Sollten wir ein Pflegekind aufnehmen? Immer wieder beschäftigte ich mich mit dieser Möglichkeit. Schon immer hatte ich Märchen als überzeichnete Darstellung der Wünsche, Sehnsüchte und Charaktereigenschaften des Normalbürgers interpretiert. Die Eigenschaften, mit denen ich ausgestattet war, entsprachen der durchschnittlichen Volksseele. Ich würde weder wie Mutter Teresa die abgefaulten Handstümpfe von Aussätzigen in Kalkutta verbinden noch Banküberfälle verüben. Extreme Verhaltensweisen waren mir fremd.

Die Verhaltensweisen der Mütter in vielen Märchen wie z. B. Aschenputtel oder Frau Holle machten mich stutzig. Waren dies denn nicht Situationen, in die ich mich hineinbegeben wollte? Das eigene, in irgendeiner Form benachteiligte Kind wird bevorzugt und das fremde, schöne, gesunde, mit angenehmen Verhaltensweisen ausgestattete Kind wird unterdrückt , benachteiligt oder sogar gequält. Ich sah mich – wie im Märchen – das fremde Kind als Babysitter und Spielkameraden mißbrauchen. »Wenn du jetzt nicht eine Stunde mit Anja spielst, dann darfst du morgen auch nicht zum Reiten gehen!« hörte ich mich im Geiste zu diesem anderen gesunden Kind sagen. Ich hatte das Bedürfnis, mich mit einer neutralen Person über meine Märcheninterpretationen zu unterhalten und vereinbarte einen Termin mit einer psychologischen Beratungsstelle.

*

Anja fängt schon im Auto an, aus unerklärlichen Gründen hysterisch zu schreien. Ich trage sie hoch in den ersten Stock der Beratungsstelle. Die Spielecke im Beratungszimmer, mit vielen Autos und Püppchen ausgestattet, hätte normalerweise sofort Anjas Aufmerksamkeit auf sich gezogen. Aber sie hört nicht auf zu schreien und klammert sich an mich. Vergeblich versuche ich Anja zu beruhigen. Nur eingeschränkt kann ich der Psychologin von meiner Befürchtung erzählen, den Bedürfnissen eines fremden Kindes wahrscheinlich nicht gerecht zu werden. Es hätten mich ihre Erfahrungen aus einer ähnlichen Konstellation interessiert, sofern sie überhaupt schon einmal mit einer solchen konfrontiert gewesen wäre. Aber es ist unmöglich, sich auf das Gespräch zu konzentrieren, da Anjas eindringliches Weinen meine ganze Anteilnahme erfordert. Ich breche den Besuch ab. Als ich mit Anja das Beratungszimmer wieder verlassen habe, kann ich mich an den Kommentar der Psychologin nicht mehr erinnern, sofern ich ihn überhaupt wahrgenommen habe.

Auch bei der Heimfahrt hört Anja nicht auf zu schreien. Erst als wir die Wohnung erreichen, beruhigt sie sich. Wir sind beide schweißgebadet.

Anja sitzt auf meinem Schoß und ich lese ihr aus ihrem aktuellen Lieblingsbuch »Die Freunde der Maus Genoveva« vor. Ohne auf mein Vorlesen zu achten, schaut sie zu Pepe hin, der auf dem Fenstersims sitzt. Etwas irritiert frage ich sie: »Willst du denn heute nicht wissen, wen Genoveva zu ihrem Geburtstag einladen will?« Normalerweise hätte ich aus ihrer Reaktion die Antwort ablesen können. Gelangweilt läßt sie die Blicke durchs Wohnzimmer schweifen. »Anja, wo sitzt der Pepe?« Kein Focussieren der rothaarigen Puppe, wie sie es sonst getan hätte. Ich spüre, wie sich bei mir anstatt Ratlosigkeit Panik auszubreiten beginnt. Nochmals ein Versuch:

»Anja, gibst du mir bitte die Tasse!« Wiederum keine Reaktion. Es gibt keinen Zweifel, innerhalb der letzten Stunde ist Anja taub geworden.

In ungläubigem Entsetzen starre ich Anja an. Hatte das lang anhaltende Schreien einen Schlaganfall ausgelöst, oder hatte Anja mit dieser Schreiattacke auf den abrupten Verlust des Gehörs reagiert? Wir werden es nie wissen.

Ich erinnerte mich an einen zurückliegenden Gehirninfarkt, der völlig lautlos und von mir unbemerkt abgelaufen war: Anja hatte neben mir auf dem Sofa gesessen. Interessiert und mit entspanntem Gesichtsausdruck hatte sie mit mir zusammen das Struwwelpeter-Buch angesehen und andächtig der Suppenkaspar-Tragödie gelauscht, als sie plötzlich zur Seite kippte, da eine erneute Halbseitenlähmung eingetreten war. Anja hatte dabei nicht geweint und geklagt. Sie hatte offensichtlich keine Schmerzen empfunden, weder psychisch noch physisch. Ohne Gegenwehr hatte sie den Infarkt über sich ergehen lassen, wie ein Stück Treibgut, das von der Strömung des Flusses mitgerissen wird.

Und heute dieses verzweifelte Aufbäumen. War es der Versuch oder die Hoffnung, dieser drohenden grausamen Zerstörung ihrer kommunikativen Sinneswahrnehmung zu entrinnen oder die Verzweiflung über den schon erlittenen Verlust?

Fassungslos halten Uwe und ich Anja in unseren Armen. Wir versagen uns, in ihrer Gegenwart unseren Tränen freien Lauf zu lassen, um sie nicht zu beunruhigen. Die Nähe und die Zärtlichkeiten von Mami und Papi sollten ihr das Gefühl von Sicherheit, Geborgenheit und Zuversicht vermitteln. Die nicht artikulierbare Zuversicht, daß es uns gelingen würde, ihre Schmerzen und ihr Leid in einem erträglichen Maß zu halten. Mit großen Augen schaut uns Anja an. Sie enthalten viele Fragen, die wir nicht beantworten können.

Sie verstand im wahrsten Sinne des Wortes die Welt nicht mehr. Ihr massives Aufbäumen war nun einer trauernden Mattigkeit gewichen. Anjas zartes Gesichtchen, ihre Mundwinkel in verhaltenem Schmerz nach unten gezogen, schmiegt sich trostsuchend an Uwes Hals. Würde sie je wieder lachen können?

*

Am nächsten Tag sitzt mir Anja erwartungsvoll gegenüber. Sie wartet darauf, daß ich sie mit dem Löffel füttere: ein Gemüsebrei. Aufgrund der angeborenen Darmverengung war eine ballaststoffreiche Ernährung für Anja sehr wichtig. Die Erfahrung hatte gezeigt, daß die Zufuhr der Ballaststoffe am frühen Nachmittag bessere Wirkung zeigte, als wenn sie abends von Anja eingenommen wurden. Um sie etwas aufnahmefähiger für den Gemüsebrei zu stimmen, schneide ich Grimassen und lasse die Augen rollen. Anja tut das, was sie früher bei einem solchen Anlaß getan hatte, sie schmunzelt. Sie schaut mich weiter unverwandt an, was als Aufforderung zu verstehen war, mit dem Augenrollen fortzufahren. Wie lange es wohl schon her sein mochte, daß Anja mich bei dieser Gesichtsgymnastik gebeten hatte: »Mami, mehr Augen rollen?«

Mit großer Erleichterung nehme ich das zaghafte Lächeln meines Kindes wahr. Anja hatte trotz der erneuten abrupten Zerstörung eines Teiles ihres Selbstes noch Freude an ganz banalen Dingen.

Der Teller war leer. »Bist du Mamis kleine, süße Maus?« frage ich Anja zärtlich. Sie verstand den Sinn meiner Worte nicht mehr, aber sie verstand mein Lächeln und die Sprache meiner Mimik. Ihr rechter Arm legt sich um meinen Hals und zieht mit sanfter Gewalt meinen Kopf an ihr Gesichtchen. Mit einem tiefen Seufzer des Wohlbehagens vergräbt sie dann ihre kleine Nase in meiner Halsbeuge. Ich spüre, daß sie sich geborgen fühlt.

Nachdenklich betrachtete ich Anja. Ich stellte mir vor, ein solcher Schlaganfall mit Verlust der auditiven Sinneswahrnehmung hätte mich getroffen. Ich bin felsenfest davon überzeugt, daß ich mir am darauffolgenden Tag in meiner abgrundtiefen Verzweiflung kein Lächeln abgerungen hätte, das Lächeln, das Anja jetzt auf den Lippen hatte.

Nie mehr würde das Einschlaflied »Müde bin ich, geh zur Ruh« sie traurig stimmen, nie mehr das »Zahl-Lied« sie erfreuen, nie würde munteres Vogelgezwitscher ihre Seele heiter stimmen, nie die kreischende Stimme irgendeines Rockidols sie in Ekstase versetzen oder ein Violinkonzert von Beethoven sie zum Träumen anregen. Vorbei.

Wir alle – selbst die Kinderärztin – glaubten zuerst, daß das Gehör peripher betroffen worden war. Anja registrierte nach wie vor Geräusche, wußte mit ihnen jedoch nichts mehr anzufangen. So konnte es vorkommen, daß sie, wenn ich sie in ganz normaler Sprechlautstärke ansprach, erschrak. Wenn sie mein Gesicht nicht sehen konnte, reagierte sie entsetzt und schaute nach allen Seiten, woher die akustische Bedrohung kommen könnte. Sobald sie dann mein lächelndes Gesicht sah, beruhigte sie sich wieder und entspannte sich. Alles was an Geräuschen oder Sprache an ihr Ohr drang, hatte keine Bedeutung mehr für sie, wie es einer zerebralen Taubheit entspricht. Eine einzige Ausnahme gab es jedoch. Das tiefe Brummen eines Flugzeugs veranlaßte sie, zum Himmel zu schauen und zu lächeln. Wahrscheinlich war sie in unserer Stadt die einzige Person, die sich über die lärmenden Flugzeuge freute. Überstieg das Brummgeräusch jedoch einen bestimmten Lärmpegel, dann kehrte sich die Freude in ihr Gegenteil um. In panischer Angst versuchte sie dann vor dieser Gefahr zu fliehen. Ihr Gehirn ordnete somit akustische Wahrnehmungen nur noch in unbedeutend oder bedrohlich ein. Sie konnte jedoch am Tonfall einer menschlichen Stimme unterscheiden, ob diese wohlwollend oder ermahnend war.

In welchem Ausmaße Anja diesen Verlust ihrer Kommunikationsfähigkeit empfand, war schwer zu beurteilen. Sie schien diesen Infarkt jedoch besser zu verkraften als den Verlust der Sprache. Ihr Lächeln war damals erst nach mehreren Tagen wieder aufgetreten.

*

Manche Veränderungen im Alltag waren durch diesen letzten Schlaganfall abrupt eingetreten, andere wiederum schleichend. Die geliebten Kinderbücher konnten jetzt nur noch angeschaut und nicht mehr vorgelesen werden. Anja konnte nur noch durch Beobachten unserer Mimik, Gesten und unseres Verhaltes sowie des Tonfalls unserer Stimme eine Orientierung erhalten. Wenn irgend möglich, mußte ich das Staubsaugen der Wohnung während Anjas Abwesenheit durchführen, wenn sie vormittags in der Schule war oder von Bekannten zum Spazierengehen mitgenommen wurde, da die hohen Frequenzen des Geräusches sie jetzt in Panik versetzten. Es bestand eine erhöhte Verletzungsgefahr für Anja, weil sie einen gellenden Schrei ausstoßen und ohne auf Hindernisse zu achten, die Flucht ergreifen würde. War der Staubsauger jedoch nicht eingeschaltet, so betrachtete sie ihn als Spielzeug. Sie würde dann prustend versuchen, ihn am Boden vor sich herzuschieben, so wie sie es mit ihren Spielzeugautos zu tun pflegte.

Die Zeiten des »Auf-dem-Töpfchen-Sitzens« waren endgültig vorbei. Die bisherigen Fortschritte ihrer motorischen Funktionen kehrten sich jetzt in das Gegenteil um. Ohne die akustischen Aufforderungen der Hexe Wackelzahn und des Pepe zu aktiven therapeutischen Übungen, ließ sich der Verfall nicht aufhalten. Allein durch passive Therapie war nicht einmal der Erhalt des erreichten Status möglich. Monate später war sie nicht mehr imstande, an einer Hand geführt zu gehen. Unsere Zuwendung verlagerte sich noch mehr in den Bereich der Körperkontakte. Lange Schmusestunden ersetzten das Vorlesen aus dem Struwwelpeter. Anja bestimmte, wieviel Zeit sie mit Papi oder Mami im Arm, wohlig seufzend und entspannt, immer wieder ihr Näschen in unsere Wange stupsend, auf der Matratze, unserer neuen Spielwiese, verbringen wollte.

*

Immer wieder drängte sich mir bei Anjas Erkrankung der Vergleich mit der Katze auf, die mit einer Maus spielt. Die Katze hält die Maus zwischen ihren Pfoten, die messerscharfen Krallen pressen sich tief in ihr Fleisch. Sie läßt kurz los, die verletzte, gequälte Maus versucht sich in Todesangst zu retten, aber wieder schlägt die Katze zu.

Die Pausen zwischen den Infarkten lassen immer wieder Erholungsphasen zu, aber es gibt kein Entrinnen vor dem letzten tödlichen Schlag. Wir wissen nicht, wie lange dieses grausame Katz-und-Maus-Spiel noch dauern wird.

Würde Paragraph 211 unseres Strafgesetzbuches wörtlich ausgelegt werden, das heißt auf lebenserhaltende Maßnahmen darf nur verzichtet werden, wenn der Tod in kurzer Zeit zu erwarten ist, so könnte für Anja dieses Lebensrecht zu einer Lebenspflicht pervertieren. Ihrer Seele-Geist-Körper-Einheit mußten wir eine Chance geben, diesem Sterben auf Raten ein Ende zu setzen. Unser Beitrag, sie am Leben zu erhalten, konnte nur darin bestehen, ihre Schmerzen zu lindern und sie einzuhüllen in die beruhigende Geborgenheit unserer Arme. Wenn unsere liebevolle Fürsorge nicht mehr dazu beitragen konnte, ihre biologische Uhr weiterlaufen zu lassen, so würde ihr keine gewaltsame Lebensverlängerung zugemutet werden.

Anja würde nicht auf einer Intensivstation, sondern zu Hause in ihrer vertrauten Umgebung ohne Angst sterben. Ihre Hände würden nicht festgebunden sein. Das Fixieren der Arme am Gitter des Bettes – eine Klinikmaßnahme, um zu verhindern, daß Infusionskanülen aus dem Körper gerissen weden.

Intensivstationen sind eine segensreiche Einrichtung, wenn sie der Wiederherstellung der Gesundheit dienen, aber sie können sich zum Fluch auswirken, wenn man sich ihrer vorbehaltlos bedient. Sie können in manchen Fällen auch eine Vergewaltigung zum Leben bedeuten. Anja würde dieser Fluch nicht treffen. Weder wir als Eltern noch die vielen Ärzte, die uns zur Seite standen, würden sie einem verlängerten Sterben ausliefern. Auch wenn sich unser Gefühl schmerzlich dagegen wehrte, unser geliebtes Kind loszulassen, signalisierte es uns andererseits, es seinen Weg gehen zu lassen. Es war widersprüchlich. Aber Anjas Weg würde auch unser Weg sein.

Wenn ich in der Buchhandlung in die Rubrik »Schicksale«

oder »Lebensberichte« greife, finde ich ausschließlich Bücher über heroische Eltern oder Erfolgschirurgen, die medizinisch-technisch mögliche Therapien aufgrund ihrer bloßen Verfügbarkeit bei unheilbar kranken Kindern anwenden, ohne daß je hinterfragt wird, ob die sterbenskranken Kinder noch zusätzlich gequält werden wollen. Quantität wird bejubelt, nicht jedoch Qualität. Der Lebensdauer wird ein absoluter Wert eingeräumt, die Qualität rangiert erst an zweiter Stelle.

Beim heldenhaften Ausspruch: »Man kann dieses Kind doch nicht einfach sterben lassen«, wird, ohne darüber nachzudenken, applaudiert. Es ist der Weg, der – lapidar ausgedrückt – einfach so üblich ist.

Unsere Erfahrungen, gesammelt in vierzehnjähriger intensiver Zuwendung zu unserem unheilbar kranken Kind, stehen im Widerspruch zu den Durchhalteparolen: »Wir werden bis zum letzten um das Leben dieses Kindes kämpfen. Jede Lebensminute, die ihm noch geschenkt wird, ist kostbar!« Unsere Nachbarn, Freunde, Bekannten, gänzlich Unbeteiligte, zeigten sich erleichtert, wenn wir erwähnten, daß Anja in unseren Armen zu Hause sterben würde und nicht auf einer Intensivstation. Daß wir uns nicht anmaßen würden, ihren Entschluß zu sterben, durch lebensverlängernde Maßnahmen, so schwer dies uns auch fallen würde, zu vereiteln.

Daß schwerkranke Kinder, wenn sie nach ihrem Lebenswillen befragt werden können, sich auch bewußt für den Tod entscheiden können, zeigte vor einigen Jahren in den USA der fünfzehnjährige Benito. Nach einem Leberversagen hatten ihm die Ärzte schon die zweite Leber implantiert. Die Immunsuppresiva, die er fortan einnehmen mußte, führten aus seiner Sicht zu unerträglichen Nebenwirkungen. Gegen seinen und den Willen seiner Mutter wurde er mit Polizeieinsatz in die Klinik gebracht und dort mehrere Tage festgehalten. Unter Zwang wurden ihm dort die lebensrettenden Medikamente verabreicht.

Der Grund für die richterliche Zwangseinweisung war seine Weigerung, weiterhin die Medikamente zur Verhinderung der Abstoßung des fremden Organs einzunehmen. Ohne Erlaubnis der Ärzte hatte er die Medikamente abgesetzt. Um das Leben von Benito auch gegen dessen Willen zu retten, hatten die Ärzte im Eilverfahren einen Gerichtsbeschluß zur Zwangseinweisung in die Klinik erwirkt. Sie rechtfertigten ihr Verhalten: »Wir hatten die besten Absichten und dachten, wir handeln im Interesse des Kindes!«

Benito mußte nach einigen Tagen auf einen erneuten richterlichen Beschluß hin, den die Mutter erreicht hatte, wieder nach Hause entlassen werden. Mehrere Psychiater und der Richter selbst kamen nach einem Gespräch mit Benito zu der Einsicht, daß der Junge reif genug sei, um über sein Leben und seinen Tod zu bestimmen. Daß er sehr wohl die Tragweite seiner Weigerung, die Immunsuppresiva weiterhin einzunehmen, übersehen könne.

»Die schönste Zeit meines Lebens begann. Ich hatte zum ersten Mal seit Jahren keine Schmerzen. Ich konnte endlich ein normales Kind sein, konnte mit Freunden im Garten sitzen und meine Lieblingsbücher lesen. Ich will lieber zu Hause ein Leben so normal wie möglich führen und dann sterben.« Das waren Benitos Worte, nachdem er wieder zu Hause bei seiner Mutter war.

Wir konnten Anja nicht wie Benito fragen: »Sollen wir dich, wenn dein Leben in Gefahr ist, der Hochleistungsmedizin übergeben, oder sollen wir dich ganz eng in unserer Geborgenheit umfangen halten, dir die Schmerzen lindern und dich in der vertrauten Umgebung belassen?«

Aber wir konnten mit ihr auf der Beobachtungsebene, der einzig verbleibenden, kommunizieren:

»Auch wenn du uns nicht mehr antworten kannst, hast du uns zu verstehen gegeben, was du nicht verlieren willst:

die vertraute Sicht auf die Puppenstube, solange deine Augen sie noch wahrnehmen können, ebenso auf den Weidenkorb mit den farbigen Holzklötzchen, die Nähe des Nußbaums mit seinem ausladenden, schützenden Blätterdach und das streitbare Spatzenvolk, das dich immer wieder belustigt hat.

Wir wissen nicht, wie intensiv du Gerüche wahrnimmst, vielleicht tragen auch die vertrauten Gerüche deiner häuslichen Umgebung zu deinem Wohlbefinden bei und du würdest sie vermissen.

Du willst dich bewegen, wie es dir zumute ist und wie die jeweiligen Einschränkungen oder Verschlechterungen deiner Krankheit es zulassen. Wenn dich eine Bewegungsunruhe erfaßt, willst du ihr nachgeben. Wenn dein Arm Papi oder Mami umarmen und festhalten will, damit sie dir deine Angst nehmen, die du nicht mehr ausdrücken kannst, aber sicherlich manchmal fühlst, dann willst du nicht festgebunden sein in einem Klinikbett.

Du willst dich im Bett hin und her wälzen, um eine bequeme Schlafposition zu suchen, die dir keine Schmerzen verursacht. Fesseln würden dich daran hindern.

Du willst die grüne Wiese im Garten mit dem sonnengelben Löwenzahn sehen und keine weißgetünchten Klinikwände, innerhalb derer du dich immer in panischer Angst gegen jeden Eingriff zu wehren versuchtest. Die Hälfte der verheerenden Schlaganfälle hast du entweder in der Klinik oder unmittelbar danach erlitten. Wie hätten wir dir deine unendliche Angst vor dem Ausgeliefertsein nehmen können? Deine Angst vor einer Rückenmarkspunktion, vor den vielen quälenden Versuchen der Ärzte, zu deinen mißgebildeten Venen mit einer Nadel einen Zugang zu finden, vor jeglichen Manipulationen deines zarten geschundenen Körpers? Die Angst, die mehrere Infarkte provoziert hat?

So wie ein Rotkehlchen, wenn es die Wahl hätte zwischen einem Leben mit unbegrenzter Futterversorgung im Vogelkäfig und der Beschwernis des Futtersuchens und den ständig lauernden Todesgefahren in der freien Natur, die Freiheit vorziehen würde, so würdest du die Geborgenheit deiner vertrauten Umgebung mit allen sich daraus ergebenden Konsequenzen vorziehen. Dies wäre deine »freie Natur«, ebenso wie es der Holunderbusch für das Rotkehlchen wäre.

Alle Signale, die Anja aussandte, wurden von Uwe, von mir

und von allen, die mit Anja Kontakt hatten, ohne Ausnahme, als Hinweis auf die letztere Absicht gedeutet.

Wir würden Anja ihren Weg gehen lassen.

Wenn wir davon sprechen, daß Anja die Entscheidung, weiterleben oder sterben zu wollen, treffen wird, dann sehen wir Anja in ihrer Gesamtheit, ihre Existenz auf körperlicher und seelischer Ebene.

Durch Anjas Hilflosigkeit, ihre Bedürfnisse in jedem dieser Bereiche umfassend artikulieren zu können, sind wir dazu gezwungen, mit Intuition und Sinneswahrnehmung ihre Entscheidungen zu erahnen. Da ihr intellektuelle Selbsterfahrung und analytisches Bewußtsein aufgrund der fehlenden verbalen und auditiven Kommunikation nicht möglich ist, muß die emotionale und sinnliche Kommunikationsebene als gleichwertig betrachtet werden. Nur auf dieser subjektiven Ebene können wir ihre grundlegenden Bedürfnisse erspüren. Es ist dies die einzig mögliche Ebene für Anja, es existiert keine andere.

Jedes progressive Klinikum betont heute, daß in seinen Mauern die Patienten ganzheitlich behandelt werden, das heißt, daß der Patient nicht nur als reparaturbedürftiger Körper, sondern als Geist-Seele-Körper-Einheit mit sich ergänzenden Bedürfnissen betrachtet wird.

Die Botschaften, die Anja in ihrer Gesamtheit ihrer Umwelt zu verstehen gibt, um ihre emotionalen und körperlichen Bedürfnisse zu befriedigen, heißen:

»Vermeidung von Unangenehmem und Erfahrung von Freude.«

Da dies ein grundsätzliches Bestreben aller Lebewesen ist, kann es als elementares Bedürfnis angesehen werden, dem andere Notwendigkeiten untergeordnet werden müssen.

Bei alten Ehepaaren kann man manchmal beobachten, daß, wenn ein Partner stirbt, der zurückbleibende Partner bald darauf an »gebrochenem Herzen« stirbt, weil auf der seelischen Ebene unbewußt die Entscheidung getroffen wurde: »Das Leben ist nicht mehr lebenswert ohne meinen geliebten Partner.«

Auch wenn der im Sterbeprozeß sich befindliche alte Mensch schriftlich festgelegt hat, daß er keine lebensverlängernden Maßnahmen wünscht, wird von ärztlicher Seite nicht immer diesem Wunsch entsprochen und trotz der ausdrücklichen Anweisung eine künstliche Ernährung verabreicht, um nicht wegen unterlassener Hilfeleistung mit dem Gesetz in Konflikt zu geraten. Der mutmaßliche Wille des Sterbenden hätte sich ja ändern können.

Die Zuwiderhandlung, vor allem durch Angehörige des Sterbenden, wird oft gerechtfertigt mit der Begründung: »Man kann doch einen Menschen nicht einfach verdursten lassen!«

Ebenso wie alte Menschen das Recht haben, an »gebrochenem Herzen« zu sterben, so gibt es auch für Anja diesen seelischen Weg. Vielleicht würde sie auf dieser Ebene unbewußt die »Entscheidung« treffen: »Das Maß ist voll, auch mit der liebevollen Fürsorge von Papi und Mami bin ich nicht mehr bereit, weitere Schlaganfälle und Schmerzen zu erleiden.« Die Entscheidung auf der zweiten, der körperlichen Ebene, würde heißen: »Die biologische Uhr ist abgelaufen, es ist kein biochemisches Regenerationspotential mehr vorhanden, um mein Weiterleben zu ermöglichen.«

Es ist unerheblich, auf welcher Ebene Anja sich für den Tod oder für das Leben entscheidet, Anja in ihrer Gesamtheit trifft die Entscheidung. Wir als Eltern würden sie in Demut annehmen, ebenso wie die Mutter von Benito die bewußte Entscheidung ihres Sohnes für den Tod angenommen hat, auch wenn ihr dies, wie es auch bei uns sein würde, größten Schmerz verursacht hat.

*

Es nähert sich Anjas vierter Geburtstag. Inzwischen ist sie nur noch in der Lage, sich auf allen vieren krabbelnd vorwärtszubewegen. Die regelmäßigen Besuche von Irina, Ute, Alexander und Andy haben aufgehört, da die beiden Älteren inzwischen den Kindergarten besuchen.

Ganz in der Nähe unseres neuen Domizils befand sich der

evangelische Kindergarten. Ich war gespannt darauf, ob es mir gelingen würde, Anja dort anzumelden.

»Frau Staberoh, ich habe doch große Bedenken, ein so schwerkrankes und behindertes Kind hier aufzunehmen. Bitte geben Sie mir noch Zeit bis zum Herbst, um mir einen solchen Schritt zu überlegen!« zögert die Kindergärtnerin. »Bis zum Herbst kann es schon zu spät sein«, gebe ich zu bedenken. »Wir wissen nicht, wie lange unser Kind noch leben wird. Jeder Tag ist kostbar. Es ist mir ein großes Anliegen, ihr die Gemeinschaft mit Gleichaltrigen zu ermöglichen. Anja wird sehr pflegeleicht sein. Während des zweieinhalbstündigen Aufenthalts im Kindergarten muß sie nicht gewickelt werden. Sie kann ihr Brot zur Vesperpause selber essen. Man müßte ihr allerdings das Glas zum Trinken festhalten. Es wäre ein großes Entgegenkommen von Ihnen, wenn wir einmal zusammen zu Besuch kommen könnten, damit Sie Anja kennenlernen.«

Es gelingt mir, die Vorbehalte der Erzieherin zu zerstreuen. Anja kann in den nächsten Jahren nachmittags, weil in der zweiten Tageshälfte weniger Kinder kommen, den Kindergarten besuchen. Für die anderen »normalen« Kinder ist es bald selbstverständlich, daß ein blondes Mädchen sich nur auf dem Boden rutschend fortbewegt und mit großen Augen das quirlige Treiben verfolgt.

*

Ende des Jahres stabilisierte sich Anjas Zustand. Unter Stabilisierung verstanden wir, daß ein- bis zweimal pro Woche Schlucklähmungen von fünf bis dreißig Minuten Dauer auftraten. Während dieser TIA's, d.h. *transischämischen Attacken,* hing meist die Zunge aus dem Mund, der Speichel tropfte heraus und sie war unfähig, einen Laut von sich zu geben. Sie war während dieses Ausfalls jedoch geistig »nicht weggetreten«. Ebenso häufig traten Gähnanfälle auf. Dabei mußte sie zwanghaft mindestens fünfzehnmal hintereinander ihren Mund weit aufreißen, so, als ob sie mit aller verfügbaren Energie mehr Sauerstoff in ihre Lungen und damit in die unterversorgten zerebralen Blutgefäße pumpen wollte. Diese Gähnattacken kündigten jedoch keinen Schlaganfall mehr an. Ungefähr einmal im Monat wurde sie von Übelkeits- oder Apathiephasen geplagt, die jeweils fünf bis sechs Stunden anhielten.

Durch diese immer wiederkehrenden Beeinträchtigungen wurden wir gnadenlos daran erinnert, daß die Krankheit zur Zeit nur auf Sparflamme geschaltet hatte. Niemand wußte, wann die Katze mit ihrer Pranke wieder zuschlagen würde.

Meistens schien sie sich jedoch wohl zu fühlen und sie entwickelte sich wieder zu einem fröhlichen Kind, wie sie es in ihren ersten zwei Lebensjahren gewesen war.

*

Die am besten verständliche Beschreibung des Moya-Moya-Syndroms stammt von der Universitäts-Kinderklinik Homburg. Dieser Kurzvortrag wurde am 10. Juni 1985 von Dr. Löffler gehalten. Die von ihm erwähnten hundert dokumentierten Fälle außerhalb Japans haben sich nach der neuesten medizinischen Literatur inzwischen auf mehrere Hundert erhöht.

Das Moya-Moya-Syndrom
Vortrag Dr. Löffler v. 10. 6. 1985

Dieses Krankheitsbild wurde Anfang der 60er Jahre erstmals in Japan von Takeuchi beschrieben, die Namensgebung erfolgte durch Suzuki. Es läßt sich folgendermaßen definieren:

Auf beiden Seiten kommt es zu progredienten hochgradigen Stenosierungen bzw. Okklusionen der Cerebralarterien, welche im Siphonbereich der Arteria carotis interna beginnen und in späteren Stadien die vom Circulus arteriosus Willisi abgehenden Arterien erfassen. Damit einhergehend bildet sich ein ausgedehntes Netzwerk aus feinsten Gefäßen in Art eines Rete mirabile in Höhe der Basalganglien und des oberen Hirnstammes. Zusätzlich entwickeln sich transdurale und leptomeningeale Kollateralgefäße.

Über einen Zeitraum von etwa drei Jahren ist die Erkran-

kung progredient. Sie kann in jedem Stadium zum Stillstand kommen. Die Veränderungen treten bilateral auf, können allerdings zeitverschoben sein. In zwei Drittel aller Fälle handelt es sich um Kinder mit einem ersten Altersgipfel zwischen vier und zehn Jahren. Ein zweiter Gipfel findet sich im vierten Lebensjahrzehnt. Das weibliche Geschlecht ist mit 1,4 : 1 etwas häufiger befallen.

Bislang ist diese Krankheit ganz überwiegend bei Japanern aufgetreten; bis 1984 sind weniger als hundert Fälle bei Kindern außerhalb Japans beschrieben worden. Die Symptomatik ist bei Kindern und Erwachsenen verschieden. Bei Kindern beobachtet man Kopfschmerzen, geistige Retardierung, cerebrale Krampfanfälle und ischämisch bedingte neurologische Ausfälle wie Hemiplegien, Aphasie, Facialisparese und Gesichtsfeldausfälle, die im allgemeinen gut rückbildungsfähig sind.

Bei Erwachsenen hingegen ist die Erstmanifestation meist eine intracranielle Blutung, am häufigsten in Form einer Subarachnoidalblutung.

Über die Ätiologe besteht nach wie vor Unklarheit. Die Hypothese einer kongenitalen Gefäßmißbildung läßt sich widerlegen durch den angiographisch dokumentierten Nachweis einer Progredienz. Gegen eine entzündliche, beispielsweise immunologisch bedingte Ursache sprechen das Fehlen eines positiven Effektes einer Cortisonbehandlung, der fehlende Nachweis entsprechender laborchemischer Parameter wie auch der bei Autopsien zu erhebende patho-anatomische Befund. Es fanden sich dabei lediglich Verdickungen der Intima sowie eine Aufsplitterung der Lamina elastica interna.

Dementsprechend bestehen zumindest derzeit keine Möglichkeiten einer kausalen Therapie.

Von neurochirurgischer Seite wurden verschiedenartige operative Behandlungsversuche unternommen, welche letztlich den natürlichen Prozess der Kollateralenbildung nachahmen und eine Verbesserung der intracraniellen Blutversorgung bewirken sollen. So wurden beispielsweise die Arteria *temporalis superficialis mit der Arteria cerebri media anastomosiert, eine cervikale Sympathektomie vorgenommen oder eine Enzephalo-Myo-Synangiose hergestellt. Bei letzterer Operation wird ein Teil des Musculus temporalis, der an dem ernährenden Gefäß gestielt ist, nach intracraniell auf die Duraoberfläche aufgelegt. Dies ist natürlich mit Platzproblemen verbunden und kann zu fokalen Anfällen führen.*

Von den jeweiligen Autoren wird zwar über positive Effekte berichtet, es handelt sich jedoch zumeist um Einzelbeobachtungen. Größere Erfahrungen sind lediglich in Japan vorhanden.

Langzeitergebnisse sind noch nicht bekannt. Man muß daher bei einem Drittel der Kinder mit einer schlechten Prognose mit bleibendem neurologischem Defizit oder gar Tod, beispielsweise im Status epilepticus, rechnen.

DIE FRAGE: »WARUM«

Natur kennt weder Neid noch Not
sie übt nicht Gewalt aus
besitzt keine Macht
sie ist nicht grausam
denn sie ist nicht menschlich
sie ist.

Reidar Ekner,
Klage um die Tochter

Für die meisten Menschen ist der Eintritt eines Schicksalsschlages gleichbedeutend mit dem Auftreten der zentralen Frage:

»Warum mußte gerade *ich* an Brustkrebs erkranken,
warum mußte gerade *mein* Kind von einem
betrunkenen Motorradfahrer überfahren werden,
warum gerade *mein* Sohn, der das destruktive
Gen für Mucoviscidose trägt?«

Schon Hiob hat sich an dieser Frage die Zähne ausgebissen. Ganze Bücherregale könnte man füllen mit den Versuchen, Antworten für die Existenz des Leids zu finden.

Mit einem einfachen Kunstgriff haben wir uns ausgeklinkt aus der quälenden Sinnsuche: »Warum ist gerade unser einziges geliebtes Kind zu einem Tod auf Raten verurteilt?«

Verankert in einer naturphilosophischen Weltanschauung lag es für uns nahe, das Warum auf eine ganzheitliche Sichtweise zu transferieren:

»Warum stürzt der Meteorit gerade auf den Mond
und nicht auf den Merkur,

warum wird gerade diese Galaxie von einer anderen absorbiert,
warum reißt der Sturm gerade dieses zartgrüne Blatt vom Baum, und nicht das dunkelgrüne vom Zweig nebenan,
warum wird gerade dieser Igel und nicht sein Nestgenosse von einem ahnungslosen Autofahrer zu Tode gequetscht?«

Gedankenverloren streiche ich mit der Hand an meiner Wange entlang. Bei dieser Bewegung löst sich eine Hautschuppe. Eine Hautzelle aus diesem Zellverband fängt an zu klagen:

»Welche Ungerechtigkeit, daß ich jetzt schon vergehen muß, ich hätte doch noch zwanzig Zellteilungen vor mir gehabt, warum muß gerade ich dieses Schicksal erleiden, warum muß ich so früh sterben?«

Ein riesengroßer Asteroid von mehreren Kilometern Durchmesser rast mit interstellarer Geschwindigkeit auf unsere Erdkugel zu. Kurz bevor die Erde in einer gigantischen Explosion ins Weltall hinausgeschleudert wird, hallt noch ihr Aufschrei durch den Äther:

»Warum gerade ich, warum nicht der Mars oder die Venus. Zwei Milliarden Jahren hätte ich noch existieren können, bis der Alterstod mich ereilt hätte, bis ich in der Sonne verglüht wäre. Warum gerade ich?«

Unter dem Schatten spendenden Nußbaum sitzt Anja in einem Sessel. Die Blätter der untersten Zweige kitzeln sie an der Nase. Anja ergreift kichernd ein Blatt und reißt es ab. Ich höre das Blatt wehklagen:

»Wie grausam das Schicksal mit mir umspringt! Wie hatte ich im Frühjahr die dunkelgrünen Blätter der Krone des Baumes beneidet. Von ihrem Platz an der Sonne habe ich immer geträumt. Nur ein einziges Mal hätte ich mich gerne dort oben aufgehalten, beliebt und bewundert von allen anderen Blättern. Es war für mich kein Trost, daß der Baum alle Blätter, und damit auch mich unscheinbares Blatt, zum Überleben braucht, die da oben und die da unten sind von gleicher Wertigkeit – dies hat mir der Wind zugeflüstert. Und jetzt darf ich nicht einmal bis zum Herbst leben, bis ich das schillernde goldbraune Farbenkleid anziehen darf, bevor ich mich mit meinen Geschwistern in den Blättertanz einreihen darf. Was habe ich denn getan, daß Gott mir diese Strafe schickt?«

Wenn jemand diese Fragen beantworten könnte, hätte er auch die Antwort auf die Frage: »Warum erkrankt gerade unser einziges geliebtes Kind am Moya-Moya Syndrom?«

Die Erkenntnis, daß den Spielregeln der Natur unterschiedslos Planetensysteme, Lebewesen und Moleküle unterworfen sind, hat für uns die Warum-Frage gegenstandslos gemacht. Sobald die anthropozentrische Sichtweise abgelegt wird und sich der Mensch eingebettet sieht in den ewigen Kreislauf alles Existierenden, kann er sich durchdringen lassen von der kosmischen Geborgenheit.

Jedes Element dieses Universums, gleichgültig ob atomares Teilchen, Zelle, menschlicher Organismus oder Galaxie, muß jederzeit damit rechnen, ausgetauscht zu werden, um das kosmische System aufrechtzuerhalten. Zu dieser Dynamik gehören nun einmal Unfälle, Schnupfen, unheilbare Erkrankungen, Mutationen, Evolution, Fressen und Gefressenwerden ebenso wie Hurrikans, Zellteilungen und Supernovae. Eine solch distanzierte perspektivische Betrachtungsweise findet sich schon im Alten Testament: »Und Gott sah an was er geschaffen hatte, und siehe da, es war alles gut.«

Dieser immerwährende Kreislauf zieht sich wie ein roter Faden durch die Werke eines ewig Suchenden, Hermann Hesse. Wie kaum ein anderer hat er es vermocht, den ewigen Zyklus dieser Einheit erahnen zu lassen.

Uralte Buddha-Figur, in einer japanischen Waldschlucht verwitternd:

Gesänftigt und gemagert, vieler Regen
und vieler Fröste Opfer, grün von Moosen
gehn deine milden Wangen, deine großen
gesenkten Lider still dem Ziel entgegen,
dem willigen Zerfalle, dem Entwerden
im All, im ungestaltet Grenzenlosen.
Noch kündet die zerrinnende Gebärde
vom Adel deiner königlichen Sendung
und sucht doch schon in Feuchte, Schlamm und
Erde, der Formen ledig,
ihres Sinns Vollendung,
wird morgen Wurzel sein und Laubes Säuseln,
wird Wasser sein, zu spiegeln Himmels Reinheit,
wird sich zu Efeu, Algen, Farnen kräuseln, –
Bild allen Wandels in der ewigen Einheit

Wir haben akzeptieren gelernt, daß Anja ein Teil dieses Kreislaufes ist. Diesem zyklischen Werden und Vergehen sind alle Strukturen unterworfen, der blaue Planet, unser Kind, die rote Heidelibelle am Teich und wir selbst.

Häufig erleben wir, daß Außenstehende den Kopf schütteln, wenn sie von unserer Akzeptanz hören. Sie verwechseln immer wieder Akzeptanz mit Resignation. Es gilt in unserer Gesellschaft als heroischer Akt, sich gegen Unabänderliches aufzulehnen. Anstatt die ganze Energie für fruchtlose Auflehnung einzusetzen, verwenden wir sie für die Verbesserung der Lebensqualität unseres Kindes.

Das Artikulieren von Hoffnung, auch wenn sie absolut unrealistisch ist, wird in den Medien als bewundernswerte Haltung dargestellt. Wenn ich bei klirrender Februarkälte die Hoffnung äußern würde, daß am nächsten Tag die Veilchen blühen mögen, dann würde man mich mit großer Verwunderung betrachten. Äußert jedoch die Mutter eines an einer fortschreitenden zerebralen Nervendegeneration leidenden Kindes: »Wir geben die Hoffnung auf Heilung nie auf!« dann wird applaudiert. In Übereinstimmung mit der Losung: »Ohne Hoffnung kann der Mensch nicht leben.«

Unsere hiervon abweichende Erfahrung ist, es läßt sich sehr gut damit leben, wenn unabänderliche Realitäten – seien es Wolkenbrüche, ein krumm gewachsener Finger, der Lauf der Gestirne oder unheilbare Krankheiten – als nicht beeinflußbar akzeptiert werden. Die Energie, die erfolglos aufgewandt wird, um eine Änderung dieses Unabänderlichen zu erreichen, kann statt dessen erfolgreich eingesetzt werden, den Alltag mit mehr Freude auszufüllen.

Seneca hat es vor fast 2000 Jahren schon vor uns ausgesprochen:

»den Willigen führt das Schicksal,
den Widerstrebenden zerrt es mit Gewalt.«

Diese Zustimmung und Einwilligung bezieht sich selbstverständlich nicht auf unerfreuliche Entwicklungen oder destruktive Situationen, die änderbar sind, wie z.B. heilbare Krankheiten, soziale Mißstände und Konflikte oder Umweltzerstörung.

Menschen, die in ihrer Religion stark verwurzelt und anthropozentrisch orientiert sind, werden sicherlich mit Irritation eine solche Weltanschauung zur Kenntnis nehmen. Ebenso wie ich mich fassungslos zeige, wenn eine religiös orientierte Mutter zehn Jahre nach dem Tod ihres Kindes mir immer noch die Frage entgegenschleudert: »Warum mußte so ein unschuldiges Kind an Krebs sterben?«

Es gibt keine richtige und falsche Weltanschaungen oder richtige und falsche Verarbeitungsstrategien, sondern für den Sinn-Suchenden nur wirksame und unwirksame!

Natürlich waren wir nicht dauernd durchdrungen von der Gelassenheit, die Uwe und ich uns in langen eindringlichen

Gesprächen erworben hatten. Jeden Tag mußte sie wieder neu aufgefüllt werden, vergleichbar dem täglichen Gebet in der christlichen, jüdischen oder islamischen Religion. Ohne das häufig wiederholte Einüben der Religionsinhalte würden sie nicht Bestandteil des Denkens und Fühlens werden.

In akuten Situationen, z. B. wenn Anja sich weinend vor Schmerzen an den Kopf faßte oder ein weiterer Schlaganfall aufgetreten war, konnten auch wir nur weinen und wehklagen. Aber jede Extremsituation wird nach kurzer Zeit beeinflußt vom Gewöhnungseffekt, egal ob es sich um Infarkte, Kriege, Intensivstationen, Vulkanausbrüche, Überschwemmungen oder Hungersnöte handelt. Akut sind die Ereignisse bei ihrem Eintritt, dann werden sie in irgendeiner Form in das Bestehende integriert.

Für uns bedeutete dies, daß es uns schlecht ging, wenn Anja große Qualen litt, und daß es uns gut ging, wenn sie fröhlich war, obwohl uns immer bewußt war, daß dies die trügerische Ruhe eines Vulkans vor einem Ausbruch war.

*

Meine Freundin Doris war mit ihren zwei kleinen Söhnen zu Besuch gekommen. Sie war schon weggezogen, bevor Anjas Krankheit ausbrach, so daß unsere Freundschaft dieser Belastungsprobe noch nicht unterzogen wurde. Wir holten Anja vom Kindergarten ab. Ich half der Kindergärtnerin, Anja in den Buggy zu tragen und wir bummelten unter den überhängenden Zweigen der Weiden am Fluß entlang. An der Flußbiegung, wo sich mit Vorliebe die Entenfamilien für ihr »Schwänzchen in die Höh«-Spielchen aufhielten, blieben wir stehen. Doris klagte mir ihr Leid. Ihr kleiner Andreas würde einfach nicht aufhören, Daumen zu lutschen. Sie hätte es schon mit Senf, Bandagen und vielen Ermahnungen versucht. Vergebens.

In meine Vorstellung schob sich das schon fast verdrängte Bild, wie ich voller Verzweiflung versuche, meinem Kind nach dem zweiten Schlagfall den schlaffen, empfindungslosen Daumen der gelähmten Hand in den Mund zu führen und dort festzuhalten. Wie ich machtlos zusehen mußte, wie er kraftlos einfach wieder herausglitt, wie ich unfähig war, ihm die Funktion des geliebten Lutschedaumens zu erhalten. Ich spürte, wie Aggressionen in mir aufstiegen, die ich nur mühsam eindämmen konnte. Mein Bedürfnis wäre gewesen, sie anzuschreien, wie glücklich sie sich doch schätzen könne, daß ihr Kind einen solchen Freudenspender benutzen konnte. Statt dessen wurde ich immer einsilbiger.

Während wir unter dem Nußbaum sitzend versuchten, die Wespen vom Mitessen unseres Apfelkuchens abzuhalten, fing Andreas an, Kieselsteine in die Wiese zu werfen. Ich sprang hoch, packte ihn etwas unsanft am Arm und fuhr ihn an: »In meinem Garten werden keine Steine auf die Wiese geworfen, du sammelst sofort die Steinchen wieder ein!«

Er war ebenso wie seine Mutter bestürzt über meine heftige Reaktion. Wie sollte ich ihnen denn erklären, daß der fast schon verdrängte Schmerz sich in diesem Augenblick zu Groll verwandelt hatte, der nahelegte: »Dieser Junge genießt den Luxus eines nuckelbaren Daumens, es steht ihm nicht auch noch zu, nach Lust und Laune im Garten zu spielen, während mein Kind im Rollstuhl ihm sehnsüchtig nachschaut!«

Diese Szene kam mir doch irgendwie bekannt vor! Das war doch die Stiefmutter des Aschenputtels!

Nach diesem Vorkommnis legte ich meine Überlegungen, ob es sinnvoll wäre, ein Kind zu adoptieren oder ein Pflegekind anzunehmen, endgültig *ad acta*. Ich wußte nun, daß ich nicht geeignet war als Pflegemutter, ich hatte mich disqualifiziert.

Das Abschiedsritual von Doris war ziemlich frostig. Wir versicherten uns, daß wir uns bald anrufen würden. Aber ich wußte, daß wir uns nicht mehr wiedersehen würden.

Mit meiner rein emotionalen Verhaltensweise hatte ich eine Freundschaft zerstört.

*

Viele Anstrengungen unternahmen wir, um unserem Bedürfnis, Anja so viel Freude wie möglich zu vermitteln, gerecht zu werden.

Anja machte es großen Spaß in der Kinderschaukel zu sitzen. Sie jauchzte vor Freude, wenn die Schaukel sich vor und rückwärts bewegte und vermutlich ein eigenartiges Kribbeln im Bauch erzeugte. Die Schaukel, ein modifizierter Kinderstuhl mit Sicherheitsgurt, hing an dem dicken Ast eines uralten knorrigen Apfelbaumes in unserem Garten.

Als Anja etwa sieben Jahre alt war und fünfzehn Kilo wog, war es nicht mehr möglich, sie in ihrem Schaukelstuhl zu den Aufhängungsringen hochzuheben. Uwe konstruierte eine Art Flaschenzug, mit dem Anja hochgezogen werden konnte.

Ein Jahr später war das Schaukelvergnügen dann endgültig zu Ende, da Anjas Beine inzwischen zu lang geworden waren und auf dem Boden entlangschleiften. Ein höheres Aufhängen, um mehr Bodenfreiheit zu erreichen, war nicht möglich, da der Apfelbaum leider nicht mitwuchs. Meine Nachfrage bei einem 25 Kilometer entfernten Körperbehinderten-Zentrum, ob es dort einen Spielplatz mit einer Spezialschaukel für schwer körperbehinderte Kinder gäbe, brachte einen negativen Bescheid.

Wäre dies nicht eine Herausforderung für zahlungskräftige Wohltäter? Anstatt Glocken für Kirchtürme zu stiften, einen Tüftler mit der Konstruktion einer solchen Schaukel zu beauftragen und einem Körperbehinderten-Zentrum zur Verfügung zu stellen? Sie müßte zugänglich sein für alle körperbehinderten Kinder. Ihre Freudenschreie würden den Himmel besser durchdringen als das Glockengeläute. Für Anja käme dieses Schaukelvergnügen jedoch zu spät.

*

Anjas stabiler Zustand dauerte bis Mitte Mai 1985. Unter »stabil« verstanden wir nach wie vor etwa zweimal pro Woche auftretende Schlucklähmungen. Mehrere Male im Jahr wurden sie von blitzartig eintretenden Übelkeitsattacken überfallen. Dabei würgte sie stundenlang, als ob sie sich erbrechen wollte. Die üblichen Medikamente, die bei Übelkeit, z. B. Seekrankheit, verabreicht werden, waren wirkungslos. Ebenso kam es vor, daß sie ohne erkennbaren Anlaß von Müdigkeit übermannt wurde und mitten am Tage mehrere Stunden schlafen mußte. Gleichgewichtsstörungen oder Lähmungen der Extremitäten traten nur noch ein- bis zweimal im Jahr auf. Befragt nach Anjas Befinden, hätten wir gesagt: »Es geht ihr gut.«

Besonders dankbar waren wir für die Betreuung durch die Großmütter, Papi-Omi und Mami-Omi, wie Anja sie in früheren Jahren genannt hatte. Anjas geistige Fähigkeiten waren sozusagen eingefroren im Alter von drei Jahren, nach dem Verlust der Sprache. Bis zu ihrem Lebensende würde sie sich mit dem Spielzeug beschäftigen, das ein zwei- bis dreijähriges Kind fasziniert. Sie belud Feuerwehr- und Baufahrzeuge mit kleinen Püppchen und schob sie prustend unter das Sofa. Kinderbücher, die nicht aus stabilem Karton bestanden, wurden zerrissen und die Schnipsel in Tüten gestopft. Mit Bauklötzchen Türmchen bauen und dafür viel Beifall zu erhalten, war eine ihrer Lieblingsbeschäftigungen. Murmeln auf einer Kugelrollbahn nach unten kullern zu lassen, ihren Puppen die Kleider herunterzureißen oder Plastikringe auf einen dicken Stift aufzureihen, waren ebenso Favoritenspiele. All diese Tätigkeiten werden mit der Zeit zur Plage, wenn man sich als Erwachsener jahraus, jahrein damit befassen muß.

Wenn ich erwähnt hatte, daß Anja die Dauer der Schmusestunden selber bestimmen konnte, so traf dies keinesfalls auf ihr Spielbedürfnis zu. Ging es ihr gut, so war unsere Kooperation bei diesen öden Spielen sehr gering, ging es ihr schlecht, konnte sie auf uns als Spielgefährten zählen.

Für die Großmütter jedoch, die Anja ja nur stundenweise betreuten, war es ein Bedürfnis, ausgiebig mit ihr zu spielen. So zappelte Anja schon voller Vorfreude, wenn wir vor dem Haus einer der Großmütter standen oder wenn wir mit der Zeichensprache ein solches Ereignis ankündigten. Mit dem

Zeigefinger zweimal die Wange herunterfahren – das Andeuten von Runzeln – bedeutete: »Die Omi kommt.« Meine Mutter und Uwes Mutter waren genauso geübt im Wickeln und Füttern von Anja wie wir, fanden es jedoch nicht so langweilig, endlos Autos hin und her zu schubsen.

*

Von der Beratung bei einer Gehörlosenschule hatten wir einen Anleitungskatalog mit Vorschlägen für eine vereinfachte Gestensprache mitgebracht.

Auch wenn ein Kommunikationsaustausch mittels Zeichensprache mit Anja nicht möglich sein würde, da ihre zerebrale Steuerung für gezieltes motorisches Imitieren zerstört war, könnten wir doch wenigstens versuchen, eine, wenn auch reduzierte einseitige Zeichensprache aufzubauen. Für Gegenstände oder Personen verfügten wir nach mehreren Monaten über ein Repertoire von etwa dreißig Symbolen.

Wenn wir beim Spazierengehen mit Anja z. B. einer Katze begegneten, wandte Anja ihren Kopf zurück und schaute uns erwartungsvoll an. Uwe deutete mit beiden Händen Schnurrbarthaare an. Ein verschmitztes Lächeln zeigte sich in ihrem Gesichtchen. Sie fuchtelte dann so heftig mit beiden Armen vor Freude, daß der Buggy auf und ab wippte. Papi und Mami hatten verstanden, was sie sagen wollte.

Wir begegneten Kühen auf der Weide. Der auffordernde Blick nach hinten. Uwe deutete Hörner auf dem Kopf an.

Ein Kleinkind mit Schnuller im Mund wurde vorbeigeschoben. Mit beiden Armen zeigte ich das Wiegen eines Babys an.

Im Fernsehen lauste eine Schimpansenmutter liebevoll ihren Nachwuchs. Uwe riß den Arm hoch und kratzte sich unter der Achsel – das Zeichen für Affe. Anja strahlte, sie fühlte sich nicht ausgeschlossen. Ein winziges Stückchen Lebensqualität, dessen Verwirklichung jedoch ausschließlich an Uwe und mich gebunden war. Niemand sonst konnte ihr diese Minikommunikation vermitteln.

Kapituliert hatten wir bei dem Versuch, Anja die Bedeutung

von abstrakten Begriffen zu erklären. Daumen- und Zeigefingerkuppe aneinanderzureiben, so als ob man eine Prise Salz einstreuen würde, bedeutete »etwas später«. Wenn Anja ihre Ausgehjacke herschleppte, um damit zu signalisieren, daß sie jetzt ins Freie wollte, konnten wir ihr natürlich nicht immer zu Willen sein. Hätte sie irgendwann die Geste »später« verstanden, so hätten wir ihr des öfteren ein Protestgeschrei ersparen können.

*

Ein gedämpfter Knall. Anja hält für den Bruchteil einer Sekunde in ihrem Protestgeschrei inne, dann stößt sie einen lauten Schmerzensschrei aus. Zutiefst erschrocken lasse ich ihren Fuß los. Anja windet sich auf dem Fußboden weiterhin in Schmerzen. Was war passiert?

Ich hatte versucht, gegen Anjas Willen ihr die Schuhe anzuziehen, damit wir wegfahren konnten, um Freunde zu besuchen. Nachdem am linken Fuß, im Gegensatz zu dem verkümmerten rechten Fuß, die spastische Spitzfußstellung sehr ausgeprägt war, mußte man, um Anja den Schuh anziehen zu können, die Spastik erst lösen. Dazu mußte sich Anja auf den Rücken legen, das linke Bein mit angewinkeltem Knie auf den Boden stellen. Dann hielt ich die Fußspitze mit festem Griff auf dem Fußboden fest, pendelte das Knie hin und her und drückte vorsichtig den Fuß, bis auch die Ferse den Boden berührte. Erst dann war es möglich den Schuh anzuziehen.

Heute hatte Anja wieder eine ausgesprochene Abneigung gegen das Anziehen demonstriert. Sie versuchte, sich mit der ganzen Kraft ihrer acht Jahre mit einem plötzlichen Ruck umzudrehen. Da ich nach wie vor ihr Fußgelenk im Klammergriff hielt, mußte durch ihre abrupte Drehbewegung eine Verletzung aufgetreten sein. Der Fuß schwoll im Knöchelbereich sofort an. Ich sagte unseren Besuch ab und rief ein Taxi, das uns zum Orthopäden bringen sollte. Der Arzt vermutete einen Bänderriß und verordnete Umschläge und Schmerztabletten. Um eine aussagekräftige Röntgenaufnahme von Anjas Fuß zu erhalten, hätte sie stark sediert werden müssen. Selbst zwei Personen waren nicht in der Lage, sie ruhig zu stellen, ohne sie einer weiteren Verletzungsgefahr auszusetzen, so daß nur ein »verwackeltes« Röntgenbild erstellt werden konnte. Nach drei Tagen ging die Schwellung zurück, und Anja hatte keine Schmerzen mehr.

Ich jedoch hatte fortan einen Horror davor, ihr die Schuhe anzuziehen. Irgendwie fühlte ich mich an dieser Verletzung mitschuldig, ich hätte Anjas plötzliche Drehbewegung einfach erahnen müssen.

Um eine solche Wiederholung in der Zukunft auszuschließen, veränderte ich Anjas linke Schuhe. Ich schnitt den Fersenteil bis zur Sohle auf, verschloß zur Hälfte den bisherigen Einstieg und nähte an die neue Öffnung einen breiten Elastikbund. So konnte der Schuh am linken spastischen Fuß ohne Aufwand wie ein Strumpf oder eine Socke angezogen werden und wurde beim Krabbeln nicht abgestreift. War die Sohle des Schuhs zu dick, entfernte ich sie und ersetzte sie durch weiches Handschuhleder. Eine Verletzung des Fußes war somit nicht mehr möglich und ich verlor wieder meine Angst davor, Anja Schuhe anzuziehen.

Anja legte Wert darauf, daß ihre Schuhe möglichst »normal« aussahen, sonst hätten wir ihr ja auch der Einfachheit halber mehrere Socken übereinander anziehen können. Hatte sie z.B. die Wahl zwischen einem Paar rot-weiß-karierter Schuhe mit Ösen und roten Schnürsenkeln und einer unauffälligen Hausschuh-ähnlichen braunen Version, würde sie die schrille rot-weiße Variante bevorzugen. Sie wollte einfach aussehen wie andere Kinder auch.

*

Die vertraute Kinderärztin hatte sich aufs Altenteil zurückgezogen, und wir vertrauten uns einem jungen Kinderarzt an, der seine Praxis erst vor kurzer Zeit eröffnet hatte. Anfänglich war er etwas irritiert, daß Eltern die Spezialisten für die Krankheit ihres Kindes waren und die Verantwortung sowohl in medizinischer wie auch in sozialer Sicht übernommen hatten. Es war für ihn eine absolut ungewohnte Erfahrung, daß Eltern ihr Kind in einer lebensbedrohenden Situation nicht ins Krankenhaus einliefern würden. Nach kurzer Zeit akzeptierte er unsere Einstellung, daß wir nicht das Recht hätten, Anja zu einem Leben zu zwingen, das sie vielleicht gar nicht mehr wollte, und daß wir Anja die Entscheidung überlassen würden. Anjas Weg.

Die gelegentlichen Schluckklähmungen erinnerten uns jedesmal daran, daß Anjas Krankheit sich nicht mehr als Katz- und Maus-Spiel, sondern wie ein schlafender Vulkan gebärdete. Nach mehreren destruktiven Eruptionen legte er eine Ruhepause ein. Nur gelegentliche Rauchwölkchen und ein leichtes Grollen erinnerten daran, daß er irgendwann wieder explodieren würde. Vielleicht morgen, nächstes Jahr, in fünf Jahren?

Wir hatten gelernt, mit dem Vulkan zu leben, uns ihm anzupassen und auch seinen letzten zerstörerischen Akt zu akzeptieren.

Eine längere Lebenserwartung als zwanzig Jahre wurde Anja von keinem Neurologen prognostiziert. Aufgrund der auffälligen Marmorierung von Anjas Haut wurde von Gefäßspezialisten außerdem vermutet, daß nicht nur die zerebralen Gefäße, sondern ihr gesamtes Gefäßsystem Dysfunktionen aufweisen könnte. Welches zusätzliche Gefahrenpotential war hier noch verborgen? Dieses Wissen um den jederzeit möglichen Tod unseres Kindes verlieh unserem Leben eine andere Dimension. Wir lernten, auch unseren eigenen Tod zu akzeptieren, als Selbstverständlichkeit anzusehen. Wir teilten ein Geheimnis, das eigentlich keines war: Uwe und ich waren uns bewußt, daß wir sterblich waren. Dieses Wissen verlieh jedem Tag eine Wichtigkeit und ein Erleben, das wir früher nicht gekannt hatten.

Wenn Eltern ihre Kinder abends zu Bett bringen, verschwenden sie im allgemeinen keinen Gedanken daran, daß ihr Kind morgens nicht mehr aufwachen könnte. Wenn Anja nachts neben mir röchelte, war ich sofort hellwach, um beunruhigt ihren unregelmäßigen Atemzügen zu lauschen. Atmete sie kaum hörbar, berührte ich ihre Wange, um zu fühlen, ob sie noch warm war und sie noch lebte. So war ich jedesmal froh, wenn am Wochenende die Wachablösung durch Uwe stattfand und ich durchschlafen konnte.

Es war eine rational nicht erklärbare Situation – einerseits hoffte ich, daß Anja einfach abends einschlafen und der Tod sie im Schlaf ereilen würde – ohne zusätzliches Leiden und Agonie. Andererseits war ich morgens jedesmal zutiefst erleichtert, wenn sie mich zärtlich in die Arme nahm oder anmeckerte – je nach Laune – und keine weiteren neurologischen Ausfälle aufgetreten waren. Welches Glück hatte ich doch – mein Kind lebte noch.

*

»Stille Nacht, heilige Nacht«, plärrte scheppernd der Lautsprecher auf dem Weihnachtsmarkt. Zwischen den Verkaufsständen drängten sich die Besucher. Einige trugen Tassen in der Hand, aus denen Glühwein duftete. Ich zwängte mich mit Anja im Buggy durch das Gewühl, um zum Karussell zu gelangen. Mit großen Augen betrachtete Anja die Kutsche, die Schaukelpferde und roten Fliegenpilze mit weißen Tupfen, auf denen die kleinen Besucher des Christkindlmarktes ihre Runden drehten. Mit Anja auf dem Arm begab ich mich zu einer knallgelben Kutsche mit blauen zerschlissenen Sitzen, auf denen wir uns niederließen. Das Karussell setzt sich in Bewegung, und Anja ruderte mit beiden Armen voller Begeisterung, so daß ich Mühe hatte, sie auf dem Sitz festzuhalten.

Ich bezahlte nochmals eine Runde. Anjas gerötetes Gesichtchen strahlte vor Freude. Eigentlich war es paradox, daß gerade solche Momente, in denen Anja solche Lebensfreude zeigte, mich mit großer Wehmut erfüllten. Diese Augenblicke würde ich gerne ins Unendliche ausdehnen. Irgendwann mußten wir jedoch wieder aus dem Karussell heraus. Als ob man einen Schalter umgelegt hätte, tobte Anja jetzt vor Enttäuschung – sie wollte weiter Karussell fahren. Nur mit großer

Anstrengung konnte ich sie wieder in den Buggy tragen. Inzwischen hatten wir die Aufmerksamkeit aller Umstehenden auf uns gezogen, und wir wurden neugierig beobachtet. Trotz der winterlichen Temperaturen fing ich an zu schwitzen und war froh, Anja, die sich immer noch protestierend aufbäumte, endlich im Buggy verstaut zu haben.

*

Die Erzieherin schob Anja in ihrem Buggy vorsichtig über die zwei Treppenstufen des Eingangs des Kindergartens. »Sie war heute nicht so gut drauf, immer wieder mal hat sie gejammert.« Als wir nach Hause gingen, bemerkte ich, daß sich Anja immer wieder unter Stöhnen krümmte, so als hätte sie Magenkrämpfe. Zu Hause beim Wickeln krümmte sie sich wieder und gab einige Tropfen Urin ab. Ich stellte fest, daß die abgelegte Windel trocken war.

Der Kinderarzt brachte uns krampflösende Medikamente, die jedoch keinen Einfluß zeigten auf ihre Beschwerden, im Gegenteil, sie verstärkten sich noch. Am nächsten Tag lief im wahrsten Sinne des Wortes nichts mehr. Während der Schmerzattacken keuchte sie und rang nach Luft. Ihre gequälten Schreie durchdrangen alles. Selbst die Nachbarn erkundigten sich besorgt, ob es denn Anja wieder schlecht gehe.

Die Ultraschalluntersuchung beim Urologen ergab keine Schädigung der Nieren, aber auch keine weitere Diagnose. Die Harnverhaltung und Koliken erklärte er sich durch zerebrale Fehlsteuerungen. Anja wurde katheterisiert. Dies brachte ihr Erleichterung. Für wenige Stunden war sie ohne Schmerzen, aber es lief nach wie vor nichts. Die kolikartigen Schmerzen bauten sich wieder auf und verebbten einige Zeit nach dem Katheterisieren. Täglich mußte Anja nun mehrere Male diese Prozedur über sich ergehen lassen. Der Urologe riet uns, anstatt des häufigen Katheterisierens einen künstlichen Blasenausgang legen zu lassen. Wir konsultierten mit Anja einen weiteren Urologen, der die Hände über dem Kopf zusammenschlug über den Vorschlag seines Kollegen. Auf meine Frage, ob er sich erklären könne, woher diese Koliken und Harnverhalten kommen könnten, zuckte er mit der Achsel. Es gäbe viele Hypothesen, aber keine schlüssige.

Am unangenehmsten für Anja war sicherlich die zweimalige Blasenpunktion, weil das Ablassen über Katheter nicht funktionierte. Anja war so verspannt, daß der Katheter nicht eingeführt werden konnte. Uwe und ich mußten unsere ganzen Körperkräfte aufbieten, um sie festzuhalten. Sie wehrte sich mit der ganzen Gewalt ihrer acht Jahre dagegen. Die Koliken wurden immer noch schlimmer. Alle bisher eingesetzten Medikamente waren wirkungslos. Ich flehte den Kinderarzt an »Könnten Sie mit ansehen, wenn Ihr eigenes Kind so qualvoll leiden würde?« Das war der Durchbruch. Anja bekam jetzt Dolantin gespritzt, und das erste Mal ließen sich die Schmerzen eindämmen. Wir waren dankbar für diese Verschnaufpause für unser Kind.

In den kurzen Erholungsphasen, in denen sie schmerzfrei war, brachte ich sie in den Kindergarten, damit sie durch die vertrauten Spielgefährten etwas abgelenkt werden würde. Ich saß auf der niederen Bank im Umkleideraum des Kindergartens. »Sie wird es nicht überleben, ich weiß es, sie wird es nicht überleben!« schluchzte ich, während mir die Kindergärtnerin tröstend die Hand auf die Schulter legte.

Anja weigerte sich jetzt auch zu essen, obwohl nichts auf eine Schlucklähmung hindeutete. Der Kinderarzt war sich inzwischen sicher, daß das chronische Harnverhalten auf einen Harnwegsinfekt zurückzuführen sei.

Nachdem uns der Kinderarzt überzeugt hatte, daß ein Antibiotikum vermutlich das Harnverhalten und damit die entsetzlichen Koliken beseitigen würde, wählten wir diesen Weg. Da Anja sich weiter weigerte zu essen, mußte das Medikament gespritzt werden. Mehrere Tage später konnten wir aufatmen. Anja fühlte sich wieder wohl. Sie brauchte nicht mehr katheterisiert zu werden, die Koliken waren abgeflaut, und sie hatte wieder Appetit, vor allem auf Bananenmilch.

DER GANZ NORMALE ALLTAG

Anja war inzwischen dem Kindergartenalter entwachsen, und die Frage war nun: Was konnten wir unternehmen, um Anja soziale Kontakte zu ermöglichen?

Ein Gespräch mit dem Rektor einer Schule für geistig Behinderte führte zu einem Kompromiß. Anja konnte vormittags etwa dreieinhalb Stunden die Schule besuchen und somit am sozialen Leben teilhaben. Eine längere Abwesenheit Anjas konnten wir nicht verantworten, da sich nichts an der Häufigkeit der vorübergehenden Schlucklähmungen und Übelkeitsattacken geändert hatte. Außerdem mußte Anja spätestens nach vierstündiger Abwesenheit entweder von Uwe oder von mir sorgfältig beobachtet werden, ob sie Anzeichen für Koliken mit Harnverhaltung erkennen ließ, die inzwischen unabhängig von Harnwegsinfekten auftraten.

Außenstehende konnten die ersten Symptome dieser Komplikation nicht erkennen. Nur durch unsere Rund-um-die-Uhr-Beobachtung konnten wir ihr Schmerzen ersparen. Alle Bedürfnisse nach Mobilität mußten sich dieser Früherkennung, die eine Eskalation dieser Funktionsstörung verhindern konnte, unterordnen.

Wir waren erleichtert, daß der Rektor sich in unsere außergewöhnliche Situation einfühlen konnte und er unsere Kompetenz und Verantwortung für Entscheidungen, die das Wohlbefinden unseres Kindes betrafen, anerkannte. Anja nahm eine Sonderstellung in dieser Schule ein. Wir sahen einer Kooperation mit den Lehrkräften zuversichtlich entgegen.

*

Ein dunkelblondes Haarbüschel glitt mir aus der Hand. Anjas Kopf war ruckartig von links nach rechts geschnellt, um zu sehen, was ich mit der Schere in der Hand vor hatte. Vergeblich hatte ich einen großen Spiegel vor ihr Gesichtchen gestellt, damit sie sich hätte betrachten können, während ich ihr die Haare schneiden wollte.

Es war ein Drama. Wie bekommt man ein Kind, das keine verbalen Anweisungen versteht, dazu, den Kopf ruhig zu halten. Keine Ablenkung, weder durch Uwe noch durch ein neues Püppchen konnten sie davon abhalten, den Bewegungen der Schere zu folgen. Meine Bemühungen waren von Horrorvisionen begleitet: Bei einer ruckartigen Bewegung würde sich die Spitze der Schere in Anjas Auge bohren. Meine Beine wurden weich wie Pudding bei dieser Vorstellung. Vielleicht sollte man ihr eine Taucherbrille zum Haarschneiden aufsetzen, dann könnte man die Augen nicht verletzen. Aber sie würde wohl erst recht nicht still halten, weil sie versuchen würde, die Brille herunterzureißen. Es blieb also nichts anderes übrig, als die Haare am Stirn- und Schläfenansatz und an den Ohren mit einer winzigen Babyschere mit abgerundeten Spitzen zu schneiden.

Meist endete die Haarschneideaktion damit, daß wir uns gegenseitig entnervt anbrüllten. Nach der ausgiebig gefeierten Wiederversöhnung würde ich, möglichst von Anja unbemerkt, noch einige Haarsträhnen, die mir zuvor immer wieder entwischt waren, egalisieren.

Da der Vorgang des Haarschneidens so strapaziös für alle Beteiligten war, schnitt ich die Haare immer besonders kurz, damit wir wenigstens für die nächsten drei Monate Ruhe hatten. Deshalb hielten Außenstehende Anja immer für einen Jungen. Jeder Metzger, nachdem er das gewünschte Schweinefilet verpackt hatte, fragte, mit Blick auf Anja: »Mag er 'ne Wurst?« Diese hartnäckige Frage veranlaßte uns dazu, Anjas Haarstil »Mag er 'ne Wurst-Schnitt« zu nennen.

*

Ich weiß nicht, warum es ausgerechnet Mallorca war, das meine Urlaubssehnsüchte immer wieder entfachte. Mallorca, die von Millionen Touristen heimgesuchte mediterrane Insel. Seit Anjas Erkrankung waren wir nicht mehr in Urlaub gefahren.

Wir hätten es uns leisten können. Es wäre problemlos gewesen, eine Krankenschwester für eine Woche einzustellen, die zusammen mit meiner Mutter Anja betreut hätte. Es war die Angst, Anja könnte während unserer Abwesenheit wieder einen Infarkt erleiden, vielleicht sogar einen tödlich verlaufenden, die uns von einer Urlaubsreise abhielt.

Wir konnten in einer solchen Situation niemandem die Verantwortung aufbürden, sich gegen Lebensverlängerungsmaßnahmen auszusprechen. Außerdem konnten wir Anja ja nicht erklären, warum Papi und Mami viele Tage nicht mehr bei ihr sein würden. Waren nicht wir die einzige verläßliche Konstante in ihrem Leben?

So würde es auch bleiben bis zu ihrem letzten Lebenstag. Oft wurden wir angesprochen: »Wie könnt ihr bloß so lange ohne Urlaub auskommen, welch ein großer Verzicht?!«

Sehr oft hat man im Leben nur die Wahl zwischen zwei Verdrießlichkeiten, einer größeren und einer kleineren. Indem wir die kleinere wählten – nicht in Urlaub zu fahren – und damit die größere vermeiden konnten – auf Mallorca zu sitzen und voller Sorge an unser Kind zu denken –, wurde der Verzicht erträglich.

Mallorca würde also das Traumziel für unsere Seniorenjahre bleiben.

Dieser Verzicht war für uns ein bewußter Vorgang. Freiwillig verzichteten wir auf viele Dinge, die sich nicht mit Anjas Bedürfnissen vereinbaren ließen. Was wir ihr geben konnten, gaben wir aus Überzeugung. Wenn Außenstehende uns ihre Anerkennung zeigen wollten, indem sie betonten, welche Opfer wir für unser Kind bringen würden, reagierten wir eher unwirsch. Wir hatten nicht das Zeug zum Märtyrer. Unsere Fürsorge entsprang der übergroßen Liebe zu unserem Kind und der Einsicht in die Notwendigkeit bestimmter Dinge.

Unser Verzicht auf Urlaub und Mobilität war freiwillig.

Ihre immense Zärtlichkeit und das Gefühl, gebraucht zu werden, glich die Bilanz aus.

Wir benötigten grundsätzlich einen Babysitter, wenn wir Tennisspielen, in ein Konzert gehen oder einfach einmal nur quer durch einen Wald laufen wollten. Anja konnte es nicht ausstehen, wenn wir beim Spazierengehen stehenblieben, um etwa an einer Rose zu schnuppern, sofort begann sie zu brüllen – der Buggy mußte rollen. Sie hatte ihre Lieblingsrouten am Fluß entlang, zwischen dichtem Holundergestrüpp und Brennesselfeldern hindurch. Der Buggy wippte auf und ab, wenn sie beim Erkennen der »richtigen Route« vor Freude zappelte. Ihre Augen strahlten, wenn Uwe mit ihr sozusagen mit Vollgas einen Hügel hinauf und wieder hinunter raste. Anja war glücklich, und wir waren glücklich.

Hatten wir Freunde zu Besuch oder waren wir eingeladen, so war die Dauer der sozialen Kontakte meist auf zwei bis drei Stunden beschränkt. Nach dieser Zeit mußte Anja gewickelt werden oder sie bestand auf ihrem Recht, wieder Mittelpunkt bei Papi und Mami zu werden. Forderte sie sonst oft die Erfüllung ihrer Bedürfnisse mit großem Geschrei ein, so zeigte sie hier nur eine große Traurigkeit. Ihr Köpfchen fiel auf die Brust, die Mundwinkel zitterten verdächtig, kein Laut kam von ihren Lippen. Dieser Appell – wenn wir uns ausschließlich mit unseren Freunden unterhalten hatten – war sehr wirksam. Sie wurde wieder miteinbezogen in das Gespräch, indem die Anwesenden ihre Blicke auf sie richteten und mit ihr schäkerten. Diese Zeitvorgabe durch Anja empfanden wir anfänglich natürlich als äußerst lästig. Im Laufe der Jahre hatte sich dieser Rhythmus bei uns so tief eingegraben, daß wir – auch wenn wir ohne Anja eingeladen waren, nach zwei bis drei Stunden eine innere Unruhe verspürten, die uns signalisierte, es ist Zeit zum Heimgehen, oder es wäre an der Zeit, daß sich die Besucher verabschieden würden.

Diese zeitliche Konditionierung sollte auch nach Anjas Tod noch bestehen bleiben.

Zweimal im Jahr buchten wir eine Übernachtung in irgendeinem Luxushotel, maximal drei Autostunden von zu Hause entfernt. Das gab uns die Möglichkeit, noch am gleichen Abend zurückzukehren, für den Fall, daß ein Infarkt auftrat. Meine Mutter verwöhnte Anja während unserer zweitägigen Abwesenheit damit, fast pausenlos Klötzchen zu bauen. Bei der Rückkehr mußten wir uns an ein von Anja vorgegebenes Ritual halten. Anja wünschte erst den Papi zu sehen. So mußte Uwe als erster das Zimmer betreten. Ließ Uwe mir den Vortritt, stieß sie sofort ein wütendes Gebrüll aus.

FERIENZEIT – SAURE-GURKENZEIT

Ferienzeit, eine langweilige Zeit für Anja.
Artikel, erschienen im Frühjahr 1988 in der lokalen Tageszeitung:

Anja fragt: Wer spielt mit mir?
Ferien-Betreuung für schwerbehindertes Mädchen gesucht:
Friedrichshafen. »Wer macht unserer Tochter eine große Freude?« fragen die Eltern der schwerbehinderten Anja: »Welche Familie möchte Anja in den Sommerferien eine Woche lang in den Vormittagsstunden betreuen?«
Anja ist ein fröhliches neunjähriges Mädchen. Sie unterscheidet sich jedoch in vielen Dingen von Gleichaltrigen. Sieben Schlaganfälle haben aus einem gesunden, herumtollenden Kind, das sein Struwwelpeterbuch auswendig hersagen konnte, ein beidseitig gelähmtes, taubstummes Kind gemacht. Auch mehrere Operationen, von japanischen Gehirnspezialisten empfohlen und in Deutschland vorgenommen, konnten zunächst den fortschreitenden Gefäßverschluß im Gehirn nicht aufhalten. Inzwischen ist eine gewisse Stabilisierung ihres Krankheitszustandes eingetreten, so daß Anja eine Behindertenschule besuchen kann.
Das große Problem für Anja, die Abwechslung über alles liebt, sind die Schulferien. Wenn die anderen Kinder mit ihren Eltern in Urlaub fahren oder auf den Spielplätzen und im Schwimmbad mit ihren Freunden herumtollen, kommt für sie die große Langeweile. Wenn es nicht die beiden Großmütter gäbe, die sich mit viel Liebe um Anja kümmern sowie eine Nachbarsfamilie, von der Anja eben-

falls ab und zu betreut wird, wäre es eine eintönige Zeit für sie – ohne Kontakt nach draußen.
Verschiedene Versuche der Mutter, mit Eltern anderer gehunfähiger Kinder einen Feriendienst auf Gegenseitigkeit zu organisieren, waren fehlgeschlagen. Es hatten sich keine Teilnehmer gemeldet.
Deshalb der Appell an Familien im Großraum Friedrichshafen: Wer möchte Anja in den großen Ferien eine Freude bereiten und sie eine Woche lang (Montag bis Freitag) vormittags zwei bis drei Stunden bei sich zu Hause betreuen?
Anja spielt bevorzugt mit Autos, räumt begeistert Kartons mit Spielsachen ein und aus und läßt sich gerne im Buggy spazierenfahren. Sie kann sich krabbelnd vorwärtsbewegen und ist an allem interessiert, was sie sieht.
Wer mitmachen will, Anja zu abwechslungsreichen Ferien zu verhelfen, kann Kontakt mit den Eltern aufnehmen, und zwar unter Telefon …

Wir hatten Glück. Es meldeten sich mehrere Familien, die Anja vormittags ein bißchen Farbe in ihr Leben bringen wollten. Nicole, Bianca und Stoffel, die neun- bis zwölfjährigen Pflegekinder eines jungen Ehepaares in der benachbarten Stadt, verstanden es besonders gut, auf Anjas Bedürfnisse einzugehen. Wenn ich Anja abholen wollte, war sie nur widerwillig dazu zu bewegen, mit mir nach Hause zu fahren. Bianca schleppte Anja herum wie eine große Puppe und kullerte mit ihr im Bett herum, Nicole hielt ihr die Tüten auf, um Berge von Spielsachen hineinzustopfen und Stoffel baute Legos zusammen, damit Anja alles wieder auseinanderreißen konnte. Anja quietschte vor Vergnügen. Die Spielstunden mußten für sie wie im Fluge vergangen sein.

Nie wieder sind wir auf Kinder gestoßen, die so viel Einfühlungsvermögen und Kooperationsbereitschaft zeigten. Wir sind heute noch dankbar dafür, daß Anja an einigen Tagen in ihrem Leben diese Annahme durch Kinder erfahren konnte.

Wie die meisten Kinder mußte Anja die Erfahrung der Entthronung, zumindest bei der geliebten Omi durchmachen. Obwohl sie nach jedem Kleinkind den Kopf umdrehte, konnte sie mit dem kleinen Peter, ihrem Cousin, überhaupt nichts anfangen. Sobald meine Schwester, Schwager und Peter das Wohnzimmer betraten, krabbelte sie eiligst zur Couch, kletterte mühsam hoch und beobachtete abwartend die Szene. Obwohl die Omi sich vorwiegend um sie kümmerte, schien sie die Konkurrenz zu spüren. Anja war durch nichts zu bewegen, ihren sicheren Hort zu verlassen, um auf dem Teppichboden zusammen mit Peter Aufziehautos starten zu lassen. Registrierte sie jedoch den Aufbruch der Gäste, ließ sie sich blitzschnell vom Sofa heruntergleiten, krabbelte zur Eingangstür und verließ diese erst, nachdem sie sich überzeugt hatte, daß die Besucher auch wirklich abgefahren waren. Dann knallte sie die Türe zu, trollte sich tief aufatmend zu ihrer Spielecke und räumte, ohne uns Beachtung zu schenken, ihre Püppchen in die Puppenstube ein.

*

August 1989. Während mehrerer Nächte hatte Anja immer wieder geweint. Ihre Gliedmaßen waren verspannt, so daß ich sie gelegentlich vom Bett auf den Boden hob, in der Hoffnung, daß sich die Verspannungen durch Bewegung lösen würde. Eines Morgens war sie nicht mehr in der Lage zu krabbeln. Mit steifen Gliedern saß sie auf der Matratze. Als ich sie vorsichtig hinlegte, um ihr die Strumpfhosen auszuziehen und sie zu wickeln, schrie sie vor Schmerzen. Ich hatte ja gar keine andere Wahl, als ihr die Beinchen etwas auseinander zu drücken, um eine frische Windel anzulegen. Wo ich sie auch immer anfaßte, um die Jogginghosen hochzuziehen, Anja schrie vor Schmerzen. Ich fühlte mich hilflos.

Über mehrere Wochen zog sich dieser qualvolle Zustand hin. Nur mit muskelentspannenden Medikamenten war gründliches Säubern und Baden möglich. Das Muskelrelaxans bewirkte jedoch gleichzeitig eine Sedierung, so daß sie teilnahmslos in der Badewanne lag und die Waschprozedur ohne jegliche Reaktion über sich ergehen ließ. Nur wenn sie sich auf der Matratze eine schmerzfreie Position aussuchen konnte, war es möglich, sie wie früher in die Arme zu nehmen und zu schmusen.

Da es ihr nicht gelang, sich nach vorne zu kippen, um in den Vierfüßlerstand zu kommen, bewegte sie sich Zentimeter um Zentimeter auf dem Po rutschend und hoppelnd vorwärts. Ihr Aktionsradius war dadurch ziemlich eingeschränkt. Außerdem begann sich, an der Gesäßseite, auf der sie entlangrutschte, eine wunde Stelle zu bilden. Wir hofften, daß diese, trotz sorgfältigster Pflege nicht zu einem Dekubitus führen würde.

Im Oktober hörten die Schmerzzustände auf. Unsere Erleichterung war unbeschreiblich.

Vor Weihnachten beobachtete ich Anja bei dem Versuch, wieder »auf alle viere« zu kommen. Sofort führte ich ein neues Spiel ein, um sie zu weiteren Versuchen zu motivieren. Am meisten jauchzte sie beim »Abschleppdienst«. Ich wickelte Anja in eine Decke ein und schleppte sie am Boden entlang in die andere Ecke des Wohnzimmers. Dort ließ ich sie aus der Decke herauskullern, ging wieder zurück und setzte mich zu Pepe. Zusammen warteten wir dann eine Ewigkeit auf Anja, die sich mühsam auf uns zu bewegte, voller Vorfreude auf den nächsten »Abschleppdienst«. Wenige Wochen später war Anja wieder in der Lage, sich ohne Mühe krabbelnd vorwärtszubewegen.

*

Die Turmuhr schlägt zwei Uhr. Seit Mitternacht schon ist Anja im Bett neben mir wach. Sie wälzt sich herum, faßt gelegentlich nach meiner Hand, kratzt mit dem Zeigefinger auf dem Leintuch entlang, wälzt sich wieder auf die andere Seite. Kurz, sie schläft einfach nicht. Es scheint ihr auch nichts weh zu tun, sonst hätte sie gejammert oder geweint und mich an den Haaren gerissen. Einfach eine längere Schlafstörung, wie es gelegentlich bei ihr vorkam. Wie sehnte ich mich danach zu schlafen, aber ich wußte, der Schlaf würde erst kommen, wenn Anja auch schlief, und sie konnte mit ihrer Wachphase durchaus noch eine weitere Stunde durchhalten. Schon als Kleinkind hatte sie weniger Schlaf benötigt als andere Kinder.

Ich habe Visionen von vielen Nächten, die ich einfach ohne Störung durchschlafen könnte, welche Wonne. Das Wochenende bis zum Schichtwechsel durch Uwe ist noch so weit weg. Ich war eben im Begriff mich zu bemitleiden, als eine weitere Vision sich vordrängte: Anja im Grab, Uwe und mich alleine zurücklassend, voller Sehnsucht nach unserem Kind. Vergessen wäre dann die nächtliche Beschwernis. Wie glücklich wäre ich dann, noch einmal von unserem Kind vom Schlafen abgehalten zu werden, es atmen zu hören, seine warme Haut zu spüren, seine Hand nach meiner tasten zu fühlen, nochmals komplett zu sein – wir drei. Wie kann ich mich heute nacht bemitleiden, wo ich doch weiß, daß ich genau diesen Zustand einmal herbeisehnen würde?

Es sind ja nur noch zwei Nächte bis zum Wochenende. Anja grapscht nochmals nach meiner Wange und seufzt zufrieden, daß die Mami so nahe bei ihr ist. Das Drei-Uhr-Schlagen der Kirchturmuhr nehme ich nicht mehr wahr.

*

Unsere Hoffnungen auf eine harmonische Kooperation mit den Betreuern der Sonderschule hatten sich leider nicht erfüllt. Nur zwei Lehrkräfte waren während der ganzen Schulzeit bereit zu dieser Zusammenarbeit. Mit den restlichen wurden unsere Nerven ziemlich strapaziert. An der Schule wurden fast ausschließlich Kinder mit einer geistigen Behinderung, die nicht an einer fortschreitenden Erkrankung litten, unterrichtet und betreut. Wir waren deshalb mit unserem Kind absolute Außenseiter und darauf angewiesen, daß die Betreuer uns als kompetente und anweisungsberechtigte Eltern akzeptierten, da nur wir als aufmerksame Beobachter die meisten Symptome der Erkrankung unseres Kindes richtig interpretieren konnten. Von dem Moya-Moya-Syndrom und seinen

Auswirkungen hatte an der Schule noch nie jemand etwas gehört – ebensowenig wie die meisten Ärzte.

Als es für Anja wochenlang eine physische Qual war, an- und ausgezogen zu werden, ordneten wir an, daß bis zu einer Besserung ihres Zustandes Anja in der Schule nicht zum Schwimmen gebracht wurde, um ihr die Schmerzen des An- und Ausziehens zu ersparen. Die damalige Lehrerin beharrte auf einer Fortsetzung des Schwimmens, da es Teil des Lehrplans wäre. Erst nach mehreren Gesprächen gab sie widerwillig nach, das Schwimmen auszusetzen.

Ein Jahr später waren wir wieder voller Unruhe, Anjas Schlucklähmungen, die sogenannten TIA's, traten plötzlich zwei- bis dreimal pro Stunde auf und wir erwarteten einen Schlaganfall. Um Anja trotz des Trommelfeuers von Schlucklähmungen ein wenig Ablenkung zu ermöglichen, teilte ich der Betreuerin mit, daß Anja bis zum Abebben der häufigen transischämischen Attacken nur zwei Stunden täglich in die Schule kommen würde, damit sie bei einer eventuellen Verschlechterung schnell wieder in unserer Obhut sein würde. Ich war konsterniert zu hören, daß ihrer Meinung nach Anja in der Schule keine Ausfälle erleiden würde. Meine Anordnung zu einem reduzierten Schulbesuch wurde als Kompetenzeingriff in schulische Belange angesehen. In den Augen der Betreuerin wurde ich als unglaubwürdig eingestuft. Es fiel mir später wie Schuppen von den Augen, daß Ausfälle für die Lehrkraft gleichbedeutend sein mußten mit epileptischen Anfällen. Für das Erkennen von epileptischen Symptomen war sie ausgebildet. Obwohl ich ihr die Erscheinungsform von Anjas Ausfällen beschrieben hatte, konnte sie diese nicht wahrnehmen. Es war in der sehr Tat schwierig, in einer Gruppe von geistig behinderten Kindern, von denen einige immer mit geöffnetem Mund dasaßen, festzustellen, daß plötzlich noch ein weiteres die Zunge aus dem geöffneten Mund heraushängen und den Speichel fließen ließ und dies als Schlucklähmung zu deuten war.

Ein weiteres Kriterium für das Nichterkennen von Anjas

Infarktsymptomen war sicherlich auch der Maßstab, mit dem die Betreuer die Krankheitssymptome der ihnen anvertrauten Kinder bewerteten. Üblicherweise werden schwerstbehinderte Kinder mit beunruhigenden oder bedrohlichen Befindlichkeitsstörungen von den Eltern sofort ins Krankenhaus eingeliefert. Nachdem Anja aber weiterhin – wenn auch nur für zwei Stunden – zur Schule gebracht werden sollte, konnte aus Sicht der Betreuer unmöglich eine tiefer gehende Verschlechterung ihres Gesundheitszustandes vorliegen, denn sonst würde sie schon längst auf einer *Stroke Unit* (Intensivstation für Schlaganfallpatienten) an Infusionen hängen. Einen solch unüblichen Fall hatte es einfach noch nicht gegeben. Also war es auch absurd und undenkbar, daß Schlaganfälle direkt unter ihren Augen ablaufen könnten.

Die häufigen Schlucklähmungen führten nur zu einem leichten Infarkt. Choreatische Bewegungen der rechten Hand waren die Folge. Sie hielten etwa zwei Wochen an. Anja konnte die rechte Hand nicht mehr still halten, wenn sie nicht einen Gegenstand in der Hand festhielt. Da es gerade Winter war, mußte ich an ihren Handschuh und an den Jackenärmel Druckknöpfe nähen, weil der Handschuh durch die nicht steuerbare Bewegung sofort von der Hand weggeschleudert wurde. Nach dem Eintreten des Infarktes reduzierten sich die Schlucklähmungen wieder auf den üblichen Rhythmus.

Viel Kraft mußten wir in diese Auseinandersetzungen investieren. Es gelang uns, Anjas Bedürfnisse durchzusetzen. Für uns stand ihr Wohlbefinden im Vordergrund.

*

Es war immer schwieriger geworden, Anja aus ihrem Buggy herauszuheben und auf den Rücksitz im Auto zu setzen. Ein Glück, daß Uwe technisch und handwerklich so begabt und höchst erfinderisch war.

Wir kauften uns einen Kastenwagen. Die hinteren Sitzbänke wurden ausgebaut und der Innenraum schalldämmend verkleidet. Angepaßt an die Breite des Buggy wurden hinter Fahrer- und Beifahrersitz zwei geschweißte Blechschalen zur Aufnahme der Buggyvorderräder am Fahrzeugboden verschraubt. Mit einer am Fahrzeugboden verankerten Spannvorrichtung konnte ein Sicherheitsgurt so um die Buggyhinterachse festgezurrt werden, daß der Buggy nach allen Seiten fixiert war. Nachdem das gewährleistet war, mußte der Buggy angepaßt werden. Hierfür bekam Anja einen körpergerecht geformten Tisch vor ihren Bauch, der mit einem Spezialsicherheitsgurt festgeklemmt wurde. So wurde sichergestellt, daß Anja, für den Fall eines Auffahrunfalles, nicht aus ihrem Gefährt rutschen konnte. Um den Buggy in das Auto zu schieben, wurden von Uwe zwei Aluminium-U-Profile, im Abstand der Buggyspur, an der Ladekante mit Scharnieren angebracht. Dies hatte den Vorteil, daß die Auffahrschräge nicht zu steil war und die Schienen während der Fahrt hochgeklappt innerhalb der hinteren Türen festgehalten wurden.

Mit diesem umgerüsteten Fahrzeug konnte Anja problemlos befördert werden. Fahrten über Distanzen mit mehr als dreißig Kilometer unternahmen wir mit Anja ohnehin nicht, da sie längeres Autofahren schlecht vertrug.

*

»Grüß Gott, Herr Pfarrer, schön, daß Sie uns besuchen, bitte nehmen Sie Platz!« begrüße ich unseren Gast. Anja klettert in Windeseile in ihre Couchecke, um einen guten Überblick zu haben. Das neue Gesicht ihr gegenüber hatte etwas Ähnlichkeit mit ihrem Papi, zumindest was den leicht angegrauten Gesichtsbart anbetraf.

»Es ist für mich ein großes Problem«, fahre ich fort, »Spielgefährten für Anja zu finden. Wenn Kinder uns besuchen, werden sie im allgemeinen zuvor von den Eltern dazu angehalten, mit Anja zu spielen. Die Kinder werfen ihr meist einen Ball zu und ziehen sich dann gelangweilt zurück. Die Ermahnung der Eltern: Wolltest du nicht mit der Anja spielen?, läßt nicht lange auf sich warten. Lustlos bauen sie einen Turm mit den

Bauklötzchen, dann hat sich die Spielbereitschaft erschöpft. Anja spürt das Desinteresse und beobachtet abwartend das Geschehen. Intuitiv kann sie echtes Interesse richtig deuten. Sie reagiert nicht auf erzwungene oder gelangweilte Spielaufforderungen. Meine Frage an Sie, Herr Pfarrer, könnten Sie sich vorstellen, daß ein finanzieller Anreiz zwölf bis vierzehnjährigen Mädchen Motivation geben würde, mit Anja zu spielen? Heute haben Kinder in diesem Alter oft viele Konsumwünsche, die sie sich durch ein zusätzliches Taschengeld schneller erlauben könnten.«

Pfarrer F. sagte zu, beim Religionsunterricht in den verschiedenen Schulen Mädchen dieser Altersgruppe daraufhin anzusprechen.

Einige Tage später klingelte das Telefon.

»Ich bin die Gertrud«, klang es aus dem Hörer, »ich bin dreizehn Jahre alt und würde gerne mit der Anja spielen. Am nächsten Donnerstag, um fünfzehn Uhr, könnte ich das erste Mal kommen!«

Wie froh und dankbar war ich, daß Anja jetzt häufiger die anregende Gegenwart eines Spielgefährten genießen könnte. Immer noch waren mir Nicole und ihre Geschwister lebhaft in Erinnerung, wie sie sich Anja gegenüber öffneten und sie einbezogen in ihr Spiel. Dies war eine andere Art zu spielen, als es Erwachsene tun würden. Es gab ja auch keine Probleme, Erwachsene zu finden, die mit Anja Türmchen bauten, aber sie waren eben nur Ersatz für kindliche Interaktionen.

Am Donnerstagnachmittag saßen Anja und ich auf der Spielmatratze in Erwartung der Besucherin. Es war jetzt fünfzehn Uhr dreißig, und die Türglocke hatte immer noch nicht gebimmelt, auch nicht das Telefon. Gertrud war weder erschienen noch hatte sie sich telefonisch abgemeldet. Wochen später erfuhr ich durch Zufall, daß Gertrud es vorgezogen hatte, gegen Bezahlung einen kleinen Hund Gassi zu führen als mit Anja zu spielen.

Die Bemühungen von Pfarrer F. blieben fruchtlos. Es meldeten sich keine weiteren Kinder für diese Aufgabe. Ich war um eine Erkenntnis reicher: Nicht jede Art der Zuwendung ist käuflich. Hätte ich eine Schülerin gesucht, um mit einem Hund spazieren zu gehen, hätte das Telefon wohl pausenlos geklingelt.

*

Eine der größten Wonnen für Anja war das Planschen zusammen mit Papi in der Badewanne. Ohne störende Textilien und Windeln lag sie auf Uwes Bauch im heißen Wasser, den intensiven Körperkontakt genießend und glucksend vor Wohlbehagen. Immer wieder hob sie ihr Köpfchen hoch, um Uwe anzusehen, so als ob sie sagen wollte: »Papi, das ist eine Wucht.« Blickte sie in meine Richtung und dann ganz schnell wieder zu Uwe, wußte ich, dies war die Aufforderung zum Indianerspiel. Ich betupfte mein Gesicht mit weißer Creme, um dann in ein Indianergeheul auszubrechen. Endlos hätte man für Anja die Squaw-Szene ausdehnen können. Dann setzte Uwe sie auf die andere Seite der Badewanne und hielt ihren Körper mit beiden Füßen fest, damit sie nicht wegrutschte. Es folgte der einzige Wermutstropfen, das Zähneputzen. Dies war mehr Kosmetik als effektive Zahnreinigung. Sobald Anja die Zahnbürste sah, schob sie die Oberlippe ganz nach unten, so daß die Zahnbürste kaum an die obere Zahnreihe gelangen konnte, ohne die Lippe zu verletzen. Trotz vorsichtigster Bemühungen von Uwe, der für das Zähneputzen zuständig war, gab es manchmal kleine blutende Verletzungen.

Aber dann kam der große Coup. Geduldig wartete Anja, bis ich ein großes Badetuch ausgebreitet in meinen Händen hielt, um die Badewanne abzuschirmen. Dann begann eine Spritzorgie. Sie planschte mit soviel Energie im Badewasser, daß sie sich manchmal am herausspritzenden Wasser verschluckte. Ihre Haare waren meist klatschnaß und mußten anschließend gefönt werden.

Von anderen Müttern hörte ich, daß ihre Kinder gelegentlich ihre Väter bevorzugten. Auch Anja hatte diese Papi-Phasen. Es hatte damit angefangen, daß sie, wenn sie ihren »Greifer« um Uwe gelegt hatte, mich geradezu anfauchte, wenn ich mich näherte. Die Mami störte offensichtlich. »Greifer« nannten wir ihren rechten Arm, der automatisch zum Klammergriff um unseren Hals ansetzte, um ihr Gesicht in unsere Wange zu drücken, sobald einer von uns neben ihr saß. Natürlich tat es mir weh, daß Anja den Papi bevorzugte, und ich versuchte, einen Grund dafür zu finden.

Nach einem der letzten Infarkte hatte sie eine große Abneigung gegenüber Pflegemaßnahmen, also Wickeln, Säubern, An- und Ausziehen, entwickelt. Wir kannten unser Kind gut genug, um beurteilen zu können, ob ihr Schreien Schmerzensschreie oder Protestkundgebungen waren. Dieser Tick, sich gegen die notwendige Pflege aufzulehnen, wurde immer ausgeprägter. Begleitet von Gebrüll versuchte sie stets mit aller Kraft, sich von der Matratze fortzubewegen. War ich alleine, mußte ich Anja oft mit geschlossenen Augen wickeln, weil sie mir mit aller verfügbaren Energie ins Gesicht schlug und keine Rücksicht auf die Augen nahm.

War Uwe im Haus, konnte er sie in den »Schwitzkasten« nehmen, wo sie unter wütendem Fauchen ihrerseits von mir gesäubert werden konnte. Meistens aber mußte ich ohne Hilfe mit dieser unerquicklichen Situation fertig werden. Obwohl ich wußte, daß sie ihr Verhalten nicht steuern konnte – ich war in der medizinischen Literatur auf Berichte über Hirnverletzte gestoßen, die ähnliche Verhaltensweisen zeigten – löste es häufig Aggressionen bei mir aus. Wenn sie zu mächtig wurden, gab ich ihr einen Klaps. Der hatte zwar keinen Einfluß auf ihr Protestverhalten, diente aber mir als Ventil, um meine Aggressionen abzubauen. Waren die Pflegemaßnahmen beendet, zeigte Anja sofort ihr Beschwichtigungsverhalten. Sie stieß einen zärtlichen Piepser aus, fuhr ihren »Greifer« aus, um mich festzuhalten. Meist ließ ich sie noch zwei bis drei Minuten zappeln. Sobald sich auch nur die Andeutung eines Lächelns in meinem Gesicht abzeichnete, faßte der Greifer noch kräftiger zu. Mit einem tiefen Seufzer der Erleichterung überschüttete sie mich dann mit Zärtlichkeiten. Nach dem Versöhnungsritual krabbelte sie zu ihrer Puppenstube und packte zum tausendsten Mal ihre Püppchen ein und aus.

Könnte es vielleicht sein, daß sie mir den Klaps übelnahm?

Ich faßte den Vorsatz, mich besser unter Kontrolle zu halten, auch wenn Anja mich an den Haaren zerrte. Dies gelang mir auch. Das nächste Wickeln verlief ohne Klaps. Meine aufgestaute Wut über ihr aggressives Verhalten ließ sich jedoch nicht einfach durch einen Zaubertrick neutralisieren. Als Anja wieder auf ihr Beschwichtigungsverhalten überschwenkte, war meine Frustration, die ich nirgendwo ableiten konnte, nach wie vor vorhanden. Anjas »Gut-Wetter-Versuche« fanden keine Resonanz, ich fuhr fort zu schmollen und begann, ohne ihr Beachtung zu schenken, einen Kartoffelsalat für das Abendessen vorzubereiten. Ratlos verfolgte Anja meine Geschäftigkeit. Versteinert saß sie auf der Matratze, unfähig sich ihren roten und grünen Legomännchen zuzuwenden. Sie verstand die Welt und die Mami nicht mehr.

Die Situation war einfach zu analysieren. Ich würde mein Kind viel schlimmer strafen durch die Ablehnung seiner Versöhnungsversuche als durch einen Klaps. Es war mir nicht möglich, mein Verhalten frei zu wählen, ohne entsprechende Konsequenzen. Anja würde wieder ihren Knuffer bekommen, und ich mußte akzeptieren lernen, daß sie den Papi einfach bevorzugte. Der Haussegen war wieder im Lot. Wir schlugen und vertrugen uns, und waren beide glücklich dabei. Eine Woche später war aus unerfindlichen Gründen die Papi-Phase vorbei.

*

Um Anja Mobilität zu ermöglichen, d. h.sich selbständig mit ihren Autos, Puppen und Tüten beschäftigen zu können, hatten wir uns entschieden, Anja nicht in den Rollstuhl zu verbannen. Die unerwünschte Nebenwirkung dieses Stückchens Lebensqualität war eine fortschreitende *Skoliose*, eine Wirbelsäulenverkrümmung, die Anjas Oberkörper inzwischen sichelförmig verformt hatte. Der Orthopäde schüttelte immer wieder ungläubig den Kopf. Er konnte nicht glauben, daß Anja keine Beschwerden beim Atmen hatte. Das Schreckgespenst, das er uns an die Wand malte, waren chronische Schmerzen, die auftreten würden, wenn die untere Rippe gegen den Bekkenknochen reiben würde. Um einer solchen Entwicklung entgegenzusteuern, ließen wir Anja ein Korsett anpassen, das sie täglich trug. Die Meinungen der Spezialisten, wieviel Stunden am Tage sie ein solches Korsett tragen sollte, variierten von einer Stunde bis rund um die Uhr, also vierundzwanzig Stunden. Wie ließen Anja entscheiden, wie lange sie diesen starren Plastikpanzer, der ihr vom Becken bis unter die Achsel reichte, tolerieren wollte. Nach drei Stunden begann sie, an sich herumzuzupfen, um uns darauf aufmerksam zu machen, daß sie das Ding los sein wollte.

Es waren auch orthopädische Spezialanpassungen des Buggys erforderlich, um ihr längeres Sitzen zu ermöglichen.

Aus heiterem Himmel fühlte sie sich plötzlich nicht mehr wohl im Sitzen. Saß sie länger als zwanzig Minuten, trat ein gequälter Ausdruck in ihr Gesichtchen, sie bekam Schweißausbrüche, fing an zu keuchen und zu weinen. Wir mußten sie bei diesen Symptomen sofort aus dem Buggy nehmen und auf den Boden legen, damit sie sich strecken konnte. Diese Unfähigkeit zu längerem Sitzen, die etwa vier Monate lang dauerte, brachte große Einschränkungen. Ich konnte nur noch mit Anja einkaufen gehen oder wegfahren, wenn Uwe mich dabei unterstützte, da zwei Personen notwendig waren, um sie aus dem Buggy herauszuheben, sobald die Beschwerden auftraten. Wir mußten dann das Auto anhalten, Anja auf eine Decke legen, die wir am Straßenrand, auf der Wiese oder auf einer Bank ausbreiteten. Wir wischten die Schweißperlen von Anjas Stirn und beruhigten sie. Autofahrten, die länger als zwanzig Minuten dauerten, strichen wir aus unserem Unternehmensrepertoire. Viele Stunden verbrachte Anja während dieser monatelangen Schwächephase auf ihrer Matratze liegend, anstatt im Wohnzimmer herumzukrabbeln.

Ein weiteres Problem war die Fahrt zur und von der Schule. Sie dauerte mindestens zwanzig Minuten. Da unsere Anweisungen für die Betreuerin in der Schule wieder als Kompetenzübergriff angesehen wurden, wurde auch nicht konsequent auf die Einhaltung dieser Frist geachtet. Im Gegenteil, es wurde die Vermutung geäußert, Anja würde durch ihr klägliches Weinen nur Aufmerksamkeit erheischen wollen.

Ein Abwägen, welcher Schritt für Anjas Wohlbefinden besser gewesen wäre – sie von der Schule zu nehmen oder dort zu belassen – sprach wegen der wünschenswerten sozialen Kontakte für einen weiteren Schulbesuch, auch wenn Anja gelegentlich Beeinträchtigungen erfahren mußte, die durch einsichtige Lehrkräfte hätten vermieden werden können. Außerhalb der Schule wäre so gut wie kein sozialer Kontakt mit Kindern möglich gewesen. Wir durften bei den Konfrontationen nicht bis zum letzten gehen. Die Lehrkräfte hätten sich jederzeit weigern können, ein solch problematisches Kind, sprich solch schwierige Eltern im Schulbetrieb zu tolerieren. Ihrer Ansicht nach galten Schulordnungen und Fördermaßnahmen einfach für jedes Kind, ohne Ausnahme.

*

Uwe streckt beide Arme waagerecht nach außen, um Anja zu signalisieren, daß auch er das Flugzeug am Himmel entdeckt hat. Erwartungsvoll blickt sie mich an. Auch ich reiße beide Arme hoch. Anjas Augen strahlen, und sie wippt im Buggy vor Freude auf und ab.

Unser Spaziergang führt uns am Fluß unter dem Blätterdach der Weiden entlang. Anja wird immer ruhiger, und ihre eben noch strahlenden Augen werden stumpf. Sie scheint in sich zusammenzufallen und ein leidender Ausdruck zeigt sich auf ihrem Gesichtchen. Wir kürzen die vorgesehene Route ab, um schnell nach Hause zu kommen. Apathisch hängt Anja im Buggy, leichenblass ihr Gesichtchen, Schweißperlen stehen auf ihrer Stirn. Wir tragen Anja ins Haus und legen sie auf ihre Matratze. Ihre sonst so auffallend marmorierte Haut ist fahl und weiß. Die Angst schnürt mir fast den Atem ab. Die Angst, daß diese Symptome wieder Vorzeichen eines Schlaganfalls sind. Ich halte die wächserne kalte Hand meines Kindes in meinen Händen und kann nur immer das eine denken: »So wird die Hand aussehen, wenn Anja tot ist.« Uwe und ich liegen zu beiden Seiten unseres Kindes und halten es eng umschlungen. Wir sind hilflos. Nur festhalten können wir Anja, ihr den Schweiß von der Stirn wischen und sie unsere Nähe und Geborgenheit spüren lassen. Gelegentlich dringt ein Stöhnen von ihren Lippen.

Dann, nach etwa drei Stunden, strömt das Blut plötzlich wieder zurück in das Gesichtchen und die Extremitäten von Anja. Die vertraute Marmorierung der Haut zeigt sich wieder. So plötzlich wie der mysteriöse Spuk aufgetreten war, so verschwindet er auch wieder. Anja richtet sich von der Matratze auf und krabbelt voller Tatendrang zu ihrer Puppenstube.

*

Literaturrecherchen, die Uwe regelmäßig an einer großen medizinischen Datenbank durchführte, um etwas über Langzeitprognosen beim Moya-Moya-Syndrom zu erfahren, ergaben keine neuen Aussagen.

Auch die operative Intervention befand sich immer noch im Experimentalstadium. Vermutlich lagen nicht einmal in Universitätskliniken so viele Berichte über diese Krankheit vor wie in unserem Haus. Inzwischen wurden mehrere hundert Fälle dieser Erkrankung weltweit dokumentiert, mit Schwerpunkt in Japan.

Nach wie vor konsultierten wir Ärzte aller Fachrichtungen. In der Regel baten wir unsere Berater zu uns nach Hause. Diese partnerschaftliche, familiäre Atmosphäre bei den Konsultationen war uns sehr wichtig. Was die Grunderkrankung unseres Kindes anbetraf, verlief der Informationsfluß ohnehin von uns zum Arzt, was die Sekundärerkrankungen betraf, umgekehrt. Außer den Neurologen hatten die meisten Mediziner noch nie von dieser Erkrankung gehört. Wenn es statistisch wahrscheinlicher ist, einen »Sechser« im Lotto zu erzielen als sich diese Erkrankung zuzuziehen, dann wäre es äußerst unökonomisch, sie in die Medizinerausbildung mit aufzunehmen.

EIN MÄRCHEN MIT FOLGEN

Vor langer, langer Zeit lebte ein junger Arzt. Seine Heilkünste waren nicht schlechter als die anderer Ärzte, aber die Menschen zogen es vor, sich älteren, vermeintlich erfahreneren Heilkundigen anzuvertrauen. Mit nur wenigen Patienten, die um seinen Beistand nachsuchten, mußte er bald am Hungertuch nagen.

Da erschien ihm eines Tages der Tod und schlug eine Abmachung zu gegenseitigem Nutzen vor. Der Tod sprach: »Ich gebe dir ein wirksames Heilkraut in die Hand. Doch merke dir gut, was ich dir sage. Wenn du zu einem Kranken gerufen wirst, werde ich stets mit dir gehen und nur für dich alleine sichtbar sein. Stehe ich zu Häupten des Kranken, so darfst du ihm das Heilkraut geben, und er wird genesen. Stehe ich aber zu seinen Füßen, dann sage nur: Hier kann kein Arzt der Welt mehr helfen, auch ich nicht! Diesen Kranken werde ich in mein Reich mitnehmen. Sei gewarnt, das wirksame Heilkraut gegen meinen mächtigen Willen zu verabreichen. Es würde dir übel ergehen!«

Die Diagnosen des Arztes wurden unfehlbar. Er wurde bald darauf der berühmteste seines Standes und konnte die schönste Jungfrau des Landes zur Frau nehmen. Er wohnte mit ihr in einem herrlichen Schloß, und sie lebten in Saus und Braus.

Eines Tages erkrankte seine über alles geliebte Frau. Hohes Fieber hatte den zarten Körper geschwächt. Keuchend ging ihr Atem und mit letzter Kraft umklammerte sie die Hand ihres Gatten. Kaum hörbar flehte sie ihn an: »Hilf mir zu leben, rette mich vor dem Sensenmann!«

Blankes Entsetzen erfaßte den Arzt, als er den Tod zu Füßen seiner geliebten Frau stehen sah. Nein, das durfte niemals sein. Niemals würde er zulassen, daß sein Liebstes vom Tod hinweggerafft würde. Was nützte ihm der Ruhm, wenn ihm das Teuerste auf der Welt genommen war? Mit größter Anstrengung drehte der Arzt das Bett herum. Somit stand der Tod am Kopfende des Bettes seiner Geliebten.

Der Tod war außer sich vor Wut über diese arglistige Täuschung. Er konnte die Frau nun nicht mehr mitnehmen in sein ewiges Reich. Aber ungestraft ließ er sich nicht hinters Licht führen. Er erhob drohend seine dürre, beinerne Faust und kündigte die Abmachung mit dem Arzt, der bald wieder so arm wie eine Kirchenmaus war, da seine Diagnosen nun so fehlbar waren wie die der anderen Doktoren.

Bald darauf kam der Tod wieder und holte sich, was ihm durch das verzweifelte Täuschungsmanöver entgangen war.

Als dieses Märchen geschrieben wurde, gab es noch kein Antibiotikum, keine Dialyse und Intensivstationen.

Es wäre gut zu überlegen, warum – übertragen gesprochen – in unserer Zeit die Betten der Patienten grundsätzlich umgedreht werden, wenn der Tod am Fußende steht. Entspringt die Motivation für dieses Handeln:

- einer allumfassenden Liebe zu dem Kranken?

- einem Machbarkeitszwang?
  Nachdem die technischen und chemischen Waffen gegen Krankheiten entwickelt worden sind, müssen sie aufgrund ihrer Eigendynamik, die sich zwangsläufig aus ihrer Verfügbarkeit ergeben hat, auch benutzt werden.

- einem juristischen Absicherungsbedürfnis?
  Der Zwang, nicht mit dem Paragraphen 211 des Strafgesetzbuches, der postuliert wurde, als von dem medizinischen Fortschritt unserer Tage noch nicht einmal geträumt werden konnte, in Konflikt zu geraten.

– Profilierungsstreben?
  Wer würde als erster ein 310 Gramm schweres Menschenkind zum Überleben zwingen? Der Name dieses Wohltäters würde in den Medien der ganzen Welt veröffentlicht werden.

– ökonomischen Gründen?
  Alle beteiligten Wirtschaftszweige haben ein vitales Interesse daran, noch mehr medizinisches High-Tech auf den Markt zu bringen, das dann, nachdem es einmal verfügbar ist, auch angewandt werden muß – siehe die zuvor erwähnte Eigendynamik.

Aufschlußreich wäre eine anonyme Umfrage bei Ärzten, welche Kriterien sie ankreuzen würden.

Für unser Kind konnte unsere Motivation nur sein, uns nicht grausamer zu verhalten als es die Natur tun würde. Das Liebste, das wir auf der Welt hatten, zu einem verlängerten Sterben zu zwingen, wenn es sich für den Tod entscheiden sollte, wäre für uns eine Anmaßung, die uns nicht zustünde. Wir haben zwar versucht, das Bett unseres geliebten Kindes – wie im Märchen – umzudrehen, um den Tod auszutricksen. Nachdem er aber, erzürnt über unser Aufbegehren, uns in die Schranken verwiesen hat, stellten wir das Bett unseres Kindes wieder an seine angestammte Stelle. Der Tod neben dem zarten Köpfchen unseres Kindes würde fortan kein Feind mehr sein, den es zu bekämpfen galt, sondern ein ständiger Begleiter. Er würde geduldig neben Anja sitzen, bis sie zu ihm sagen würde: »Komm, reich mir deine Hand, jetzt gehen wir!« Niemand würde in Verzweiflung und im Schmerz des »Nicht-Loslassen-Könnens« ihr Bett wieder umdrehen. Anja würde sich aus der Wärme unserer Arme lösen und ihren Weg gehen.

*

Glück im Unglück. Anja schiebt prustend ihr gelbes Postauto unter das Sofa. Beifall heischend schaut sie auf ihren Papi, der anerkennend mit den Händen klatscht. Sie krabbelt zur Puppenstube, um ein weiteres Auto zu holen. Anja fühlt sich wohl, wie geht es uns doch gut! Ich umfasse zärtlich Uwes Hand:

»Welch ein Glück wir hatten, daß ausgerechnet wir beide zueinander gefunden haben, welches Glück, daß das Leid unseres Kindes uns noch enger miteinander verbunden hat, anstatt uns zu trennen. Welches Glück, daß wir in ähnlicher Weise seine Krankheit annehmen können. Ich kann mir einfach nicht vorstellen, daß ich mit einem anderen Partner die gleiche Kraft entwickelt hätte, unserem Kind so viel Freude in sein Leben zu bringen. Wir hatten einfach Glück, zu selben Zeit, am selben Ort zu leben und außer unserer Zuneigung auch eine ähnliche seelische Entwicklung erfahren zu können. Dies ist kein persönliches Verdienst, sondern ein Geschenk, das uns beiden zuteil wurde. Ein Geschenk, das nicht käuflich zu erwerben ist.

Ohne dich wären philosophische Erklärungen und Tröstungen nur Worthülsen, inhaltsleer und ohne Bedeutung. Nur durch dich bekommen sie Sinn.

Nur mit dir ist der Schmerz zu bewältigen, Anja leiden zu sehen und ihr langsames Sterben nicht aufhalten zu können.

Nur mit dir ist es schön, sich an Anjas herzlichem Lachen zu erfreuen, unter dem Nußbaum zu sitzen, Eiskaffee zu schlürfen und Zwetschgenkuchen mit Sahne zu essen.

Nur mit dir ist es schön, Hand in Hand schweigend am Fluß entlangzugehen und unsere Blicke in das immerwährende Fließen des Wassers eintauchen zu lassen.

Nur mit dir ist eine lebenslange Zweisamkeit zu ertragen.

Nur du hast mich angenommen, so wie ich bin, ohne Wenn und Aber.«

Bevor Uwe sich zu dieser Liebeserklärung äußern konnte, fing Anja an, mit voller Kraft auf den Tasten des Klaviers herumzuhämmern. Aber ich kannte seine Antwort, auch ohne daß er sie aussprechen konnte, da ihn der enorme Lärmpegel des Klaviergeklimpers daran hinderte.

Ich hing weiter meinen Gedanken nach.

Wie wohl unsere persönliche Entwicklung verlaufen wäre, wenn Anja nicht so schwer krank geworden wäre? Uwe und ich würden bei Meinungsverschiedenheiten tagelang miteinander schmollen, wie wir es früher zu tun pflegten. Wir würden uns über einen Fünfer in Mathe in Anjas Zeugnis und über ihre Punker-Freunde aufregen. Bücher mit Anleitungen zum Glücklichsein würden auf unserem Nachttisch liegen, und die einleuchtende Empfehlung, jeden Tag so zu leben, als ob es unser letzter wäre, würden wir nach kurzer Zeit wieder vergessen. Das Bild einer ganz normalen Familie.

Nach Anjas Erkrankung hatten wir die Wahl, entweder ihren Tod, der jederzeit eintreten konnte, zu ignorieren oder ihn als ständigen Begleiter, nicht nur für Anja, sondern auch für uns beide, bewußt in unser Leben zu integrieren. Wir wählten das letztere. Dieses neue Bewußtsein verlangte eine höhere Bewertung des »Heute«. Wir wuchsen langsam in diese veränderte Lebenssituation hinein. Dramatische Differenzen und Anpassungsschwierigkeiten blieben bei uns aus. Auseinandersetzungen, die – wie in den meisten anderen Ehen auch – sich im allgemeinen aus Bagatellen ergaben:

»Ich habe dir doch gesagt, du solltest die Zahnpastatube immer auf den Kopf stellen!«

»Immer mußt du an mir herummeckern!«

wurden nicht mehr tage- oder wochenlang unerledigt herumgeschleppt, sondern am gleichen Tag verbalisiert.

Ein Problem, das früher, als Anja noch ein normales, gesundes Kind war, nie aufgetreten war, betraf das wechselseitige Nichteinmischen. Wir hatten eine Kompetenzverteilung bei Anjas Pflege und Betreuung eingeführt.

Uwe zeigte ein besonders geschicktes Händchen, Anjas Zähne zu putzen. Anja wiederum hatte eine ausgesprochene Abneigung – wie wahrscheinlich die meisten Kinder – gegen diesen Vorgang. Sie wehrte sich mit der geballten Kraft ihres mageren Körpers gegen diese Prozedur, die notwendig war, um die rasante Kariesausbreitung vielleicht doch etwas zu verlangsamen. Anja würde erbost schreien und um sich schlagen. Dieses vehemente Protestverhalten, das Anja ja nicht steuern konnte, machte Uwe natürlich ebenfalls wütend. Er benötigte seinerseits alle verfügbare Kraft, um sie festzuhalten und dann auch noch die Zahnbürste in Aktion treten zu lassen. Genervt durch Anjas Aggression würde auch er ihr gelegentlich einen Klaps verabreichen. Nun war ich als Außenstehende, die sich laut unserer Vereinbarung ja nicht einmischen durfte, nicht von den Emotionen der Entrüstung erfüllt, die Uwe als Betroffener fühlte. Meine Parteinahme galt Anja, und ich litt unter dem Klaps, den Uwe ihr verabreichte. Würde ich meinen Gefühlen auch nur ein bißchen nachgeben und mich mit einem vorsichtigen: »War das wirklich nötig?« einmischen, würde Uwe erst recht wütend werden. Wenn die unerfreuliche Zähneputz-Episode vorbei war und Anja nach ihrem obligaten Beschwichtigungsverhalten viele, mit Zahnpasta vermischte Liebkosungen in Uwes Bart gestreift hatte, war die Welt jedoch für Uwe nicht mehr in Ordnung. Er fühlte sich durch meine Bemerkung unterschwellig als »Rabenvater« abgestempelt. Früher hätten wir diese Spannungen tagelang latent mit uns herumgetragen.

Mit umgekehrten Vorzeichen hatten diese Vorfälle einen ähnlichen Verlauf. Ich war meist zuständig für die Flüssigkeitszufuhr bei Anja. Nach dem Essen war es zwingend notwendig, daß Anja wenigstens eine halbe Tasse Flüssigkeit zu sich nahm, aus verschiedenen Gründen: Einmal wegen der notwendigen Flüssigkeitsaufnahme, zum anderen, um Speisereste im Mund herunterzuspülen, die sie, ohne sie zu registrieren, zurückbehielt. Wollten wir nicht zu irgendeiner Zeit auf einer zentimeterdicken Schicht aus farbenfrohen Spinat-, Brombeer-, Karotten- und Spaghettiresten auf dem Teppichboden ausrutschen, die Anja beim Krabbeln aus dem Mund fallen würden, so war es unumgänglich, diese Essensreste aus ihrem Mund zu entfernen.

Natürlich hätten wir einen hygienefreundlichen Fußbodenbelag wählen können, aber dies wäre nicht mit Anjas sonstigen elementaren Bedürfnissen zu vereinbaren gewesen. Nachdem sie den ganzen Tag auf dem Fußboden saß und krabbelte, mußte der Belag so weich wie möglich sein, und diese Kriterien erfüllte eben nur ein Teppichboden. Wenn ich nun versuchte, gegen ihren Willen, von heftigem Protestgeschrei begleitet, ihr einen Schluck Saft zu verabreichen, so war ich der genervte Elternteil und Uwe der Außenstehende, dessen Herz vor Mitleid mit Anja zerfloß, wenn ich sie in den »Schwitzkasten« nahm, um, wenn es mir schon nicht gelang, sie zum Trinken zu bewegen, wenigstens mit einem weichen Tuch so vorsichtig wie möglich die größten Pflaumenstücke aus ihrem Mund zu entfernen. Sollte er sich dann zu einem »Pass doch auf ihre Hand auf!« hinreißen lassen, dann war ich an der Reihe, mich gemaßregelt zu fühlen.

Wir lernten bald nach Anjas Erkrankung, die Konflikte innerhalb weniger Stunden auszusprechen und zu bereinigen. Rückblickend muß ich feststellen, daß es mir besser gelang, mich unparteiisch zu verhalten als Uwe. Das »Gluckenverhalten« und damit das impulsive Bedürfnis, eingreifen zu müssen, war bei ihm stärker ausgeprägt als bei mir.

Wir litten und freuten uns beide gleich intensiv mit unserem Kind. Keiner von uns beiden riss Anja an sich als Ersatz für eine unbefriedigende Partnerbeziehung. Das war unser Glück im Unglück, dieses Geschenk, das man nur von den »Göttern« erhalten und das man sich nicht erarbeiten und verdienen kann – das Geschenk, den richtigen Lebenspartner gefunden zu haben.

Unsere Auseinandersetzungen bewegten sich hauptsächlich auf dem »Zahnpastatuben-Niveau«. Bei grundlegenden Entscheidungen, z. B. ob es in Anjas Interesse läge, in kein Krankenhaus mehr eingeliefert zu werden, oder ob Uwe eine berufliche Veränderung ins Ausland wahrnehmen solle, kam es uns zugute, daß wir beide dazu neigten, Situationen analytisch zu betrachten, darüber zu diskutieren und gemeinsam eine Lösung zu finden. Auf Außenstehende wirkten wir mit dieser Tendenz oft recht »kopflastig«. Für uns war es ein ideales Zusammentreffen ähnlicher Veranlagungen, um die dramatischen Herausforderungen, die das Leben an uns stellte, zu bewältigen. So paradox dies klingen mag, aber Anjas schwere Erkrankung verbesserte unser Konfliktverhalten. Wir konnten das Glücklichsein einfach nicht mehr auf morgen oder nächste Woche verschieben. Wer konnte sagen, ob unser Kind dann noch leben würde. Wer weiß, ob Anja nicht seismographisch unsere Spannungen wahrgenommen und ebenfalls darunter gelitten hätte.

Dieses tägliche Wissen um den Tod hatte für uns nichts Beunruhigendes oder Erschreckendes an sich. Er bestand aus dem dringenden Appell, heute das strahlende Lächeln unseres Kindes, den zauberhaften Abendgesang der Amsel, die samtige Fülle des Spätburgunders, den Duft einer Apfelblüte, die warmen Sonnenstrahlen und das vom Baum fallende welke Blatt bewußt wahrzunehmen. Morgen könnte es schon zu spät dazu sein.

*

Die Türglocke klingelte. »Guten Abend, Herr Dr. S.!« begrüßte ich den Schmerzspezialisten einer renommierten Klinik, »kommen Sie herein, Anja wartet schon auf Sie!« Anja kletterte blitzschnell auf das Sofa, lehnte sich in ihre Lieblingsecke zurück und beäugte zurückhaltend dieses neue Gesicht. Während der Arzt ihre Hand ergriff, um sie zu begrüßen, kicherte sie verlegen.

Wir fragten, wie eine Schmerzbekämpfung aussehen könnte, für den Fall, daß es zu der gefürchteten Becken-Rippen-Friktion kommen sollte. Die Strategie zur Schmerzeliminierung, die er uns vorschlug, würde es uns ermöglichen, der Zukunft mit weniger Ängsten entgegenzusehen.

Die nächste Frage bezog sich auf Anjas Zähne.

Ihre vorderen Schneidezähne waren zur Hälfte schwarz und eine Ecke schon herausgebrochen. Sie schien keine Zahnschmerzen zu haben. Nach dem Infarkt mit der länger andauernden Schluckählmung hatte sie kein Empfinden mehr im

Mund für Speisereste. Bald darauf zeigten sich die ersten kariösen Herde. Eine Behandlung hätte nur unter Vollnarkose an einer Universitätsklinik durchgeführt werden können. Alle Anästhesisten im Umkreis von fünfzehn Kilometer unseres Hauses, die ich für die Durchführung einer Narkose ambulant in einer Zahnarztpraxis gewinnen wollte, winkten ab. Das Risiko möglicher Komplikationen schien allen zu hoch. Er wolle nicht den schwarzen Wagen vor der Tür haben, sonst könne er seinen Laden dicht machen, erklärte mir einer von ihnen. Dieses Argument war absolut einsichtig. Der von uns konsultierte Dentist meinte außerdem, daß bei der ineffektiven Zahnhygiene bei Anja das Fortschreiten der Kariesbildung an den plombierten Zähnen nicht aufzuhalten wäre. So beschlossen wir zu warten, bis Zahnschmerzen auftreten würden. Sollte dieses unangenehme Ereignis auftreten, so müßten alle kariösen Zähne in einer kieferorthopädischen Klinik auf einmal gezogen werden.

Wir erklärten unserem Besucher unser Problem: Sollten sich, während der Narkose oder bei der Ausschleichung, lebensbedrohende Zustände für Anja ergeben, dürfte sie nicht auf der Intensivstation reanimiert werden. Wir würden unser sterbendes Kind in Decken hüllen, mit ihm durch lange Krankenhausflure hasten und in größter Eile nach Hause fahren. Herrn Dr. S. würden wir bitten, einen der beratenden Ärzte an unserem Wohnort zu verständigen, damit uns zu Hause ärztliche Kompetenz zur Seite stünde. Dieses dramatische Szenario hatten wir in Gedanken immer wieder durchgespielt. Könnte die Wirklichkeit ebenso ablaufen?

Dr. S. erklärte sich bereit, an der Zahnklinik die Anästhesie zu übernehmen und unsere Bedingungen zu akzeptieren. Den Leiter dieser Klinik würden wir über Anjas spezielle Problematik informieren. Es fiel uns ein großer Stein vom Herzen, daß wir auch für die Zahngeschichte eine Anlaufstelle gefunden hatten. Sollte aufgrund extremer Beschwerden eine schnelle Zahnextraktion vorgenommen werden müssen und Dr. S. sowie der Kieferorthopäde der Zahnklinik nicht erreichbar sein, so hatte sich der uns beratende Zahnarzt, Dr. Böhner, bereit erklärt, trotz des hohen Risikos Anja auch ohne Narkose zu behandeln.

Eine weitere Frage betraf die Medikamente, die wir Anja im Falle einer Gehirnblutung verabreichen könnten. Die Symptomatik dieses lebensbedrohenden Zustandes war uns inzwischen aus der medizinischen Literatur vertraut. Unerträgliche Schmerzzustände würden Anja nach diesen Beschreibungen erwarten. Sollte es uns nicht möglich sein, einen der vier Ärzte, die zugesagt hatten, uns in unserer schwersten Stunde zu Hause beizustehen, zu erreichen, mußten wir – was die Schmerzbekämpfung anbetraf – autark sein. Die von Dr. S. empfohlenen Präparate würden hierzu beitragen.

Zum Abschluß fragte ich: »Wie würden Sie sich verhalten, wenn Anja Ihr Kind wäre?« Ohne zu Zögern und mit fester Stimme kam seine Antwort: »Ich würde genauso handeln wie Sie!«

Bevor wir uns verabschiedeten und ich aus meiner Brieftasche Geldscheine zog, um ihm sein Honorar zu übergeben, winkte er ab: »Nein, ich nehme kein Honorar. Nicht Sie haben von mir gelernt, sondern ich von Ihnen!«

PHILIP

Ein Vorgarten mit üppig blühenden Hortensienbüschen in einer norddeutschen Kleinstadt. Der zweijährige Philip läuft nicht – wie gewöhnlich – auf sicheren Beinchen zu dem mit Binsen zugewachsenen Teich. Ohne erkennbaren Anlaß stolpert er. Mit großer Beunruhigung nimmt seine Mutter dieses abweichende motorische Verhalten ihres Sohnes wahr. Nun fällt ihr auch wieder ein, daß er schon in den letzten Tagen etwas unsicher gelaufen war.

»Mama, da, Wauwau!« macht er freudestrahlend seine Mutter auf einen riesigen Bernhardinerhund aufmerksam, der vor dem Gartenzaun den kleinen Jungen interessiert beobachtet.

Der Besuch beim Kinderarzt in den darauffolgenden Tagen bringt keine Erklärung für die motorischen Koordinationsprobleme von Philip. Erst Untersuchungen an der nächsten Universitätsklinik bringen die grausame Diagnose ans Tageslicht. Philip war an einer Variante der *Leukodystrophie*, einer degenerativen Veränderung der weißen Hirnsubstanz erkrankt. Diese Stoffwechselstörung, die einen langsamen Verlust aller zerebralen Fähigkeiten, wie Gehen, Sprechen, Sehen und Hören mit sich bringen würde, hing von nun an wie ein Damoklesschwert über drei bisher lebensfrohen Menschen.

Dr. Berger war die undankbare Aufgabe aufgebürdet worden, Elisabeth und Peter die tödliche Prognose für ihr Kind zu vermitteln. In ungläubigem Entsetzen starrt ihn Elisabeth an. Es mußte sich hier um eine Verwechslung handeln. Philip hatte sicher nur eine vorübergehende Schwächeperiode. War er nicht außergewöhnlich schnell gewachsen in den letzten Monaten? Hilflos legt Dr. Berger seine Hand auf ihre Schulter. Wie haßte er diesen Teil seiner Arbeit, wenn er Eltern, die ihn wegen einer in ihren Augen harmlosen Symptomatik um Rat fragten, erklären mußte, daß ihr Kind sich nicht zu einem gesunden Menschen entwickeln, sondern daß ihm im Gegenteil ein langer Leidensweg bevorstehen würde. Wieviel Leid stand dieser Familie bevor? Würden Philips Eltern dieses grausame Schicksal gemeinsam tragen können oder würde ihre Ehe zerbrechen, wie er es schon häufig erlebt hatte?

»Hätten Sie morgen um sechzehn Uhr Zeit, damit wir nochmals über Philip sprechen können?« Ein mechanisches Nicken von Peter begleitet seinen Rückzug. Jetzt erst löst sich Elisabeths Erstarrung.

»Ich glaube es einfach nicht, ich kann es nicht glauben. Unser Kind, Philip!« Immer wieder stößt sie schluchzend dieselben Worte aus, das tränenüberströmte Gesicht in beide Hände gepresst. Nichts mehr würde sein wie früher. Peter fühlt sich ebenso hilflos wie zuvor Dr. Berger. Wie sollte er Lissys Schmerz lindern, da er doch selber keinen klaren Gedanken fassen konnte. Er konnte sich einfach nicht vorstellen, daß Philip eines Tages nicht mehr mit seinen rührend krummen Kinderbeinchen durch den Garten purzeln würde, daß er ihn nicht mehr mit großen fragenden Augen auffordern würde: »Papa, Ball spielen!«

»Lissy, wir werden um Philips Leben kämpfen.« Mit dieser eindringlichen Entschlossenheit läßt auch Peter seinen Tränen freien Lauf. Fast scheu umfasst er die Schulter seiner Frau und verbirgt sein Gesicht in ihrem schwarzen Haar.

*

Ein Jahr später.

Die Beinchen können Philip nicht mehr von der Haustür zum Gartenzaun tragen, um auf den großen Bernhardinerhund der Nachbarn zu warten. Aber welch strahlende Augen zeigt er, wenn er von Elisabeth im Buggy in den Stadtpark geschoben wird, um am Teich Enten zu füttern! Seine Begeisterung für krankengymnastische Behandlungen, die er zweimal in der Woche über sich ergehen lassen muß, hält sich allerdings in

Grenzen. »Mama, weh«, protestiert er schreiend schon vor der Tür des Behandlungszimmers, ohne Einsicht in die Notwendigkeit, daß der beginnenden Spastik seiner Extremitäten mit teilweise schmerzhaften Streckübungen vorgebeugt werden muß. Seine Sprache wird zusehends schleppend. Seine Fähigkeit, Worte zu artikulieren, verliert sich fast unmerklich.

*

Philips fünfter Geburtstag.

Keine fröhliche Runde mit kleinen Knirpsen, die voller Begeisterung ihre Überraschungseier zertrümmern. Philip sitzt apathisch in einem Spezialbuggy mit verlängerter Rükkenlehne, die seinem Kopf Halt gibt. Die Nackenmuskulatur ist erschlafft und ohne die sichere Stütze würde sein Köpfchen einfach nach hinten kippen. Seine Augen sind ausdruckslos zur Decke gerichtet, als ob sie dort etwas suchen würden. Aber die stumpfen Augen können nichts mehr erkennen. Es ist ihm auch gleichgültig, ob er heute Geburtstag hat oder nicht.

Elisabeth schiebt mit einem Löffelchen ein kleines Stück Apfelkuchen zwischen die Lippen. Es hat den Anschein, als würge er seinen Geburtstagskuchen wieder heraus, aber dann gelingt es ihm, ihn zu schlucken. Mit unendlicher Geduld füttert ihn Elisabeth. Die Zeit, die sie braucht, um ihrem Sohn nur wenige Löffelchen Kuchenbrei einzuflößen, scheint ihr endlos lang. An anderen Tagen hätte sie Karottenbrei verfüttert, aber sie hatte das Bedürfnis gehabt, Philip einen Geburtstagskuchen zu backen. Ruhig flackert das Licht der fünf roten kleinen Kerzen. Peter würde in wenigen Minuten nach Hause kommen und sie ausblasen. So hatten sie es abgesprochen. Peters Schritte sind auf der Treppe zu hören.

»Liebling, es ist doch etwas später geworden. Und was macht mein kleiner Hase, hat dir die Mama denn schon ›Happy Birthday‹ vorgesungen? Aha, vergessen hat sie es, dann werde ich es später nachholen, aber jetzt blase ich erst einmal deine Geburtstagskerzen aus.«

Kleine Rauchwölkchen ziehen langsam zur Zimmerdecke empor und vernebeln Peter den Blick auf die beiden Menschen, die er am meisten liebt. Erst ein durchdringendes Schluchzen läßt ihn gewahr werden, daß Elisabeth ihren Sohn verzweifelt umklammert hält:

»Philip, warum gerade du? Wie kann Gott so grausam sein und dieses langsame Dahinsiechen unseres Kindes zulassen, warum?«

Ihre Stimme verliert sich in einer undeutlichen Anklage. Hilflos betrachtet Peter sein Kind. Elisabeth hat recht, warum spielte Philip an seinem fünften Geburtstag nicht mit anderen kleinen Geburtstagsgästen mit der elektrischen Eisenbahn, die er aus seiner Kinderzeit ins Erwachsenenalter hinübergerettet hatte und die er gerne heute mitten im Wohnzimmer aufgebaut hätte? Warum hüpfte er nicht vor Freude über die zischende prustende Lok von einem Fuß auf den anderen? Warum liegt er hier in einem orthopädischen Buggy, unfähig, sich fortzubewegen und zu artikulieren, teilnahmslos in die Ferne starrend, während Speichel mit Apfelkuchenresten aus seinem Mund tropft.

Es gab keine Antwort.

»Peter, es kann so nicht weitergehen mit dem Füttern« – Elisabeths Worte sind jetzt wieder deutlicher zu vernehmen – »Dr. Berger hat auch schon vorgeschlagen, Philip eine über die Nase führende Magensonde zu legen. Du hast ja selbst gesehen, daß er einen großen Teil des Apfelkuchens gar nicht schluckt, sondern wieder aus den Mundwinkeln nach außen fließen läßt. Er hat auch schon angefangen, Gewicht zu verlieren. Ist dir nicht auch schon aufgefallen, daß seine Bäckchen nicht mehr so rund sind wie vor vier Wochen? Philip muß künstlich ernährt werden, sonst wird er verhungern.«

»Wollen wir es nicht noch länger versuchen, Philip mit dem Löffel zu füttern? Ich bin doch jetzt nur noch einen halben Tag außerhalb des Hauses in der Firma, nachdem mir der Geschäftsführer aufgrund unserer außergewöhnlichen häuslichen Situation eine Ausnahmegenehmigung gegeben hat, die Computerprogramme zu Hause zu schreiben. Wir könnten uns doch abwechseln?«

»Nein, Peter, siehst du nicht, daß Philip trotz unserer Engelsgeduld einfach nicht genügend Flüssigkeit aufnimmt. Wir haben gar keine andere Wahl, als ihn künstlich zu ernähren. Vielleicht gibt es doch noch eine Therapie für diese schreckliche Stoffwechselkrankheit. Überall in der Welt laufen dazu Forschungen. Ich werde die Hoffnung nicht aufgeben, daß Philip eines Tages doch noch geheilt werden kann. Es ist ein quälender Wettlauf mit der Zeit. Wir müssen ihn gewinnen, für Philip. Ich kann einfach nicht glauben, daß wir ihn verlieren könnten.«

»Ja, Lissy, du hast recht, wir müssen einfach weiterhoffen. Wir haben morgen einen Termin bei Dr. Berger. Vielleicht haben sich inzwischen neue Erkenntnisse ergeben, Philips Erkrankung zu stoppen.«

*

Der nächste Tag.

Philips leerer Blick verliert sich irgendwo an der Decke des Behandlungsraumes der Klinik. Dr. Berger führt behutsam eine Sonde durch die Nase in den Magen und klebt sie mit einem Heftpflaster an Philips Wange fest. Mit schwachen Abwehrbewegungen seiner Arme und leisem Wimmern zeigt er seinen Unmut über diesen Eingriff. Die Kraft und motorische Beweglichkeit seiner Hände reicht jedoch nicht aus, die Sonde wieder herauszureißen. Hätte er noch über diese Fähigkeit verfügt, erklärt Dr. Berger, so hätte er die Nahrungs- und Flüssigkeitsversorgung über die Bauchdecke sichergestellt. Elisabeth ist jetzt beruhigt.

»Mein kleiner Hase, jetzt wird es dir an nichts mehr fehlen. Mama und Papa werden in den nächsten Tagen lernen, wie man dich über die Sonde füttern kann und dann wirst du wieder dickere Bäckchen bekommen.«

Eine junge Krankenschwester erklärt Peter die Handhabung der Sonde. Die Beruhigung und Zufriedenheit, von der

Elisabeth erfüllt ist, jetzt alles für ihren Sohn getan zu haben, will sich aber bei ihm nicht einstellen. Er kann sich dieses Unbehagen nicht erklären, das er tief in sich drin spürt. Woher nimmt Elisabeth die Kraft und den Mut, jetzt so entspannt und fast euphorisch zu wirken?

Philip reagiert zwar nicht mehr auf visuelle Reize, aber Geräusche und vor allem die Stimme seiner Eltern scheint er zu erkennen. Nach der unangenehmen Prozedur des Sondenlegens, wohlig eingebettet in den Armen seiner Mutter und von ihrer zärtlichen Stimme angesprochen, werden seine sonst ausdruckslosen Gesichtszüge plötzlich weich, und es zeigt sich fast so etwas wie ein zaghaftes Lächeln auf seinem Gesicht. Dr. Berger streicht Philip über seinen hellbraunen Wuschelkopf: »Philip, du warst vorher so tapfer. Wie gern würde ich dir jetzt sagen, daß in dem letzten Schreiben der Universitätsklinik gute Nachrichten für dich gestanden haben. Deine Mama wird gut auf dich aufpassen müssen.« Mit diesem vielsagenden Satz eilt Dr. Berger auf die nächste Kinderstation. Philips Gesichtsausdruck versteinert wieder, als ob er den Inhalt der Worte verstanden hätte. Worte, die keine große Zuversicht vermittelt konnten. Für ihn war jedoch nur eines wichtig, die beruhigenden und vertrauten Stimmen von Mama und Papa.

*

Wenige Wochen später.

Mit Blaulicht rast der Krankenwagen ins nahe gelegene Krankenhaus. Philip schnappt nach Luft wie ein Fisch auf dem Trockenen. Der Notarzt führt in eine Vene des linken Arms eine Kanüle ein. Eine Sauerstoffmaske wird über das Gesicht von Philip gehalten, um die Atemnot zu lindern. Eine akute Lungenentzündung macht die Verabreichung von Antibiotika erforderlich.

Auf der Intensivstation, umgeben von Monitoren, Kabeln und Meßgeräten hält Elisabeth die schlaffe, gelblichweiße Hand ihres Kindes fest. Dr. Berger sticht mit einer kleinen

Lanzette in die Ferse von Philip, um wenige Blutstropfen zu gewinnen. Philip zuckt mit seinem Bein zurück, seine Schmerzempfindlichkeit ist noch nicht beeinträchtigt. Voll konzentriert auf die Blutabnahme, scheint Dr. Berger erleichtert zu sein, daß er nicht auf Elisabeths stilles Schluchzen und Flehen: »Herr Dr. Berger, bitte tun Sie alles, um Philip zu retten, er darf nicht sterben!« reagieren muß.

Nach zehn Tagen bringt Elisabeth erleichtert Philip wieder nach Hause. Alles würde wieder so sein wie vor dieser Krise. Wie ein Alptraum liegen diese lebensbedrohenden Ereignisse hinter ihr. Ein Alptraum, aus dem sie eben gerade aufgewacht ist und den sie abgeschüttelt hat. Liebevoll setzt sie den großen hellbraunen Teddybär mit den großen Knopfaugen, den Philip in seinen gesunden Tagen immer zärtlich an sich gedrückt hatte, an das Kopfende seines Bettes. Wie segensreich war es, daß Peter nur noch halbe Tage in der Firma zubrachte. So konnte sie sich weiterhin mit ihm abwechseln beim Wikkeln, der Versorgung der Nasensonde, dem Abklopfen der Blase zur Harnentleerung, dem Absaugen der Sekrete aus der Lunge und den krankengymnastischen Übungen. Zusätzlich würde mehrmals in der Woche eine Krankenschwester stundenweise diese Aufgaben übernehmen, damit sie mit Peter einmal chinesisch essen gehen oder ein Konzert besuchen könnte. Fast rosig sieht sie die Zukunft vor sich.

*

Wenige Tage nach Philips siebtem Geburtstag.

In den vergangenen zwei Jahren war Philips Verfall weiter fortgeschritten. Auf Geräusche und die vertrauten Stimmen von Vater und Mutter reagierte er nicht mehr mit einer Änderung seiner Mimik. Er war eingeschlossen in einer Welt, zu der niemand mehr Zugang hatte. Nur wenn er Schmerzen empfand, bei Blutabnahmen für einen neuen Blutstatus, beim Legen von Infusionen bei Krankenhausaufenthalten, die notwendig wurden durch Harnwegsinfekte und Durchfallerkrankungen, verzog sich sein Gesichtchen zu einer weinerlichen

Grimasse, und sein zu Herzen gehendes klägliches Wimmern versuchte Dr. Berger durch sedierende Medikamente abzuschwächen.

Erneut sind Peter, Elisabeth und Philip auf dem Weg in die Klinik. Immer häufiger hatte Philip mit einem weinerlichen Wimmern reagiert, wenn Elisabeth seine Ernährungssonde versorgte. Mit Entsetzen hatte sie festgestellt, daß plötzlich Blut als kleines Rinnsal aus seinem Mund floß. Zwei Jahre künstliche Ernährung hatten ihren Tribut gefordert. Die Schleimhäute der Speiseröhre tolerierten nicht mehr länger die ständige Reizung durch die Sonden, sie entzündeten sich und fingen an zu bluten.

Elisabeth fleht wieder unter Tränen: »Tun Sie alles, um Philip zu retten!« Eine zweiwöchige intravenöse Ernährung ermöglichte es den entzündeten Schleimhäuten der Speiseröhre sich zu regenerieren. Philip fühlte offensichtlich keine Schmerzen mehr. Nach seiner Entlassung aus der Klinik wird Philip über eine PEG-Sonde, die über die Bauchhaut in den Magen eingeführt wurde, ernährt. Tief aufatmend vor Erleichterung, daß ihr Sohn ihr erneut geschenkt worden ist, trägt ihn Elisabeth in sein Kinderzimmer.

Die folgenden Monate erweisen sich als Ruhe vor dem Sturm, als Kraftschöpfen vor der endgültigen Katastrophe.

Philips Stirn fühlt sich fiebrig heiß an, als Elisabeth ihn zärtlich in ihren Armen wiegt. Er war ihr Sohn, er lebte, er atmete, seine Haut war warm und weich und duftete nach Kamillenöl. Sie lächelt Philip an und flüstert ihm Koseworte ins Ohr, ohne sich bewußt zu sein, daß ihre liebevolle Zuwendung keine Reaktion hervorrief. Da war kein freudiges Erkennen, keine Resonanz, kein Suchen eines Augenkontaktes, kein Mitschwingen in der mütterlichen Aufmerksamkeit.

Die einschmeichelnden Töne des Wiegenliedes erreichten Philips Ohr nicht.

Fast geräuschlos war Peter ins Kinderzimmer eingetreten. Die Szene vor seinen Augen kam ihm fast unwirklich vor. Es schien ihm, als ob Elisabeth eine Zelluloid-Puppe in den Armen hielte und nicht seinen Sohn. Er fühlte plötzlich einen unangenehmen Kloß im Halse, und er mußte diese sich aufdrängenden Gedanken einfach loswerden:

»Lissy, glaubst du wirklich, daß Philip diese Art zu existieren als lebenswert empfindet? Er kann uns, seine Eltern, nicht mehr wahrnehmen. Er kann sich weder bewegen, noch etwas hören, weder etwa noch vorhandene Bedürfnisse äußern noch Wohlbefinden zeigen. Er wird gequält mit Antibiotika-enthaltenden Infusionen, die man in seine Venen legt, um Bakterien abzuwehren, die sein Leben bedrohen, seine Bauchdecke ist durchbohrt, um ihm die lebensrettende Flüssigkeit zuzuführen. Glaubst du wirklich, daß unser Kind, daß Philip das will?«

Elisabeths Körperhaltung drückt ihre Abwehr aus. Ruckartig richtet sie sich auf, fast feindselig blickt sie ihren Mann an. Ihre eben noch weiche Stimme verhärtet sich.

»Peter, wie kannst du nur eine Sekunde lang denken, daß wir nicht alles unternehmen werden, um Philips Leben zu erhalten. Er hat nur dieses eine Leben, es ist unwiderbringlich, es ist zu kostbar, um nicht jede auch noch so winzige Chance wahrzunehmen, es ihm zu erhalten. Ich weiß, daß Philip leben will. Ich spüre es mit jeder Faser meines Herzens, er will leben. Nie wieder möchte ich auch nur Andeutungen von dir hören, daß du das Lebensrecht unseres Kindes in Frage stellst, verstehst du mich, nie wieder!«

Mit dem Kämpfermut einer Löwin, die ihr Junges gegen eine gierige Horde von Hyänen verteidigt, drückt sie ihren Sohn noch enger an sich, an ihre Wange, besitzergreifend und schützend zugleich. Mit gleichgültigen, stumpfen Augen starrt Philip am vor Erregung geröteten Gesicht seiner Mutter vorbei.

Bestürzt über die heftige Reaktion seiner Frau, umfaßt Peter beschwichtigend ihre Schulter: »Lissy, du verbringst mehr Zeit mit unserem Kind als ich und kannst dich wohl besser in seine Bedürfnisse einfühlen. Ich kann dich beruhigen. Das was du willst, werde auch ich wollen. Wir werden alles medizinisch Mögliche tun, um Philip sein kostbarstes Gut, sein Leben, zu erhalten.«

Elisabeths Stimme wird wieder versöhnlicher: »Verzeih mir Peter, daß ich mich eben so heftig und aggressiv verhalten habe. Deine Zweifel haben eine panische Angst bei mir ausgelöst, daß ich unser einziges Kind verlieren könnte. Es ist für mich unvorstellbar, es nicht mehr in meinen Armen zu halten und sein warmes rosiges Gesicht eng an mich drücken zu können. Ich habe die Hoffnung noch nicht aufgegeben, daß doch noch rechtzeitig eine Therapie für diese entsetzliche Krankheit gefunden wird.«

*

Stunden später.

Wieder ist der Krankenwagen mit Martinshorn und Blaulicht unterwegs in die Klinik. Fast hektisch sind die Vorgänge auf der Intensivstation. Keuchend geht der Atem von Philip, wieder schnappt er verzweifelt nach Luft. Kabel, die zu einem Herzmonitor führen, sind auf seiner Brust befestigt. Ein Tubus wird in Philips Luftröhre geführt und mit dem Beatmungsgerät verbunden. Philip liegt schlaff im Krankenbett. Seine Lippen sind blau angelaufen, leichenblaß das Gesicht, mit Schweißperlen übersät.

*

Der nächste Tag, ein Donnerstag.

Die vitalen Funktionen Philips versagen nach und nach. Auch das Beatmungsgerät und Kreislauf-stabilisierende Medikamente können den Tod nicht mehr aufhalten. Noch einmal Hektik. Der Herzmonitor schlägt Alarm. Elisabeth und Peter nehmen die hin und her eilenden Ärzte in weißen Kitteln und mit grünem Mundschutz nur durch einen Schleier wahr. Wie gelähmt sitzen sie neben dem Bett ihres Sohnes, seine Hände umklammernd, als ob sie ihn zurückhalten wollten von einer langen Reise.

Philip hört auf zu atmen.

Elisabeth hält nach wie vor die kalte, leblose Hand ihres Sohnes in der ihren. Von einem Weinkrampf geschüttelt, stößt sie hervor: »Wofür soll ich denn jetzt noch leben, wofür denn noch?« Peter ist seltsam ruhig geworden. Versteinert wirken seine Gesichtszüge. Fast unwirklich kommt ihm dieser Augenblick vor, nur Leere fühlt er in sich, nicht einmal Tränen. Vielleicht würden sie später kommen. Jetzt war er nur durchdrungen von Leere und Betäubung. Ganz mechanisch löst er seine warme Hand aus der von Philip, und ebenso mechanisch zieht er Elisabeths tränenüberströmtes Gesicht an seine Schulter.

*

Ein Donnerstag zwei Jahre später.

Die Tür zu Philips Kinderzimmer wird leise geöffnet. Im Halbdämmerlicht erkennt Peter seine Frau auf dem alten Schaukelstuhl sitzend, auf dem vor Jahren sein Sohn mit großem Lustgeschrei hin und her gewippt war. Sie hat den Kopf in die Hände gestützt und starrt auf das leere Bett, auf dem Philips großer zotteliger Lieblings-Teddybär über einen Plüschzoo wacht.

Peter beugt sich behutsam über seine Frau und berührt mit den Lippen ihre Haare: »Hallo, Liebling, daß du schon zu Hause bist! Um diese Zeit bist du doch sonst immer in der Bücherei, sortierst Bücher und legst Karteikarten an. Geht es dir heute nicht so gut?«

Langsam richtet sich Elisabeth auf und schaut zu Peter mit unendlich müden und verweinten Augen hoch:

»Nein, es geht mir nicht gut. Ich fühle mich ausgebrannt und steuerlos seit Philips Tod. Jeden Morgen, wenn ich die Augen öffne, frage ich mich, was soll das Ganze noch ohne Philip, warum mußte er sterben und warum nicht ich. Wenn ich uns zum Frühstück den Kaffee koche und Marmeladenbrötchen schmiere, ist dies Schwerarbeit für mich und kostet mich viel Kraft. Noch viel mehr Kraft kostet es mich, die Konzentration für die Arbeit in der Bibliothek aufzubringen. Es ist mir unerträglich, mit der Sachbearbeiterin und mit Lesern über bedeutungslose Karteikarten, Buchbestellungen, das Wetter und Einkaufslisten zu reden. All dies erscheint mir so nichtig und unwichtig.

Dieses Gefühl der Sinnlosigkeit kann ich einfach nicht aus mir herausreißen.

Ich bin erleichtert darüber, daß man mir heute nahegelegt hat, den Job in der Bücherei aufzugeben. An jedem Donnerstag, diesem Schicksalstag für uns mit der leidvollen Erinnerung, habe ich antriebslos über dem Stapel Bücher gesessen, die ich in die Regale hätte einsortieren sollen; unfähig, ihre Bedeutung zu erkennen. Ab nächste Woche werde ich dann wieder viel Zeit haben, hier auf Philips Schaukelstuhl zu sitzen und ihm nahe zu sein.«

»Lissy, weißt du, daß mir das weh tut, wenn du nur noch Sinnlosigkeit empfindest? Ich würde dir gerne beschwörend zurufen: Bin ich denn ein Niemand für dich, kann ich durch meine Nähe deinem Leben nicht wieder Sinn geben?«

Ein abwehrendes Kopfschütteln: »Nein Peter, so darfst du es nicht sehen. Natürlich ist es wichtig für mich, dich an meiner Seite zu wissen, deine Fürsorge und Zärtlichkeit zu erfahren. Bitte, gib mir einfach noch etwas Zeit, aus diesem Tal der Sinnlosigkeit wieder aufzutauchen.«

Suchend streckt Elisabeth ihre Hand aus und umklammert Peters Arm: »Weißt du, Peter, ein großer Trost ist es für mich in meinem Schmerz, daß wir alles medizinisch Mögliche für Philip eingesetzt haben, um sein Leben zu erhalten.

Wir haben das einzig Richtige für unser Kind getan: Wir haben ihm Zeit geschenkt.«

*

Elisabeth begibt sich bald darauf in psychotherapeutische Behandlung, um das Trauma, den Tod ihres Kindes, verarbeiten zu lernen. Um zu lernen, wieder Freude in ihrem Leben zuzulassen. Bis heute hat sie mir noch nicht gestattet, das »Allerheiligste« zu betreten. Das Zimmer von Philip, unverändert seit seinem Tod, darf von keinem Fremden entweiht werden. »Die Knopfaugen des honigfarbenen Teddybären auf Philips Bett starren unentwegt und voller Erwartung zur Zimmertüre, die sich nie mehr wieder für ihn öffnen wird.« So beschreibt Peter diesen Ort.

DER ANDERE WEG – UNSER WEG

Anja achtete nicht darauf, was ich ihr in den Mund schob – ein kleines Stückchen Käsebrot. Wir saßen wieder unter dem Nußbaum, Anja entspannt im Gartensessel und gebannt auf das geschlossene Fenster im ersten Stock des Nachbarhauses starrend. Länger als eine Stunde konnte sie, ohne sich ablenken zu lassen, das Fenster im Auge behalten, in der Hoffnung, die Nachbarin würde herausschauen und ihr lachend zuwinken. Da, der dunkelblaue Vorhang bewegte sich. Die Nachbarin schob ihn zur Seite, öffnete das Fenster, lehnte sich hinaus und rief winkend: »Hallo, Anja!« Die Freude über die Erfüllung ihrer Hoffnung durchbebte Anjas ganzen Körper. Alles an ihr zappelte vor Aufregung, und ihr Gesicht strahlte. Ich rief zur Nachbarin hinüber: »Jetzt haben Sie Anja wieder eine Freude gemacht, seit einer Stunde schon wartet sie darauf, daß das Fenster geöffnet wird.« Häufig wartete sie aber umsonst.

Jetzt jedoch erwarteten wir Besuch. Das Quietschen von Autoreifen war zu hören. Ein junger Mann im brombeerfarbenen Hemd und grauer Flanellhose setzte sich zu uns unter den Nußbaum. Er begann ebenfalls achtlos ein Käsebrot in sich hineinzustopfen. Dr. T., Oberarzt der neurologischen Abteilung eines Krankenhauses im Bodenseeeraum, wollte uns für eine Konsultation zur Verfügung stehen.

Wir wollten uns nochmals vergewissern, ob wir bei einer eventuell auftretenden Gehirnblutung bei Anja mit unseren vorrätigen Medikamenten immer noch auf dem neuesten Stand waren, um eine effektive Schmerzbekämpfung zu erreichen. Er konnte uns beruhigen. Sollte es uns nicht gelingen, einen Arzt zu erreichen, der über Anjas Erkrankung informiert war, würden die vorhandenen Analgetica ausreichend sein, um die Symptome einer Gehirnblutung für Anja nicht zum Alptraum werden zu lassen.

Auch für ihn war es absolut ungewöhnlich, daß Eltern das Schicksal ihres Kindes selbst in die Hand genommen hatten, daß ihnen Ärzte als Ratgeber dienten, aber die Entscheidung von den Eltern getroffen wurde. Unsere Situation war vergleichbar mit der des Vorstandes eines Unternehmens, der auf den Rat von Fachleuten verschiedener Disziplinen angewiesen ist, um eine Entscheidung zu treffen.

Nicht nur die Beratung in medizinischen Fragen war für uns ausschlaggebend, sondern zu gleichen Teilen die moralische Unterstützung unserer Entscheidung, Anja von jeglicher klinischer Intervention abzukoppeln. Ein Verhalten wie im Fall »Olivia« in Österreich, wo Eltern sich einer sinnvollen Therapie für ihr krebskrankes Kind entziehen wollten, wäre für uns nie in Frage gekommen.

Was versteht man jedoch unter einer sinnvollen Therapie? Was heute als Standard der Medizintechnologie angesehen wird, wäre vor vierzig Jahren als nicht indiziert angesehen worden. Die Heilungsaussichten für die krebskranke Olivia wären zu diesem Zeitpunkt noch sehr gering gewesen, da die Chemotherapie noch in den Kinderschuhen steckte. Heute wird sie als sinnvoll angesehen, da die Erfolge für sich sprechen.

Zur Zeit stecken die Versuche mit Xenotransplantationen, d.h. das Einsetzen tierischer Organe in menschliche Körper, ebenfalls in den Kinderschuhen. Ich erinnere mich noch an »Baby Fae«, dem vor einigen Jahren in den USA ein Pavian-Herz eingepflanzt wurde. Nach zwei Wochen starb Baby Fae, nicht eingebettet in die liebevolle Umarmung ihrer Mutter oder ihres Vaters, sondern auf einer High-Tech-Intensivstation. Baby Fae wollte das Pavian-Herz nicht.

Ebenfalls aus Amerika kommt die Meldung, daß einem Aids-Patienten das Knochenmark eines Pavians eingepflanzt wurde.

Vielleicht sind in dreißig Jahren Xenotransplantationen

Routineeingriffe. In welcher Form wird sich dann die Medizinethik an diese Errungenschaft des biologischen High-Tech angepasst haben?

Die bisherige Anpassung der Medizinethik an die therapeutischen Fortschritte verlief parallel. Die Einführung von medizinischem High-Tech wie z.B. Organtransplantationen, künstliche Ernährung, Antibiotika oder Chemotherapie, ging Hand in Hand mit der Forderung der Medizinethik, diese auch anzuwenden.

Wenn in späteren Jahren eine Frau ein Kind mit einem irreparablen Herzfehler zur Welt bringt und ein Arzt sie dazu drängt, daß ihm dringend ein Pavian- oder ein Schweine-Herz implantiert werden sollte, weil dieses Kind ja ein »Recht auf Leben« hätte, wie werden sich die Eltern verhalten? Was geschieht, wenn sie diesen schwerwiegenden Eingriff für ihr Kind ablehnen? Wird dann eine Ethik-Kommission durch eine gerichtliche Verfügung den Eltern das Sorgerecht entziehen, wie es immer wieder in den USA praktiziert wird? Wird sie für das todkranke Kind die Implantation des Tierherzens anordnen und damit die Parallelität fortsetzen?

Wäre es vorstellbar, daß mit der erfolgreichen Verwirklichung von Xenotransplantationen medizin-ethische Kommissionen nicht mehr bestimmende, sondern nur noch empfehlende Funktion haben werden? Könnten Eltern in einer solch dramatischen Situation dann selber für ihr Kind entscheiden?

Ab welcher, heute noch nicht verfügbaren Therapiemöglichkeit wird der Anwendungszwang medizinischer Neuerungen aufgehoben werden? Wird zum Beispiel das Verfahren, das zum Klon-Schaf »Dolly« führte, in naher Zukunft auch zum Imperativ für Menschen?

Diese Konstellation ist absolut nicht utopisch, und es ist sicher nicht zu früh, sich jetzt schon darüber Gedanken zu machen.

Eigentlich wollten wir ja mit dem Gehirnspezialisten nicht über Xenotransplantation reden, sondern über Anja.

»Herr Dr. T., kennen Sie Eltern, die bei einer vergleichbar

schweren Erkrankung ihres Kindes mit schlechter Prognose die Entscheidung ihrem Kind überlassen haben, ob es weiterleben will oder nicht? Wir würden gerne Gedanken austauschen mit Gleichbetroffenen?«

Der Neurologe schüttelt den Kopf »Nein, Sie sind die ersten Eltern, die ich kenne, die diesen Weg beschritten haben.«

»Weshalb«, bohre ich weiter, »ist es denn so ungewöhnlich, daß Eltern bei einer fortschreitenden Erkrankung ihres Kindes ohne kausale Therapiemöglichkeit auf weitere Krankenhausbehandlungen verzichten?«

Dr. T. neigt sich gedankenverloren im Sessel zurück: »Wenn Eltern um jeden Preis um das Leben ihrer Kinder kämpfen, wird ihnen kaum ein Arzt nahe legen, die hoffnungslose Prognose für ihr Kind anzunehmen. Es werden automatisch Standardbehandlungen angeordnet, um das Leben zu verlängern. Die Impulse, lebenserhaltenden Maßnahmen abzulehnen, müssen eindeutig von den Eltern ausgehen. Es werden aber nur Eltern, die sich mit dem eigenen Tod und dem ihres Kindes auseinandergesetzt haben und ihn als unausweichlichen Bestandteil des Lebens akzeptiert haben, in Krisensituationen die klinischen Standardtherapien, wie z.B. künstliche Ernährung oder Antibiotikagabe bei Lungenentzündungen, in Frage stellen. Eltern können hinterfragen, ob es wirklich im Interesse ihres Kindes ist, noch mehr Schmerzen ertragen zu wollen oder ob es den natürlicherweise eintretenden Tod der Leidensvermehrung vorziehen würde.

Lassen Sie mich hierzu einen absolut ketzerischen Gedanken äußern. Ich könnte mir vorstellen, daß spätere Generationen mit Abscheu und Verständnislosigkeit unsere heutigen, vom Gesetzgeber erzwungenen Praktiken betrachten werden, die von uns Ärzten verlangen, eine fünfundachtzigjährige, aufgrund fortgeschrittener Demenz im Wachkoma liegende Patientin mit Hilfe medizinischer Versorgung am Leben zu erhalten.

Eltern, die ihren Kindern mit hoffnungsloser medizinischer Prognose ihren eigenen selbstbestimmten Tod zugestehen wollen, werden bei den meisten Ärzten offene Türen einrennen, so wie Sie ja heute bei mir keinerlei Überzeugungstaktiken anwenden müssen, um mich mit Ihnen zu solidarisieren, daß es offensichtlich in Anjas Interesse ist, hier zu Hause in Ihrer Geborgenheit die noch für sie verbleibenden Freuden des Lebens zu erfahren. Ebenso nachvollziehbar ist für mich, daß Sie Anja bei einer eventuell auftretenden Gehirnblutung nicht durch eine möglicherweise lebensrettende Operation eine Lebenspflicht aufbürden wollen.

In der heutigen Zeit sind Eltern dem Druck der Medien ausgesetzt, in denen jeder Sieg über den Tod als weiterer Meilenstein zur erstrebten Unsterblichkeit der Menschheit gefeiert wird. Den Tod zuzulassen, wird als Bedrohung und Versagen angesehen, deshalb wird er ausgeklammert. Solange wir gegen ihn kämpfen fühlen wir uns gottähnlich, wir sind noch Mitschöpfer. Ihn geschehen zu lassen, ist passives Erleben, und Passivität ist nicht vereinbar mit menschlichem Schöpferdrang. Es wird suggeriert, man kann diesen moribunden Menschen doch nicht einfach sterben lassen, solange er noch die kleinste Chance hat, seiner Lebensspanne noch etwas Zeit zuzufügen.

Äußerungen wie: Es steht in Gottes unerforschlichem Ratschluß, Leben zu geben und zu nehmen, und der Mensch hat nicht das Recht, verkürzend einzuwirken, werden meist so interpretiert, daß die Medizin all ihre zum jeweiligen Zeitpunkt zur Verfügung stehenden Mittel ausschöpfen muß, um Leben zu erhalten. Daß aber jegliche Blinddarmentfernung, eine Behandlung mit Antibiotikum, eine Gallenblasenoperation, jeder Inkubator auf einer Frühgeborenenabteilung ein Unterlaufen der göttlichen Vorsehung, eine Mißachtung seines unergründlichen Ratschlusses darstellt, wird erst nach gründlichem Nachdenken offenkundig.

Es geschieht wohl in seltenen Fällen, wie Sie mir berichtet haben, daß ein Arzt in einem Klinikum den ersten Schritt unternimmt und verzweifelten Eltern die Möglichkeit aufzeigt, ihr Kind nach Hause zu nehmen, um ihm keine weiteren Klinikstrapazen mehr zuzumuten. Ich muß Ihnen gestehen, daß ich den Mut dazu nicht gehabt hätte, Ihnen ein von der heutigen Kliniknorm abweichendes Verhalten vorzuschlagen. Die Initiative für eine abweichende Standardversorgung müßte für mich immer von den Eltern ausgehen, da sie am besten ihr Kind kennen und am ehesten seine subjektiven Signale deuten können. Sollten die Signale so eindeutig sein wie bei Anja, so würde ich Eltern in ihrer Entscheidung unterstützen.

Übrigens, ich würde wie Sie handeln, wenn eines meiner Kinder an diesem fortschreitenden zerebralen Gefäßverschluß leiden würde.«

Er wendete sich Anja zu: »Weißt du, mein Tobias ist so alt wie du, und der Gerd ist dieses Jahr in die Schule gekommen. Er würde sicherlich mit dir Ball spielen, wenn er mitgekommen wäre.« Anja kicherte verlegen und schaute wieder zum Fenster der Nachbarin hinauf.

Dr. T. zögerte etwas: »Das mag sicher paradox aus dem Munde eines Schulmediziners klingen, aber ich bin sicher, Anja würde heute nicht mehr leben, wenn sie der üblichen Krankenhauskarriere ausgesetzt gewesen wäre. Nur Sie als Eltern konnten durch Ihre ständige Beobachtung und außergewöhnliche Überwachung zu Anjas Überleben beitragen.«

Wir teilten seine Meinung, daß weitere Krankenhausaufenthalte nach der Ausschöpfung aller effektiven Therapiemöglichkeiten Anja in großem Maße belastet hätten. Das panikauslösende Gefühl des Ausgeliefertseins hatte im Gegenteil Anjas Leidensdruck noch verstärkt und mehrere Infarkte entweder noch in der Klinik oder unmittelbar danach initiiert. In den Krankenhausberichten hieß es dazu in dürren Worten: »Der Klinikalltag hat Anja alteriert.« Aber damals hofften wir ja noch, daß diese Krankheit geheilt werden könnte und mußten deshalb das Risiko eines durch Klinikstreß ausgelösten Schlaganfalles eingehen. Danach konnten wir ihr nur noch Garanten sein für die vertraute Geborgenheit der häuslichen Umgebung. Ja, auch wir glauben, daß diese Kontinuität Anjas Lebenswillen maßgeblich beeinflußt hat.

Nicht eine einzige Blutabnahme mußte Anja in den letzten dreizehn Jahren nach der Klinikabkoppelung über sich ergehen lassen. Wir hatten kein Recht, ihr nutzlose Quälereien zuzufügen, die ihr keine Heilung gebracht hätten.

Das Gespräch mit Dr. T. ließ uns noch gelassener der Zukunft entgegensehen. Er erhob sich, um sich zu verabschieden, und ließ uns bestärkt zurück, den richtigen Weg zu gehen.

FREUD UND LEID

Der Zivildienstleistende der Johanniter betätigte die hydraulische Absenkvorrichtung des Behindertenfahrzeugs. Die Plattform lag auf der Straße, und Anja wurde zum Hauseingang geschoben. Der Chauffeur half mir, Anja ins Haus zu tragen, und verabschiedete sich, um für den nächsten Behindertentransport rechtzeitig zur Stelle zu sein.

Beim Ausziehen der Jacke krümmte sich Anja und verzog das Gesicht, als ob sie etwas aus ihrem Körper herauspressen wollte. Außenstehende interpretierten diese Grimasse häufig als Grinsen. Für mich bedeutete diese Symptomatik, die Vorbereitungen zum Mittagessen einzustellen, eine Flasche Birnensaft zu öffnen und die nächsten anderthalb Stunden Anja den Inhalt dieser Flasche einzuflößen. Mit Hilfe von Pepe und anderen Püppchen, die ich zu uns hinsetzte und die ebenfalls mittrinken mußten, würde mir dies auch gelingen. Wenn Uwe dann kurze Zeit später nach Hause kam in Erwartung des Mittagessens, würde er auf den ersten Blick erkennen, was die Stunde geschlagen hatte: Anja wurde wieder von Koliken geplagt.

Nach dem länger andauernden Harnverhalten in Anjas achtem Lebensjahr, verbunden mit sehr schmerzhaften Koliken, waren jedes Jahr mehrere Male diese Komplikationen aufgetreten, ohne daß ein Harnwegsinfekt vorgelegen hatte. Auch Konsultationen weiterer Urologen brachten keine Erklärung für diese Störungen. Inzwischen hatten wir Morphiumderivate vorrätig, die wir spritzten, wenn der Stau nicht durch extreme Flüssigkeitszufuhr gelöst werden konnte. Uwe und ich hatten zwar gelernt, intramuskulär Injektionen zu verabreichen, aber die Hemmschwelle, mit einer Nadel in unser Kind zu stechen war so groß, daß wir im Bedarfsfalle immer eine

Krankenschwester oder einen Arzt riefen, um Anja zu spritzen. Mit diesen Maßnahmen konnten wir Anja viele Schmerzen ersparen. Löste sich die Blockade, ging mit einem Schwall eine große Menge Harn ab. Die Windelkapazität war hier überfordert, so daß Anja mehrere Male am Tag frisch angezogen werden mußte. Um diese Störungen schon im Anfangsstadium zu erkennen und eingreifen zu können, war es unabdingbar, daß Anja spätestens nach vier Stunden entweder von Uwe, von mir oder von meiner Mutter genau beobachtet wurde, da nur wir die Anfangssymptomatik richtig deuten konnten. Wenn wir Anjas Wohlbefinden sicherstellen wollten, gab es keinen anderen Weg als diese ständigen Kontrollen.

Waren Uwe und ich beide anwesend, wenn die Koliken auftraten, so hatten wir manchmal Schwierigkeiten, uns über den richtigen Zeitpunkt der Morphiumgaben zu einigen. Wir versuchten immer, so lange wie möglich die Injektion hinauszuzögern, um abzuwarten, ob nicht das viele Trinken die Störung beheben würde. Das Medikament zeigte Nebenwirkungen wie lästigen Juckreiz und Sedierung, die wir natürlich ebenfalls vermeiden wollten.

Von meinem persönlichen Schmerzempfinden würde man mich wohl eher als wehleidig bezeichnen und Uwe als hart im Nehmen. Jeder projizierte nun seine Schmerztoleranz auf unser Kind. Wenn ich darauf drängte, daß Anja die Qualen nicht mehr länger zugemutet werden könnten, plädierte Uwe noch fürs Abwarten. Die Krankenschwester stand dann immer ratlos dazwischen und wartete auf eine einstimmige Anweisung. Irgendwie haben wir uns immer geeinigt. War der Harnstau behoben, fühlte sich Anja wieder wohl.

Sobald Uwe das Büro verließ und sich auf den Weg nach Hause begab, wurde er von einer inneren Unruhe ergriffen: Welche Situation würde ihn zu Hause erwarten? Würde Anja sich in Schmerzen krümmen, würde während einer kurzen Schlucklähmung ihre Zunge schlaff aus dem Mund hängen oder anhaltendes, quälendes Erbrechen einen weiteren Schlaganfall ankündigen? Betrat Uwe die Wohnung und Anja streckte ihm strahlend ihren ramponierten gelben Schulbus entgegen oder übte sich in lautstarkem Protestgeschrei, dann fiel die Spannung urplötzlich von ihm ab, und ich konnte ihn förmlich aufatmen hören. Wieder wurden uns ein paar Stunden geschenkt, während derer unsere kleine Familie vor Wohlbehagen wie eine Katze schnurren konnte.

Morgen war ganz weit weg.

*

»Euer Garten ist ja fast ein Dschungel«, meinte bewundernd die Besucherin, als sie sich unter dem ausladenden Blätterdach des alten Apfelbaums niederließ.

»Ja«, seufzte ich, »ich habe schon längst kapituliert vor der Wachstumsfreudigkeit von wilden Brombeeren, Efeu und Eiben. Jedes Jahr aufs neue muß mich Uwe von der Notwendigkeit eines Rückschnittes überzeugen, sonst hätten wir wirklich einen Dschungel.«

Erika, so hieß unser Gast, eine ehemalige Schulfreundin und heutige Psychotherapeutin, hielt Anjas kleine, knochige, magere Hand in der ihren. »Hättest du Lust, Anja zu füttern, solange ich das Wickel- und Pflegeset hole?« frage ich Erika. Obwohl Anja ja meine Worte nicht verstehen konnte, sperrte sie schon ihren Mund auf. Sie hatte den Eiskaffee auf dem Gartentisch entdeckt und wartete begierig auf das Vanilleeis. Während Erika mit dem Löffel das begehrte Vanilleeis in Anjas Mund stopfte, fragte sie mich: »Meinst du nicht, daß du die Gedanken an deinen totgeborenen Sohn damals sehr schnell verdrängt hast? Eure überstürzte Abreise in die USA, kurz nach der Geburt deines Kindes, hat dir wahrscheinlich nicht genügend Zeit gegeben, seinen Tod zu verarbeiten.«

Anja sah mich fragend an, das Vanilleeis war aufgegessen. Ob es wohl Nachschub gäbe? Während ich eine zweite Eisportion für Anja aus der Küche holte, überlegte ich mir, was ich Erika antworten würde. Mit einem Buch, das ich aus dem Bücherregal geholt hatte, kehrte ich in den Garten zurück.

»Vielleicht hast du recht mit der Theorie des Verdrängens.

Dieser Vorgang scheint in der Psychologie ein Universalsündenbock zu sein für die meisten psychischen Störungen und Ausgangspunkt für zu erwartende seelische Probleme. Warum jedoch sollten Verarbeitungsstrategien, die von der Evolution ›erfunden‹ worden sind, zur Bewältigung von Traumen, schädlich für die Psyche sein? Welch ein Glück, daß man sich dieses Verdrängungsmechanismus bedienen kann, um seelisches Gleichgewicht aufrecht zu erhalten. Welcher Psychiater kam nur auf die Idee, Verdrängungen in Bausch und Bogen zu verdammen. Welche Überheblichkeit, zu fordern, alle Verdrängungen müßten aufgearbeitet werden. Wo bleibt eigentlich das Vertrauen in die Anpassungsstrategien der Natur, wo bleibt der Mut, diese als sinnvoll anzusehen und sie nicht ewig verbessern zu wollen? Welche Hybris! Die Ausnahmen von der Regel gibt es hier natürlich ebenso wie in allen anderen Bereichen. Für diese Ausnahmen, wenn Verdrängungen wirklich krank machen, haben wir ja, Gott sei Dank, euch Psychotherapeuten.

Es wird uns Laien von professioneller Seite eingeredet, daß Verdrängung etwas grundsätzlich Negatives wäre. Die Evolution hat mit diesem Programm einen erfolgreichen Schritt getan, abgeschlossene unangenehme Ereignisse, die sich vermutlich nicht wiederholen werden, zu integrieren. Es ist unwahrscheinlich, daß mir mein Mathe-Lehrer nochmals demütigende saftige Ohrfeigen verabreicht, ich nochmals einen toten Sohn gebäre oder mich gegen Erziehungsprinzipien meiner Eltern auflehne. Durch den natürlichen Vorgang des ›In-die-Schublade-Schiebens‹ ist meine Denk- und Gefühlskapazität wieder frei für das Bewältigen des ›Heute‹.

Eine gute Analogie erscheint mir das von der Evolution entwickelte Schmerzphänomen zu sein. Das Schmerzempfinden ist für höhere Lebewesen überlebensnotwendig. Was auf den ersten Blick als Segen empfunden wird, wenn ein Mensch ohne Schmerzempfinden geboren wird, entpuppt sich auf den zweiten Blick als lebensfeindlich. In dem Buch ›Das Kind, das keinen Schmerz fühlen konnte‹ von Robert Marion sind diese

Überlebensprobleme eindringlich beschrieben. Die Vorstellung, daß man sich mit der Hand auf einer glühend heißen Herdplatte abstützen und weiter über das Wetter plaudern kann oder daß man in die morgendliche Tasse Tee erst das Thermometer hängen muß, damit der Mund nicht verbrüht wird, scheint Nicht-Betroffenen absurd. Die Kehrseite der Medaille, d. h. der ›Erfindung des Schmerzphänomens‹, sind allerdings geplagte Menschen mit chronischen Schmerzen, die nicht mehr der primären Warnfunktion dienen, sondern nur noch ein quälendes Übel sind. Ebenso verhält es sich mit den Verdrängungen. Beide bewährten Strategien der Evolution zeigen gelegentlich ihre unerwünschten Nebenwirkungen. Wenn Menschen Verdrängungen nicht als sinnvolle Ablage im Unterbewußten ansehen können, erkrankt ihre Seele daran. Wie die Schmerzpatienten dann die Schmerztherapeuten aufsuchen und auf Hilfe hoffen, versucht ihr Psychotherapeuten, zurecht, mit therapeutischer Aufarbeitung seelische Gesundheit zu erreichen. Ich lehne jedoch die heute übliche Grundsatzformel: ›Verdrängung = pathogenes Verhalten‹ ab.

Wenn der Heilungsvorgang bei einer physischen Verletzung, nachdem ich mir zum Beispiel beim Quittenschneiden in den Finger geschnitten habe, abgeschlossen ist, würde kein vernünftiger Mensch auf den Gedanken kommen, nach ein paar Jahren die Narbe zu öffnen, um nachzusehen, ob die Heilung auch wirklich perfekt erfolgt ist. Für psychische Verletzungen, die vernarbt sind, hat sich jedoch ein findiger Psychiater dieses Vorgehen ausgedacht.

Ich verdränge, na und! Ich brauche alle verfügbaren Energien für das Heute, zum Lachen, Weinen, Trösten, Streiten und Glücklichsein.

Darf ich Dir aus dem Buch ›Die seelische Selbsthilfe‹ von Martin Shepard vorlesen:

›Es gibt nämlich keine Garantie, daß Sie Ihren Zustand durch regelmäßige Besuche beim Psychotherapeuten verbessern. Kritiker der Psychotherapie sind rasch bei der

Hand, darauf hinzuweisen, daß es den auf der Warteliste einer psychiatrischen Klinik vorgemerkten Patienten statistisch gesehen genauso gut geht wie solchen Patienten, die von den dortigen Therapeuten gerade betreut werden. Des weiteren verhöhnen die gleichen Kritiker das gesamte Gebiet der Psychotherapie, indem sie auf andere Studien verweisen, die zeigen, daß sich der Gesundheitszustand der von Psychotherapeuten behandelten Menschen bei 33¹/₃ Prozent der Fälle bessert, bei 33¹/₃ Prozent gleich bleibt und bei 33¹/₃ Prozent eine Verschlimmerung der Symptome eintritt.‹

Wäre es vielleicht denkbar, daß die Patienten, die nach der Aufarbeitung der verdrängten seelischen Verletzungen unter therapeutischer Anleitung ein psychisches Gleichgewicht erreicht haben, zu dem einen Drittel der Probanden gehören, die es auch ohne Hilfe erreicht hätten?

Es lebe die Verdrängung!

Ich wehre mich einfach gegen die pauschale Ablehnung dieser Strategie, so als ob die Natur mit diesem Schritt hundert Prozent Unsinn produziert hätte. Fällt heute das Wort Verdrängung, so erschaudert jeder vor der Tragik und der vermuteten Tragweite dieses Abschiebens von negativen Erlebnissen ins Unterbewußte. Es wird sofort assoziiert mit psychosomatischen Erkrankungen und psychischen Problemen.

Wenn du bei mir Verdrängung diagnostizierst, dann muß ich dagegen halten, daß ich mich mit ihr sehr gut arrangiert habe. Sie ist ein ausgezeichneter Verarbeitungsmechanismus. Welch ein Glück, daß die Natur ihn schon erfunden hat, sonst müßte man ihn noch erfinden.

Ich vermute, daß auch Anja sich dieser segensreichen Strategie bedient, um die vielen entsetzlichen traumatischen Erlebnisse zu verarbeiten, die ihr das Schicksal schon zugemutet hat. Sonst wäre es nicht möglich, daß sie sich meist wie ein Sonnenscheinkind verhält, daß sie so herzlich lacht, so viel Spielfreude entwickelt und so viel Zärtlichkeit geben kann.

Auch für sie zählt offensichtlich das Heute, ungetrübt durch die Schmerzen von gestern, es zählt das Vanilleeis, das Kuscheln in meiner Halsbeuge und das Klötzchenbauen.«

Der Blick, den Erika mir zuwarf, war leicht zu deuten: »Typisch, diese unqualifizierten Bemerkungen von Laien.« Anjas Protestgeschrei enthob sie einer laut geäußerten Antwort.

»Würdest du bitte die Beine von Anja greifen, ich halte ihren Oberkörper, dann können wir sie gemeinsam in den Wintergarten tragen. Ich bin immer froh, wenn mir jemand beim Tragen behilflich ist. Anja möchte sich vermutlich wieder hinlegen, vielleicht ist es ihr auch nur zu langweilig geworden, während ich dich ein bißchen mit meinen unprofessionellen Betrachtungen geärgert habe. Außerdem ist jetzt eine frische Windel fällig.«

Erika schmunzelte, sie hatte mir meinen Übergriff in ihre Domäne schon verziehen.

*

Großen Spaß machte Anja das Radfahren. Uwe hatte nach seinen Entwürfen von einer Werkstatt einen Fahrradanhänger konstruieren lassen. Er selbst modellierte aus glasfaserverstärktem Harz eine an Anjas Wirbelsäulenverkrümmung angepaßte Sitzschale. Mit einem Querbügel und einem Ledergurt wurde Anja darin gesichert. Zeigten wir ihr in der Zeichensprache das Symbol für »Radfahren«, war sie ganz aufgeregt und konnte es kaum erwarten, bis Uwe sie auf den Anhänger setzte. Leider ließ ihre Begeisterung für das Radfahren nach etwa einer halben Stunde nach. Die starken Erschütterungen, die auf den schlecht gefederten Anhänger trafen, verursachten bei ihr eine leichte Übelkeit, so daß sie sich zwar jedesmal auf die Ausflüge freute, diese aber nur von kurzer Dauer waren.

Man hätte annehmen sollen, daß Anja immer Freude zeigen würde, wenn wir mit ihr das Haus verließen, um mit dem Auto wegzufahren oder spazieren zu gehen. Häufig jedoch schrie und tobte sie, weil wir ihr das falsche Programm anboten. Vermutlich hatte sie eine bestimmte Vorstellung, wenn sie zum Ausgehen angezogen wurde, wohin der Ausflug gehen würde. Die Palette reichte davon, Pizza oder Eis essen zu gehen, vom Besuch bei der Omi, Spaziergang am Fluß entlang, Besuch bei Bekannten, bis zum Kaufhausbummel und der Spritztour mit dem Auto. Es war ja unmöglich für sie, uns ihre Erwartungen mitzuteilen, ebenso wie es für uns unmöglich war, ihr das geplante Ziel zu signalisieren. Deshalb war es verständlich, daß sie häufig enttäuscht sein mußte, wenn Papi und Mami etwas anderes mit ihr unternahmen, als sie sich vorgestellt hatte.

Welch frustrierende Momente müssen es für sie gewesen sein, wenn sie ihre Bedürfnisse, die ja bildhaft in ihrer Vorstellungswelt vorhanden waren, ihrer Umwelt nicht begreiflich machen konnte! Wenn Anja größte Anstrengungen unternahm, uns etwas mitzuteilen, aber aus ihrem Mund nur ein sich stetig wiederholendes »Äh, äh, äh« zu vernehmen war, nickten wir in unserer Hilflosigkeit oft eifrig mit dem Kopf, um ihr zu signalisieren, daß wir verstanden hätten, was sie uns sagen wollte, obwohl wir keine Ahnung hatten, was sie bewegte. Es war ein Bluff, auf den sie Gott sei Dank häufig hereinfiel. Sie zeigte sich dann zufrieden und erleichtert, ihr Gesicht entspannte sich und auch unsere Spannung löste sich. Es war uns wieder einmal gelungen, Anja das Gefühl der Isolation zu nehmen und ein Strahlen in ihre Augen zu zaubern.

Es war für uns eine schmerzliche Beobachtung, mitansehen zu müssen, daß Anjas Gedankenwelt eingeschlossen war in ihrem Inneren und keine Möglichkeit der Kommunikation mit ihrer Umwelt zuließ. Wenn andere Kinder lautstark und unmißverständlich ihre Bedürfnisse artikulieren: megastarke Jeans eines bestimmten Herstellers, der Nervenkitzel eines Besuchs in Disneyland, Chauffeurdienste der Eltern zu dieser und jener Disco, werden Eltern oft stöhnen ob der immerwährenden Forderungen ihrer Sprößlinge. Eltern werden keine Gedanken daran verlieren, welch schmerzvolle Ohnmacht sie empfinden würden, wenn ihre Kinder nicht mehr ihre Schulängste, Gefühle des Zu-kurz-Kommens, Zukunftspläne und Momente des Glücklichseins verbalisieren könnten. Voller Wehmut würden sie sich wünschen, ihre Renate oder ihr Martin könnten ihnen sagen: »Mami, mich friert's; Papi, eigentlich bist du ganz passabel; ich habe Zahnweh; die neue Lehrerin ist blöd; ich habe Angst im Dunkeln beim Einschlafen; ich möchte heute einen Stadtbummel machen; ich hab dich lieb.«

Anja wird ihr ganzes Leben lang kein Bedürfnis mehr äußern können, kein »Papi, mehr mach!« oder »Noch einmal und dann ist Schluß!« Wir können nur auf der Ebene des Körperkontaktes, mit vielen Zärtlichkeiten, ihre kleine knochige Hand unseren Hals fest umklammernd und Nähe suchend, ihren Bedürfnissen entsprechen.

Anjas Aufbäumen und Protestgeschrei beim Ausgehen führte zwischen Uwe und mir immer häufiger zu Spannungen. Ich neigte dazu, in solchen Situationen ein »imaginäres Ohropax« in die Ohren zu stecken und Anjas Geschrei zu ignorieren, bis sie sich wieder beruhigt hatte, um dann doch Gefallen an dem unerwünschten Programm zu finden. Uwe tendierte dazu, unsere Aktionen abzubrechen und mit unserem Schreihals umgehend nach Hause zurückzukehren. Ich schlug deshalb vor, die Entscheidungskompetenz bei jedem Ausgehen abzuwechseln. Wenn mir die Entscheidung zufiel, mußte Uwe, ohne zu knurren, Anjas Geschrei ertragen, bis sie sich wieder beruhigte, auch wenn wir die Uferpromenade entlanggingen und die Passanten sich nach uns umdrehen würden. Umgekehrt würde ich, wenn es Uwes Kompetenztag war, ohne Groll akzeptieren, wenn er nach wenigen Minuten das Ausflugsprogramm abbrechen würde. Mit dieser Regelung konnten die Differenzen behoben werden.

Hatte Anja nun Gefallen an einem Spaziergang in der ihr vertrauten Umgebung gefunden, so konnte sie uns durch ihr Verhalten die bevorzugte Route anzeigen. Wollte sie an einer Straßenkreuzung nach rechts abbiegen, so würde sie den rechten Arm aus dem Buggy hängen lassen. Würden wir geradeaus gehen, so würde dies ein Protestgeschrei auslösen. Wollte sie nach links, konnten wir dies nur ableiten, wenn sie bei allen eingeschlagenen Richtungen, außer nach links, sich schreiend aufbäumte. Ihr linker Arm war so stark geschädigt und steif, daß sie ihn nicht als Richtungsanzeiger benutzen konnte.

Anja zeigte ausgeprägte Persönlichkeitsmerkmale, wenn wir Bekannte besuchten. Sie war dann nicht dazu zu bewegen, alleine in einer Couchecke oder auf dem Fußboden zu sitzen. Ohne Hilfe auf einem Stuhl zu sitzen, wäre wegen ihrer Gleichgewichtsstörungen und Spastik ohnehin nicht möglich gewesen. Wollten wir nicht eine Schreiattacke provozieren, blieb Uwe nichts anderes übrig , als sie während der gesamten Besuchszeit auf seinem Schoß sitzen zu lassen und dort auch zu füttern. Auf diesem geliebten Sitzplatz bestand sie allerdings nur, wenn der Papi mit anwesend war. Besuchte ich mit ihr alleine unsere Freunde, so wußte sie, daß sie in der Couchecke sitzen mußte, zwar in engem Körperkontakt mit mir, aber doch nicht auf meinen Oberschenkeln.

Wahrscheinlich reagierte sie hier so normal wie andere Töchter, die ihre Väter leichter um den kleinen Finger wickeln als ihre Mütter.

*

Zeitungsinserat

Welche Mutter eines unheilbar kranken Kindes hat Interesse am Gedankenaustausch mit ebenfalls betroffener Mutter?

*

Nachdem ich dieses Inserat in unserer Tageszeitung aufgegeben hatte, meldeten sich eine Mutter mit einem Mucoviscidose-Kind und zwei Mütter mit Kindern, die bei der Geburt schwere zerebrale Schädigungen erlitten hatten und wie Anja Pflege rund um die Uhr benötigten. Es interessierte mich, zu erfahren, wie diese Mütter einen solchen Schicksalsschlag psychisch bewältigt hatten und wie sie mit dem nicht unerschöpflichen Reservoir ihrer Kräfte umgingen. Zusammen mit Anja besuchte ich diese Familien und war danach um eine Erkenntnis reicher: Ähnliche Lebensschicksale führen nicht zu ähnlichen Bewältigungsstrategien. Es ist einsichtig, daß der Hungrige den Satten nicht versteht, aber daß der Satte den Satten nicht versteht und der Hungrige nicht den Hungrigen, so hat es Dostojewski in einem seiner Bücher formuliert, ist im allgemeinen schwerer nachzuvollziehen.

Der achtjährige Richard, an Mucoviscidose leidend, mußte sich noch nicht mit den schweren Atemproblemen auseinandersetzen, die ihn später noch erwarten würden, wenn der zähe Schleim sich kaum noch aus den Bronchien lösen ließ. Richards Schwester war im Alter von fünf Jahren schon an dieser fortschreitenden Krankheit gestorben, ein älterer Bruder war gesund. Seine Mutter klagte Gott an: »Warum läßt er zu, daß mein Sohn an dieser schrecklichen Krankheit leiden muß?« Meine Frage, ob sie denn schon vor der Geburt von Richard von dem großen Risiko gewußt habe, ein krankes Kind zu gebären, bejahte sie und fuhr fort: »Aber ich liebe doch Kinder über alles, ich wollte einfach mehrere Kinder haben!« Wir konnten keine Gemeinsamkeiten in unserer Reaktion auf die Herausforderungen des Lebens entdecken.

Eng an mich gekuschelt auf der weich gepolsterten Sitzbank bei Frau S. sperrte Anja ihren Mund weit auf. Himbeertorte gab es zu Hause bei der Mami selten, da mußte man das aktuelle Angebot um so intensiver ausnützen. Wir saßen auf der Bank im Eßzimmer. Ich umfaßte Anjas Schulter, damit sie nicht von der Bank herunterfallen konnte und schaufelte die leckere Torte in ihren Mund. Wie immer, wenn wir eingeladen waren, akzeptierte sie anschließend ohne Probleme das Trinken des Saftes, um die restlichen Himbeeren hinunterzuspülen. Anja zeigte sich von ihrer strahlenden Ausgehseite. Ich setzte sie zu dem vierjährigen Norbert auf eine Matratze auf dem Fußboden. Aus einem Weidenkorb ergriff Anja ein kuscheliges Monchichi-Äffchen und reichte es Norbert. Ein Lächeln breitete sich auf seinem Gesicht aus. Es legte seine obere Zahnreihe frei, so daß die rosafarbene Zahnfleischwucherung sichtbar wurde, eine Nebenwirkung der Einnahme von Antikonvulsiva, um zerebrale Krampfanfälle zu verhindern. Norbert lag auf einem weichen Kissen, er war unfähig zu gehen und zu reden, seine Extremitäten spastisch verformt, er mußte, wie Anja, gewickelt und gefüttert werden. Auf Zuwendung und Angesprochenwerden reagierte er mit einem freundlichen Lächeln. Anja schaute mich fragend an, nachdem Norbert nicht nach dem Kuscheläffchen gegriffen hatte, das sie ihm doch hatte geben wollen. Gemeinsam steckten wir es Norbert in die spastische Hand, die anschließend unkoordinierte Bewegungen der offensichtlichen Freude ausführte.

Frau S. nahm Norbert auf ihren Schoß und begann nun ihrerseits ihren Sohn mit der vorzüglichen Himbeertorte zu füttern. Sie klagte, daß die Pflege von Norbert ihr keine Zeit mehr für ihre eigenen Bedürfnisse lasse. Sie schaffe es kaum, die Tageszeitung ausführlich zu lesen, es sei ein reiner Zufall gewesen, daß sie auf mein Inserat gestoßen wäre.

Es war ihr unmöglich, Pflegeanteile zu delegieren. Weder ihr Ehemann noch eine Dorfhelferin konnten aus ihrer Sicht so gut die empfindliche Haut ihres Kindes pflegen wie sie. Ihr totaler Einsatz forderte seinen Tribut. In fast regelmäßigen Zeitabständen fand der körperliche Kollaps statt. Sie wurde dann vier Wochen zur Kur geschickt, und die Dorfhelferin betreute während ihrer Abwesenheit ihr Kind. Während dieser Erholungsphase folgte ebenso regelmäßig der psychische Zusammenbruch, da man sie ihrer Aufgabe beraubt hatte. Ihr Umfeld bewunderte ihre uneingeschränkte Bereitschaft, alle verfügbaren Kräfte für ihr schwerbehindertes Kind einzusetzen.

Für alle Außenstehenden war es einsichtig, daß sie nach ihrem totalen Betreuungseinsatz eine Regenerationsphase wirklich verdiente.

Ich erwies mich als Spielverderberin. Anstatt sie für ihre uneingeschränkte Aufopferung zu bewundern, stellte ich die grobe Vernachlässigung ihrer eigenen Bedürfnisse in Frage, ebenso wie den unökonomischen Einsatz ihrer pflegerischen Kräfte.

Wir verstanden einander nicht. Sie schüttelte den Kopf, daß ich nicht Stunden damit verbrachte, mit den langweiligen Bauklötzchen Türmchen für Anja zu bauen. Vermutlich hielt sie mich für eine »Rabenmutter«. Wenn an mich die Frage herangetragen wird, ob ich mich nicht einmal in einer Kur erholen müßte, so wehre ich entsetzt ab. Herr Seehofer würde mich mit einem solchen Kuraufenthalt zu einer Höchststrafe verurteilen. Vier Wochen von Uwe und Anja getrennt zu leben und mir während dieser Zeit eine große Zahl unbewältigter Lebensläufe von Schicksalsgenossinnen anhören zu müssen, davor würde es mich schaudern. Es war für Uwe, Anja und mich ein größerer Gewinn, wenn ich mir täglich einen ausreichenden Freiraum ermöglichte, damit sich keine Aufopferungsmentalität einschlich. Mein Kräfte-Akku lief nicht leer, er wurde täglich neu geladen, von Uwe, Anja und dem notwendigen Spielraum für meine persönlichen Bedürfnisse. Für Anja bedeutete dies, daß die Mami eben nicht pausenlos mit ihr spielte und ich sie gelegentlich mit anderen Betreuern zum Spazierengehen schickte, während ich Touristen durch das Zeppelin-Museum unserer Stadt schleuste.

Diese unterschiedlichen Sichtweisen von Frau S. und mir ließen sich nicht miteinander in Einklang bringen. Ich würde selber einmal diese delikate Himbeertorte backen müssen, nachdem dieser Besuch nicht in einem Wir- und Solidaritätsgefühl endete und und nicht wiederholt werden würde. Ähnliche Lebenserfahrungen münden nicht zwangsläufig in ähnlicher Anpassung und Bewältigung.

Es gab aber durchaus Bewältigungsstragien, die mit den unsrigen vergleichbar waren.

Durch die Kontaktbörse der Zeitschrift »Eltern« lernten wir vor zehn Jahren Margitta und Walter aus der Nähe von Stuttgart kennen. Ihr einziges Kind, Bernd, erkrankte im Alter von zwei Jahren an einer Stoffwechselstörung. Sein körperlicher und geistiger Verfall verlief ähnlich wie bei Philip, er wurde jedoch nicht künstlich ernährt, da sein Schluckreflex bis zu seinem Lebensende intakt war. Mit Margitta und Walter trafen wir auf ein Ehepaar, das, eingebettet in die Sinngebung der christlichen Religion, die »Warum«-Frage befriedigend integrieren konnte und die sechs Jahre lange Betreuung und Pflege ihres Sohnes mit viel Liebe, jedoch ohne Märtyrersyndrom leistete. Eine lebensbedrohliche Durchfallerkrankung überstand Bernd durch ärztliche Bemühungen im Krankenhaus. Als er im Alter von acht Jahren starb, glaubte ich, mit den Eltern den Schmerz empfinden zu können. Welcher Irrtum. Erst als ich nach Anjas Tod vor dem Unfaßbaren dieser Endgültigkeit und Unumkehrbarkeit stand, konnte ich mich wirklich in die Lage der trauernden Eltern versetzen. Wenn mir jemand erzählt, wie scheußlich Zahnschmerzen sind, werde ich verständnisvoll mit dem Kopf nicken. Aber erst wenn mein eigener Zahn mir Höllenqualen verursacht, kann ich wirklich nachempfinden, wie sich Zahnschmerzen anfühlen. Genauso verhält es sich mit dem Schmerz beim Verlust eines Kindes.

Margitta war für mich ein Vorbild, daß man es schaffen kann, nach der jahrelangen Einschränkung der eigenen Bedürfnisse durch die Rund-um-die-Uhr-Betreuung eines kranken Kindes, nicht in endlose Depressionen zu verfallen, wenn nach dem Tode des Kindes plötzlich viel Freizeit zur Verfügung steht.

Vor hundert Jahren stellte sich dieses Problem nicht. Ein schwerbehindertes Kind konnte nur mit einem Bruchteil der Zuwendung und Pflege rechnen, die heute ein solches Kind erfährt. Starb es, war die trauernde Mutter nach wie vor von morgens bis abends mit Haus- und Gartenarbeiten beschäftigt. Ohne elektrischen Herd, Wasch- und Geschirrspülmaschine, Fischstäbchen und tiefgefrorene Möhren stellte sich für sie nicht die Frage: Wie fülle ich jetzt die vielen freien Stunden aus. Spiele ich öfters Tennis, oder belege ich an der Volkshochschule einen Kurs für Seidenmalerei und französische Konversation? Die Tränen der Mütter früherer Generationen fielen in den Waschkessel, den sie schon morgens um fünf Uhr beheizt hatten, um die Leibwäsche darin zu kochen. Die Tränen der heutigen Mütter fallen in rote, gelbe und grüne Farbtöpfchen eines Malkurses an der Volkshochschule oder werden von Psychotherapeuten getrocknet.

Wenn Margitta es gelang, die Tagesabläufe neu zu strukturieren – sie begann, Musikunterricht zu nehmen und intensiver Sport zu treiben – dann würde mir dies nach Anjas Tod ebenfalls gelingen.

Trotzdem überfielen mich manchmal Zweifel, ob Uwe und ich dieses Alleinsein genauso gut bewältigen würden, wie Anjas Krankheit. Wenn ich diese Zweifel Uwe gegenüber äußerte, machte er mir Mut: »Wir werden auch mit der Trauer und der Einsamkeit leben können, ich weiß es!« Sein Optimismus steckte mich an. Wir würden es schaffen, wie Margitta und Walter!

*

Mit neugierigen Augen begutachtet Anja den großen verstaubten Karton. Wir sitzen beide auf dem Fußboden, in unserer Mitte dieser interessante geöffnete Karton, in dem sich viele vergilbte Fotos aus Uwes Krabbelalter und sonstige »Schätze« wie Volksschulzeugnisse unserer Väter und meine abgeschnittenen, hellbraunen dicken Zöpfe aus längst vergangenen Kindheitstagen befinden. Einer plötzlichen Anwandlung von Ordnungssinn folgend, hatte ich den Karton zu einer Bestandsaufnahme aus dem Keller geholt. Während ich eine alte Ansichtskarte aus den fünfziger Jahren lese, versucht Anja, aus dem Karton meine Zöpfe zu angeln. Noch gedankenverloren über die Postkarte gebeugt, schüttle ich abwehrend, jedoch mit einem Schmunzeln im Gesicht, den Kopf: »Nein, meine Zöpfe dürfen nicht zerfleddert werden!« In diesem Augenblick werde ich mir bewußt, daß ich gegen die häuslichen Verhaltensregeln verstoßen habe. Anja schaut mich bestürzt an, ihre Augen füllen sich mit Tränen, die Mundwinkel zucken verräterisch, sie zieht die Hand aus dem Karton und krabbelt, zutiefst verletzt, in eine Ecke des Wohnzimmers.

Es ist bei uns im Hause verboten, im Kontakt mit Anja eine Ablehnung, die sich auf eine Sache bezieht, mit Kopfschütteln zu begleiten, da Anja jegliches Kopfschütteln als Strafe empfindet, als Zurechtweisung, für die sie keinerlei Erklärung findet und die sie traurig macht. Kopfschütteln ist reserviert als Bekräftigung für schwerwiegendere Situationen, wenn sie sich zum Beispiel in der Küche am Kochherd hochziehen will. Gibt sie aber durch ihr Verhalten zu verstehen, daß die blauen Jeans, die der Barbiepuppe passen, unbedingt ihrem doppelt so großen rotlockigen Pepe angezogen werden müssen, dann muß versucht werden, sie durch irgendeinen Trick von der unmöglichen Erfüllung dieses hartnäckigen Wunsches abzulenken. Auf keinen Fall sollte mit dem Kopf geschüttelt werden, auch nicht mit lächelndem Gesichtsausdruck, da sie dies als Kränkung und Abweisung interpretieren würde. Auch unsere Mütter und Freunde baten wir, im Kontakt mit Anja, wenn möglich, auf das automatisch erfolgende Kopfschütteln bei einer verbalisierten Verneinung zu verzichten. Aber nicht einmal Uwe und mir war es möglich, dauernd daran zu denken.

Ich folge Anja in ihre Ecke, schließe sie zärtlich in meine Arme, wir kullern sanft auf dem Fußboden hin und her, was ihr immer viel Spaß bereitet, und sie stößt einen tiefen Seufzer der Erleichterung aus. Die vermeintliche Zurückweisung ist wieder ausgebügelt. Wir krabbeln beide zum Karton zurück. Anja läßt jetzt die Zöpfe unbeachtet, zieht eine Ansichtskarte heraus und übergibt sie mir freudestrahlend. Ich nehme das Versöhnungsgeschenk, als solches war es gedacht, mit freudiger Miene an und drücke ihr Gesichtchen nochmals fest an meine Wange. Erst jetzt ist alles wieder im Lot.

Anja zieht es jetzt vor, ihrem Papi, der vor dem Computer sitzt, ihre Aufmerksamkeit zu schenken. Sie sitzt auf dem Boden neben Uwes Stuhl und zupft ihn am Hemd. Erwartungsvoll schaut sie zu Uwe hoch. Dann ein Lustschrei, der

Papi erhebt sich, geht zur Kugelbahn, nimmt die dicke dunkelblaue Murmel aus der obersten Öffnung, so daß die kleineren Murmeln alle mit Getöse durchrollen können. Uwe hat seine Pflicht getan und setzt sich wieder vor den Computer. Ein paar Minuten Ruhe sind ihm noch vergönnt, bis Anja die Murmeln wieder auf der obersten Schiene hintereinander aufgereiht hat und das Spiel von vorne beginnt. Wie oft, zwei- oder dreimal? Dann hat Uwe keine Lust mehr, gestört zu werden, und Anja wird vergeblich an seinem Hemd zupfen.

Ein harter Gegenstand unter einem Stapel Zeugnisse erweckt mein Interesse. Das ist doch ein alter Super 8-Film aus den ersten zwei Lebensjahren von Anja. Jetzt bin ich es, der Uwes Computer-Sitzung stört: »Uwe, das müßte der letzte Film sein, den du von Anja gedreht hat, als sie noch gesund war und wie andere Kinder herumgesprungen, Dreirad gefahren und die Kinderrutsche am Spielplatz hinaufgeklettert ist. Wir haben ihn nach dem Entwickeln nie angeschaut. Kurz nach dem Abschicken des Films hat Anja ihren ersten Schlaganfall erlitten. Als der Film zurückkam, haben wir ihn einfach zur Seite gelegt. In den darauffolgenden Jahren glaubten wir, daß der Schmerz uns überwältigen würde, wenn wir unser Kind mit intakten Gliedmaßen voller Lebensfreude herumtollen sehen und dann mit seinem Ist-Zustand vergleichen: Beidseitig gelähmt, der Sprache und des Gehörs beraubt. Hättest du inzwischen das Bedürfnis, dir diesen Film anzusehen und die Vernarbung der Wunde wieder aufzureißen?«

Nach dem ersten unwilligen Brummen über die Computerunterbrechung wird Uwe nachdenklich: »Nein, lasse ihn im Karton. Vielleicht werde ich ihn überhaupt nie anschauen, ich weiß es jetzt einfach nicht.« Mit den Worten: »Ich bin auch noch nicht dazu bereit«, lege ich den Film wieder an seinen Platz zurück und schließe den Karton.

Nachdem Uwes Konzentration am Computer ohnehin gestört worden ist, hat Anja wieder Erfolg beim Zupfen an Papis Hemd. Mit einem erneuten Freudenschrei begleitet sie Uwes Gang zur Kugelbahn.

HIMMLISCHE BUCHFÜHRUNG

Am siebenten Tage der Schöpfung:
Die letzten Töne des Halleluja verhallen rauschend im Äther. Gottvater wischt sich gerührt eine Träne aus den Augenwinkeln. Es nähert sich der Erzengel Gabriel.

»Herr, die Buchführung sollte noch erledigt werden!«

Gottvater irritiert:» Welche Buchführung?«

Gabriel: »Ihr wißt schon, die Mutationen, die wir auf die Menschen austeilen müssen, damit die Statistik der Mediziner stimmt!«

Gottvater, seufzend:» Eigentlich hätte ich ja lieber noch ein bißchen den Sphärenklängen gelauscht, aber Dienst ist Dienst. Welche Krankheit ist heute dran?«

Gabriel: »Mucoviscidose, Herr. Die terrestrische Statistik besagt, jeder dreitausendste Mensch wird mit dieser Krankheit geboren, und heute läuft der Termin für die dreitausendste Ausgabe ab.«

Gottvater murmelt vor sich hin: »Scheußliche Krankheit, aber ich kann die Evolutionsdynamik nicht mehr ändern. Egal welches System ich mir ausgedacht hätte, jedes hätte seine Nachteile gehabt.«

Spricht lauter zu Gabriel: »Freigabe dreitausend Mucoviscidose! Welche Krankheit kommt als nächstes?«

Gabriel: »Herr, Moya-Moya. Ihr wißt schon, jedem zwanzigmillionsten Kind müssen wir dieses Sterben auf Raten schicken.«

Auf einem weißen Schäfchenwölkchen steigt ein Elternpaar die Himmelsleiter hinauf und verharrt demütig zu Füßen des Allmächtigen.

Leise formen sie die Worte: »Herr, wir haben gelauscht. Du willst heute dein zwanzigmillionstes Soll an Moya-Moya erfüllen. Wir bitten dich inständig, erspare diesem Kind die Qual. Wir flehen dich an, setze die Statistik nur ein einziges Mal außer Kraft und warte bis zur vierzigmillionsten Ausgabe!«

Gottvater, unwillig die Stirn runzelnd: »Ich bin zwar der Allmächtige, aber die Gesetze, die ich einmal erlassen habe, kann auch ich nicht mehr umstoßen. Und außerdem würde ich mit dem einmaligen Aussetzen die Medizinstatistik auf der Erde durcheinanderbringen. Es bleibt dabei!«

Das Elternpaar senkt demütig den Kopf: »Herr, wenn es denn unabänderlich ist und wir durch unser Flehen einem Lebewesen großes Leid, Schmerzen und Siechtum nicht ersparen können, dann gib uns dieses Kind. Du hast uns in deiner weisen Vorsehung zur selben Zeit, an denselben Ort ausgesandt, damit wir zusammenfinden konnten.

Du hast uns mit enormer Kraft ausgestattet, daß wir mit diesem Kind mitleiden können:

Kraft, ihm trotz allem Leid Lebensfreude vermitteln zu können und es herzlich lachen zu lassen;

Kraft, zu akzeptieren, daß es seinen eigenen Weg wählen wird;

Kraft, es trotz aller hingebungsvoller Liebe loslassen zu können;

Kraft, mit organisatorischem Talent und Erfindungsgeist das tägliche Leben zu meistern.

Herr, gib uns dieses Kind!«

*

Anja lag auf dem Schoß eines jungen, gutaussehenden schwarzgelockten Mannes. »Schade, daß ich nicht zwanzig Jahre jünger bin, diese Position würde mir auch gut gefallen!« neckte ich ihn. Anja durfte an einer Sommerfreizeit für Schulkinder unserer Stadt teilnehmen. Mit gewohnter Zielstrebigkeit hatte ich immer wieder bei den Organisatoren angerufen und nachgefragt, ob Anja eine Woche lang vormittags mit dabei sein könnte. Irgendwann gaben sie mir, genervt durch meine Hartnäckigkeit, eine Zusage. Die anderen Kinder wurden im Bus um neun Uhr zum Freizeitgelände, grenzend an eine romantische Flußlandschaft, gefahren und um siebzehn Uhr wieder nach Hause gebracht. Diesen Service konnten wir allerdings nicht in Anspruch nehmen. Ich brachte Anja morgens mit unserem Spezialfahrzeug zum Freizeitgelände und holte sie nach drei Stunden wieder ab. Die Organisatoren sorgten dafür, daß Anja in dieser Zeit Tüten aus- und einpacken, mit anderen Kindern Ball spielen, Puppen ausziehen und soziale Kontakte erleben konnte.

Die Abwechslung im Ferienalltag kam auch mir zugute. Ich lechzte danach, eine Stunde lang auf dem Tennisplatz hin und her zu hetzen. Außerdem konnte ich zu Hause einmal in aller Ruhe Übersetzungen ausarbeiten. Um außer Küche, Kind und Krankheit neue Anregungen zu bekommen, machte ich gelegentlich Stadtführungen in mehreren Sprachen. Bekam ich nun den Auftrag, spanischen Journalisten im Museum von der spektakulären Weltfahrt eines Zeppelins zu erzählen, oder englischsprachigen Teilnehmern eines Kongresses die reizvollen mittelalterlichen Fachwerkhäuser der Insel Lindau zu zeigen, so beschäftigte ich mich tagelang mit den dazu erforderlichen Vorbereitungen.

Anja hatte inzwischen eine intuitive Spürnase dafür, welche von den Tätigkeiten, die ich im Haus durchführte, der Nahrungsbeschaffung dienten und welche der Muse. Ich konnte stundenlang in der Küche Kartoffeln schälen, Geschirr spülen oder Kuchen backen. Sie würde mir zu Füßen sitzen, in aller Zufriedenheit Töpfe und Schüsseln aus dem Küchenschrank räumen, sie mit Papierschnipsel oder Bauklötzchen füllen und wieder hineinstellen. Wann immer ich einen Topf benützte, mußte ich erst prüfen, ob er keine Spielsachen enthielt. Setzte ich mich jedoch mit einer Zeitung in der Hand auf die Couch, so kam sie wutschnaubend angekrabbelt und riß mir die Zeitung aus der Hand. Da ich ihre Angriffe schon erwartete, brachte ich meine Zeitung oder mein Buch und mich rechtzeitig in Sicherheit. Das heißt, ich rettete mich zu einem Sessel auf der gegenüberliegenden Seite des Wohnzimmers, oder ich verbarrikadierte mich hinter Tischen und Stühlen. Für die Ausarbeitung einer französischen Übersetzung, die ohne diese Trophäenjagd vielleicht eine Stunde gedauert hätte, brauchte ich verständlicherweise doppelt so lange. So konnte ich die wenigen Stunden ihrer Abwesenheit nützen, konzentriert ein Manuskript zu verfassen.

*

»Jetzt ist sie schon wieder aufs Gesicht gefallen«, rief Uwe. Die Funktion von Anjas linkem Arm fiel im Oktober 1992 immer wieder aus. Diese Infarktvariation trat zum ersten Mal auf. Nach einer ganztägigen kompletten körperlichen Schwäche, die sich bis abends wieder zurückbildete, zeigte der linke Arm eine schlaffe Lähmung. Nach Stunden war der Arm plötzlich wieder fest, so daß Anja krabbeln konnte. Plötzlich wurde er wieder schlaff. Anja, in der Annahme, sich auf den linken Arm abstützen zu können, ließ sich nach vorne kippen, um auf alle viere zu kommen und stürzte mit dem Gesicht auf den Boden. Fassungslos fing sie an zu weinen. Uwe nahm sie in den Arm zum Trösten und Kuscheln. Später versuchte sie es wieder, der Arm war steif; Stunden später nochmals lahm, und Anja schrie vor Wut und Enttäuschung. Es war so, als ob jemand in ihrem Gehirn dauernd einen Schalter betätigte. Dieses grausame Spiel des Ein- und Ausschaltens des Arms zog sich über zwei Wochen hin. Diese Inkonstanz war so belastend, daß ich mir sehnlichst wünschte – obwohl dies paradox klingt, daß der Arm schlaff bleiben möge. Anja könnte sich wieder an den neuen, wenn auch verschlechterten Zustand anpassen.

Da während dieser zwei Wochen besonders darauf geachtet werden mußte, daß sie sich nicht verletzte, wenn sie sich, im Vertrauen auf die nicht immer vorhandene Abstützfähigkeit ihres linken Armes, krabbelnd vorwärts bewegen wollte, ordneten wir einen verkürzten Schulbesuch mit zwei Stunden an. Die Lehrerin empfand es wieder einmal als Kompetenzanmaßung unsererseits und forderte ein ärztliches Attest, worauf der Kinderarzt genervt ihren Vorgesetzten auf unsere Kompetenz hinwies. Das Attest war nicht mehr nötig.

*

Interessiert betrachtet Anja die ästhetischen Bewegungen der Ballettänzerinnen. Schon öfters war uns aufgefallen, daß Anja sich bei Ballettvorführungen am Fernseher nicht ablenken ließ. Natürlich interpretierten wir dieses Interesse als Sehnsucht, die eigenen gelähmten Gliedmaßen ebenfalls in dieser Art und Weise benutzen zu können. Wir werden es nie wissen.

Nachdem der »Schwanensee« ausgetanzt war, Anja aber offensichtlich noch mehr Ballett wünschte, lege ich eine CD mit dem Kaiserwalzer auf. Anja sitzt in ihrer Lieblingsecke auf der Couch und wartet gespannt. Mit dem Einsetzen der Musik tanze ich mit sehr akzentuierten Bewegungen einen Wiener Walzer. Anja stört es nicht, daß meine Vorführung nichts Elfengleiches an sich hat wie das Fernsehballett. Sie verschluckt sich fast vor Lachen, so komisch findet sie meine Tanzkünste. Höre ich auf mit meinen Bewegungen, gibt sie mir mit einem »äh« zu verstehen, daß sie eine Zugabe wünscht. Nachdem diese tänzerischen Darbietungen für mich ungewohnt sind, ist die Privatvorstellung für Anja, sehr zu ihrem Leidwesen, bald zu Ende.

Es ist ein Geschenk, sie so herzlich lachen zu sehen.

*

Anja war mittlerweile sechzehn Jahre alt geworden. Sie wog 30 Kilogramm, war etwa 1,50 Meter groß, hatte Schuhgröße 29 und sah aus wie eine Elfjährige.

Es fiel mir immer schwerer, die nächtlichen Störungen durch Anja ohne Kreislaufprobleme am darauffolgenden Tag zu bewältigen. Wenn ich meine Arme unter ihre Arme durchschob, sie auf ihrer Brust kreuzte und sie mittels Rettungsgriff von einem Ort zum anderen schleppte, konnte ich mir keine

Schwindelanfälle leisten. Anja mußte einfach lernen, alleine in ihrem Zimmer zu schlafen.

Ich war mir bewußt, daß ich mir Vorwürfe machen würde, wenn der Tod sie nachts im Schlaf ereilen würde und Papi oder Mami wären nicht an ihrer Seite gewesen. Aber das mußten wir in Kauf nehmen. Eine Beeinträchtigung meiner Pflegefähigkeit tagsüber war nicht zu verantworten. Wider Erwarten gewöhnte sich Anja schnell an ihr Einzelzimmer. Lautäußerungen in normaler Sprechlautstärke konnte ich in meinem Schlafzimmer hören, so daß Anja auf sich aufmerksam machen konnte.

Nun warf das Schlafen in einem getrennten Zimmer vor allem praktische Probleme auf. Während der fast dreizehnjährigen nächtlichen Betreuung konnte Anja von uns stets zugedeckt werden, sobald sie außerhalb der Bettdecke lag. Sie selbst war nicht in der Lage, sie wieder bis an die Ohren zu ziehen. Wie könnte man dieses Problem zufriedenstellend lösen? Die Bettdecke an den Gitterstäben festzubinden war nicht ratsam, da Anja im ganzen Bett herumrobbte und sich morgens manchmal mit dem Kopf am Fußende befand.

Ein warm gefütterter Schlafsack? Anja war extrem kälteempfindlich. Wenn sie im Sommer bei 25 °C nur ein kurzärmliges T-Shirt trug, zeigte sich oft Gänsehaut auf ihren Armen, so daß wir ihr eine Jacke anziehen mußten, während wir uns in Badekleidung wohl fühlten.

Ich rief in einem Heim für schwer körper- und geistigbehinderte Menschen an und fragte, wie dort sichergestellt wird, daß die Heimbewohner nachts auch tatsächlich zugedeckt bleiben. Die Antwort: »Unsere Behinderten decken sich nachts nicht auf, wir haben das Problem nicht!« überraschte mich doch etwas.

Dann kam mir die Erleuchtung. Die Bilder des Astronauten Neil Armstrong, wie er in einem monströsen Raumanzug wie ein Kängeruh über die Mondoberfläche hüpft, spukten mir im Kopf herum. Ich kaufte einen großen, dick wattierten Schlafsack, schnitt ihn an der Öffnung zu beiden Seiten auf und nähte ebenso dick wattierte Ärmel ein. Der Astronautenanzug war fertig. Er war jedoch so voluminös, daß Anja nur unter allergrößten Anstrengungen ihre Schlafposition ändern konnte, wenn sie ihn nachts trug. Außerdem passte er nicht in die Waschmaschine. Und gewaschen werden mußte er, da während der »Überschwemmungsphase« die Windelkapazität bei Anja überfordert war. Den Schlafsack von Hand zu waschen war ebenfalls unmöglich, man hätte einen Hebekran gebraucht, um den mit Wasser vollgesaugten Anzug aufzuhängen.

Gewitzt durch die erste schiefgegangene Erleuchtung fertigte ich einen zweiteiligen Schlafsack aus dünnerem Gewebe. Auch diese Version erwies sich immer noch als zu unbequem für Anja. Es war immer noch erheblicher Kraftaufwand erforderlich, um sich umdrehen zu können, außerdem hielt er nicht genügend warm.

Die nächste Variante erwies sich dann als bestmöglicher Kompromiß. Wir zogen Anja im »Zwiebel-Look« mehrere dünne Kleidungsstücke, die sie auch tagsüber trug, übereinander an und deckten sie mit einem Deckbett zu. Sie gewöhnte sich an die Decke und kroch meist so geschickt im Bett umher, daß sie die Decke nicht ganz abstreifte.

*

Eine von Anjas Wonnen war es, am Wochenende oder wenn Uwe Urlaub hatte, bei ihm im Bett zu kuscheln. Zuvor hievte ich sie aus ihrem Bett – eine von Uwe gefertigte Spezialkonstuktion mit absenkbarem Holzgitter – und setzte sie auf den Boden. Zielstrebig steuerte sie auf Uwes Schlafzimmer zu und zog an seiner Bettdecke. Uwe holte sie vom Boden zu sich in sein Bett, selig seufzend kringelte sie sich unter seiner Decke ein und hielt mit ihrem Greifer seinen Hals fest. Sollte Uwe die Kühnheit besitzen, sich einmal umdrehen zu wollen, würde sie ihm solange ihre Hand auf seinen Adamsapfel drücken, bis er ihr freiwillig sein Gesicht zuwenden würde und sie wieder ihr Näschen darin versenken konnte. Aber irgendwann wollte auch der Papi einmal frühstücken.

Anja entwickelte sich zu einem Tennis-Fan – vor dem Fernseher. Versuche, sie auf den Tennisplatz mitzunehmen, waren nicht sehr erfolgreich. Sie fand es unterhaltsam, wenn wir sie in unser Spiel mit einbezogen. Nach jedem Ballwechsel mußte Uwe ihr einen Tennisball in die Hand drücken, den sie mir begeistert zuwarf. Uwe und ich hatten jedoch andere Vorstellungen von einem spannenden Tennismatch. So zogen wir es vor, sie mit der Omi oder mit Bettina, einer jungen Frau, die ein paar Straßen weiter wohnte, zum Spazierengehen zu schicken, während wir uns bemühten, unsere Vor- und Rückhand zu verbessern.

Wenn die Zeit des Abendessens näher rückte, krabbelte Anja zum Fernsehschrank, öffnete die Türe, um uns darauf aufmerksam zu machen, daß sie jetzt Fernsehen wollte, kletterte in ihre Lieblingsecke auf dem Sofa und harrte der Dinge, die da kommen würden. Meistens quengelte sie so lange, bis wir eine Tennisübertragung gefunden hatten. Hatten wir den richtigen Kanal erfolgreich gesucht, lehnte sie sich entspannt zurück. Es war dann problemlos, sie mit dem Abendessen zu füttern, da sie gar nicht registrierte, was wir alles in ihren Mund hineinschoben.

Fasziniert war sie von Boris Becker. Gab es zwei Tennisübertragungen zur gleichen Zeit und wir erdreisteten uns, vom Match mit Boris Becker auf ein anderes umzuschalten, gab es lautstarken Protest. Sie wollte Boris sehen.

*

»Was haben wir nur für eine kleine Terroristin im Haus«, stöhnte Uwe, als er das zweite Mal aus Anjas Schlafzimmer kam. Jeden Abend lief dasselbe Ritual ab. Nach der unerfreulichen Prozedur des Zähneputzens und Wickelns trug Uwe Anja in ihr Schlafzimmer. Es war einundzwanzig Uhr. In ihrem Bett warteten schon mehr als zwanzig Puppen auf ihre Ankunft. Sobald Uwe das Zimmer verlassen hatte, flog eine

Puppe nach der anderen in hohem Bogen aus dem Bett. Bei jedem Aufprall auf dem Boden dröhnte es im Erdgeschoß. Wir hatten bereits eine Flasche trockenen Hagnauer Spätburgunder geöffnet, um unsere »Freizeit« zu zelebrieren. Nach dem Aufprall der letzten Puppe begann Anja zu schreien. Uwe nahm rasch noch einen Schluck Rotwein aus seinem Glas und begab sich ins Obergeschoß. Anja wünschte um diese Zeit nur ihren Papi zu sehen. Kam ich ins Schlafzimmer, war sie absolut nicht zufrieden, nur der Papi kannte die feinen Nuancen des Einschlafrituals.

Anja starrte dann auf ihren Kleiderschrank. Dies war als Aufforderung für Uwe gedacht, ein paar rote oder türkisfarbene Socken herauszuziehen und ihr über die Füße zu streifen, auf denen sich schon andere Socken befanden. Zufrieden umklammerte sie ihn und überschüttete ihn mit Zärtlichkeiten. Uwe eilte nach unten, um mir und der Rotweinflasche Gesellschaft zu leisten.

Aber schon bald erneutes Gebrüll. Uwes Geduld wurde auf die abendliche Probe gestellt. Er wußte, daß jetzt die zweite Etappe folgte. Anja wünschte ein rosa Spitzenunterhöschen, das ich mit ihr zusammen im Supermarkt gekauft hatte, in ihrem Bett. Uwe reichte ihr das Höschen, bekundete seinen Unmut, daß er jetzt endlich seine Ruhe haben wollte, zog ihr nochmals die Bettdecke bis an die Ohren und verließ schimpfend ihr Zimmer. Mit viel Glück war es der letzte Besuch in ihrem Zimmer. Wenn er Pech hatte, folgte noch eine dritte Auflage.

Wir hatten schon versucht, nachdem Anja nie vor zweiundzwanzig Uhr einschlief, sie erst spät ins Bett zu bringen. Aber sie verstand nicht, daß Uwe und ich ab neun Uhr abends einfach Zeit für uns beide haben wollten, zum Reden, Lesen, Weintrinken und Fernsehen. Sie riß mir dann mein Buch weg und wollte ebenfalls gefüttert werden, wenn wir es uns bei Käsestangen und Schinkenbrötchen gemütlich machen wollten. Sie versuchte, den Tisch, auf dem unsere Weingläser standen, mit ihren Puppen und Spielzeugautos zu beladen. Es war das kleinere Übel, unseren »freien Abend« gelegentlich zu unterbrechen, um sie davon zu überzeugen, daß Papi und Mami in der Nähe waren, als sie an unserer Freizeit teilnehmen zu lassen.

*

Ein freudiges Lächeln zog über Anjas Gesicht. Der graue lebhafte Pudel einer alten Dame, die Anja öfters mitnimmt, wenn sie ihren Pudel Gassi führt, sprang an ihr hoch, so als ob er ihr ›Guten Tag‹ sagen wollte. Das Dreiergespann würde am Fluß entlang seine Runden drehen, Anja immer Ausschau haltend nach dem herumtollenden Pudel. Wehe, Frau B. würde sich erlauben, den Buggy anzuhalten, um mit einer Nachbarin einen Plausch zu halten. Ein Protestgeschrei würde sie zum Weiterschieben veranlassen. Immer wieder würde sie Anja ganz langsam und betont »Mama« vorsagen, in der Hoffnung, daß Anja es irgendwann nachsprechen würde.

Es war schwierig, Außenstehenden die Ursachen einer zerebralen Taubheit zu erklären. Unter Gehirntaubheit versteht ein Nichteingeweihter normalerweise ein funktionsunfähiges Gehör, ebenso wie bei zerebraler Blindheit eine Fehlfunktion der Augen. Daß man nicht sehen und nicht hören kann, obwohl die Sinnesorgane peripher einwandfrei arbeiten, weil die »Dekodierungszentrale« im Gehirn entweder zerstört oder gar nicht vorhanden ist, ist meist nur schwer verständlich. Ich versuchte meist mit einer Computer-analogen Erklärung den Unterschied verständlich zu machen:

Zerebrale Taubheit

Die Tastatur und das Zuführungskabel ist intakt (Ohr oder Auge), im Computer ist aber kein Programm eingespeist (Gehirn). Ich kann noch so viel auf der Tastatur herumtippen, eine Information kann nicht eingegeben werden.

Periphere Taubheit

Das Programm im Computer (Gehirn) ist vorhanden, aber die Tastatur oder das Zuführungskabel (Ohr oder Auge) ist nicht vorhanden oder defekt. Das letztere ist die am häufigsten vorkommende Blind- bzw. Taubheit.

Die Auswirkungen der einen oder der anderen Variante sind gleich fatal.

Obwohl Anja akustische Signale nicht mehr zuordnen konnte, schienen bestimmte musikalische Tonfrequenzen sie zu berühren. Während sie musikalische Klänge aus der Dose (Radio, Fernseher, CD) gar nicht zu registrieren schien, entlockte es ihr ein Schmunzeln, wenn wir ihre Spieluhr aufzogen und der Maikäfer seinen musikalischen Flug abspulte.

Ein aussagekräftiger Beweis für eine Restempfänglichkeit für Musik war dies jedoch nicht, da sie uns immer bei der Tätigkeit des Aufziehens der Spieluhr beobachtete und dieser Vorgang vielleicht eine verschüttete Erinnerung wachgerufen hat. Wir hatten die Spieluhr nie hinter ihrem Rücken aufgezogen. Eindeutig war jedoch ihre Vorliebe, auf dem stets für sie geöffneten Klavier wie entfesselt auf den Bass-Tasten herumzuhämmern, um dann beifallheischend auf Applaus zu warten. Sie schien offensichtlich die niederen Frequenzen der Bass-Töne wahrzunehmen und als angenehm zu empfinden. Die Klaviertasten mit hohen Tönen interessierten sie nicht.

*

Anjas Lächeln bezauberte. Nicht nur uns. Durch ihr hübsches Gesichtchen mit der natürlichen Mimik und dem manchmal zurückhaltenden Lächeln, manchmal herzhaften Lachen, fand sie leicht Zugang zu Erwachsenen, die im Umgang mit ihr häufig die Baby-Sprache benutzten, weil ihre ganze Erscheinung mehr dem »Kindchen-Schema« entsprach. »Ei, wo isser denn, der Spatz!« wurde sie manchmal begrüßt. Nachdem sie ja nur die liebevolle Stimme und das ihr freundlich zugewandte Gesicht interpretieren konnte, nicht aber den Inhalt der Worte verstand, zeigte sie einfach eine freudige Reaktion und fuchtelte mit dem Arm herum.

*

In der Küche angelte ich gerade eine dicke knorrige Kartoffel aus dem Kartoffelsack, um sie zu schälen. Ein Kichern im Wohnzimmer. Aha, Anja hatte das Stückchen Schokolade entdeckt, das ich – nur ganz lose eingewickelt, da sie sonst das Papier nicht entfernen konnte – in eine Tüte gesteckt hatte. Auch Anja, wie jedermann, freute sich über unerwartete Geschenke.

Ich wußte, was jetzt passieren würde. Sie würde mit der Schokolade zu dem großen Spiegel hinkrabbeln, den wir in ihrer Augenhöhe angebracht hatten, damit sie sich ausgiebig bewundern konnte, falls sie dazu Lust hatte. Dann würde sie sich hinsetzen, die Schokolade genüßlich in ihren Mund stopfen und sich im Spiegel dabei beobachten.

Spätestens zu diesem Zeitpunkt mußte ich erscheinen, um ihr etwas zu trinken zu bringen. Sonst würde ein Teil der Schokolade beim Weiterkrabbeln aus dem Mund tropfen und eine braune, klebrige Spur auf dem Teppichboden hinterlassen. War Anja guter Laune, nahm sie freiwillig einen Schluck Saft. Hatte sie jedoch das Gefühl, mit mir »noch ein Hühnchen rupfen« zu müssen, verweigerte sie das Trinken und wir näherten uns einer Konfrontation. Meist endeten diese Auseinandersetzungen mit großem Gebrüll auf beiden Seiten, die Schokolade war dann gleichmäßig über uns beide verschmiert.

Das war die Würze des Lebens, der ganz normale Alltag.

Hatten wir beide unsere Aggressionen wieder abgebaut und die Schokoladenspur beseitigt, kam die letzte und schönste Etappe, die große Versöhnung. Anja vergrub ihren Kopf in meiner Halsbeuge, ihr hellbraun gefärbter Speichel tropfte direkt in mein T-Shirt, dann überschüttete sie mich mit vielen klebrigen Zärtlichkeiten.

Heute würde es keine Schokolade mehr geben. Vielleicht morgen oder übermorgen.

*

»Darf ich Ihnen nochmal Kaffee nachgießen?« fragte ich höflich Frau U., Anjas neue Betreuerin in der Schule. Ich hatte sie zu uns nach Hause gebeten, wie wir es zu Beginn jedes Schuljahres mit der neuen Lehrkraft immer zu tun pflegten, um sie über Anjas Krankheit und die damit verbundene Problematik zu informieren. Nur ein einziges Mal waren wir seit Anjas Schulaufnahme auf eine einfühlsame Betreuerin gestoßen. Wir waren Frau B. dankbar für dieses Jahr ohne Auseinandersetzungen. Inzwischen hatten wir die Hoffnung schon fast aufgegeben, nochmals auf eine verständnisvolle Lehrkraft zu treffen.

Wir zeigten Frau U. verschiedene praktische Handgriffe, wie man Anja am besten in den Buggy setzt und wieder herausnimmt. Wir machten sie darauf aufmerksam, daß man beim Anziehen der Jacke zuerst mit dem stark spastischen linken Arm in den Jackenärmel fahren muß und beim Ausziehen genau umgekehrt. Daß bei plötzlich auftretenden Verschlechterungen von Anjas Gesundheitszustand wir entsprechende Anweisung für Veränderungen im Schulalltag geben würden.

Bei diesen Antrittsbesuchen hatte sich jede Lehrkraft kooperationswillig gezeigt, so daß wir aus dem Verhalten von Frau U. keinen Schluß auf das kommende Schuljahr ziehen konnten.

Vielleicht hatte ich bei diesem Vorbereitungsgespräch einen besonders guten Kaffee gereicht. Die Schulzeit mit Frau U. als Betreuerin erwies sich als paradiesischer Zustand.

Ich hatte mit Frau U. telefoniert, um sie zu befragen, welche Temperatur das Wasser im Schwimmbad der Schule hätte. Uwe und ich hatten uns überlegt, ob vielleicht zu niedere Wassertemperaturen die Kolikbereitschaft bei Anja beeinflussen könnten. Die von Frau U. genannte Wassertemperatur von etwa 28° C sollten bei Anja eigentlich nicht zu einer Auskühlung führen, vor allem da Anja voller Begeisterung im Wasser planschte, sich also aktiv bewegte. Spontan erklärte sich die neue Lehrkraft bereit, nach dem Baden eine Wärmeflasche auf Anjas Bauch zu legen. Vielleicht würde die Wärme dazu beitragen, die Koliken nicht auftreten zu lassen. Es zeigte sich jedoch, daß die Wärmeflasche die urologischen Störungen nicht eindämmen konnte.

Wir waren erleichtert, mit Fau U. eine Lehrkraft gefunden zu haben, die nicht Schulregeln und vorgesehene Fördermaßnahmen in den Vordergrund stellte, denen sich alle Eltern und Kinder unterzuordnen hatten, sondern Anjas Wohlbefinden. Es war für sie kein Problem, zu akzeptieren, daß wir als Eltern unser Kind am besten kannten und Symptome richtig deuten konnten. Wir waren dankbar für ihr Einfühlungsvermögen.

*

Ab Januar 1995 traten die Koliken mit Harnverhalten mehrere Male im Monat auf. Durch Zufall entdeckten wir, daß die Störungen sich durch sofortiges Katheterisieren beheben ließen. Wir hatten den Urologen gebeten, Anja zu katheterisieren, um auszuschließen, daß sie vielleicht schon seit längerer Zeit einen Harnwegsinfekt mit sich herumschleppte. Wir waren verdutzt. Die Koliken hörten sofort nach diesem Eingriff auf, der Harnstau war behoben. Ein Infekt lag nicht vor, dies ergab die Auswertung der Urinproben.

Kam Anja um zwölf Uhr mit diesen Störungen nach Hause, krabbelte sie häufig in ihr Zimmer, setzte sich vor den Medikamentenschrank, der außerhalb ihrer Reichweite war, und starrte ihn an. Ich mußte dann die Box mit den Injektionsnadeln herausnehmen und auf den Tisch stellen. Dann begab sie sich zu ihrer Matratze und fixierte angestrengt die Türe, in Erwartung der Krankenschwester, die ihr die Spritze geben würde.

Sollten die Koliken anstatt mit Medikamenten oder extremer Flüssigkeitszufuhr sich mit dem Katheterisier-Verfahren beheben lassen, wäre dies für sie weitaus angenehmer, als die Nebenwirkungen der Medikamente zu ertragen. Damit ich unabhängiger von der Hilfe durch den Urologen und der Krankenschwester würde, gab mir der Arzt Unterricht im Katheterisieren. Dies war bei Anja nicht so einfach wegen ihrer urogenitalen Mißbildungen.

Anja lag entspannt auf der Matratze, und der Urologe zeigte mir die Handhabung des Katheters. Ich war daraufhin auch in der Lage, diese Prozedur alleine durchzuführen, jedoch nur, wenn Anja dies zuließ und sich entspannte. Sperrte sie sich dagegen, dann konnte man auch nicht mit Hilfe einer weiteren Person Urin ablassen. Sie muß verstanden haben, daß dieser Vorgang ihr die Schmerzen wegnahm. Meistens war schon der erste Versuch erfolgreich.

»Wäre es denkbar, daß dieser häufige Harnstau zu einem Nierenversagen führen könnte?« fragte ich schweißgebadet nach meiner ersten Lektion im Katheterisieren den Urologen. Uwe legte Anja wieder eine Windel an und zog ihr die Jogginghosen hoch. Wir saßen alle um Anja herum, die – nachdem sie schmerzfrei war – diese ungeteilte Aufmerksamkeit in vollen Zügen genoß und schon wieder kicherte.

»Abhängig von der Dauer des Harnstaus und weiteren Infarkten, könnte dies durchaus eintreten«, bestätigte er meine Befürchtungen. »Wie schlimm ist das Sterben an einem Nierenversagen?« fragte ich weiter. »Es ist, salopp ausgedrückt, ein angenehmer Tod«, führte er weiter aus, »wenn ich mir die Krankheit aussuchen könnte, an der ich einmal sterben werde, so würde ich mir Nierenversagen wünschen. Der Kranke fällt langsam in ein Koma, er wird keine Qualen erleiden.«

Alle Eltern hegen Wünsche für die Zukunft ihrer Kinder:

Ein gestreßter Wall-Street-Banker kann sich noch nicht entschließen, ob er seinen hoffnungsvollen, behüteten Sprößling lieber Jura oder Wirtschaftswissenschaften studieren oder als gefeierten Dirigenten sähe.

Die Mutter einer pubertierenden jungen Dame mit grünem Punkerkamm schwankt noch zwischen Ballettänzerin, Ehefrau eines Großindustriellen oder Mathe-Lehrerin als Zukunftsvision für ihre Tochter.

Uwe und ich wünschen uns den sanftest vorstellbaren Tod für unser Kind: Einfach nicht mehr aufzuwachen aus einem tiefen Schlaf. Wenn dies nicht möglich ist, hoffen wir, daß

Anja den am wenigsten qualvollen Tod sterben wird: den Tod durch Nierenversagen.

Aber Kinder tun dann sowieso das, was sie für richtig halten, und nicht das, was die Eltern sich für sie wünschen.

Anja würde selbst ihre Entscheidung treffen.

*

Die Dämmerung brach langsam herein und verfärbte den Himmel über dem grünen Blätterdach des Nußbaums zartrosa. Wir saßen im Halbdunkel des Wintergartens. Anja auf Uwes Schoß. Mit ihrem Greifer um seinen Hals ließ sie ihm keine Chance, der Speichelberieselung zu entkommen. Nachdem sie gerade keine »Papi-Phase« hatte, konnte ich mich auch dazusetzen. Uwe stöhnte: »Immer auf die Kleinen, bald bin ich plattgedrückt wie eine Briefmarke!« Anja verteilte jetzt im Wechsel ihre feuchten Zärtlichkeiten, die mit zufriedenem Glucksen auf Uwes und meine Wange gestreift wurden. Im Krankenhaus würden sie wieder spöttisch sagen: »Sieh da, die heilige Familie!«

Uwe faßte meine Hand: »Es ist gut so, wie es ist.« Sein Blick schweifte über das Blätterdach des Nußbaums, das sich jetzt nur noch als schwarzer Scherenschnitt vor dem graugrünen Hintergrund abzeichnete. »Ja«, erwiderte ich, »es ist gut so, wie es ist. Uns geht es gut!« Dann schwiegen wir wieder.

Wir hingen vermutlich beide denselben Gedanken nach:

Der Erkenntnis, daß Planetensysteme, unser Kind, wir beide und der Regenwurm zwischen den Wurzeln des Baumes derselben Schöpfung angehören und derselben Dynamik unterliegen. Wir fühlen uns eingehüllt, eingebettet in dieses *Eine*. Diese kurze Frist, die uns zugeteilt wurde, in unserer jetzigen Erscheinungsform Teil der Schöpfung zu sein, nützen wir, um so viel Freude wie möglich selbst zu erfahren und unserem Kind zu geben und – falls es in unserer Macht steht – Leid zu verhindern. Wichtig ist das *Jetzt*. Wir wissen nicht, ob morgen unser Kind noch leben wird, ob wir beide noch leben werden. Wir erlauben uns, jetzt glücklich zu sein, obwohl unser Kind schwer krank ist. Vor Anjas erstem Schlaganfall war der ersehnte Glückszustand des öfteren an Konditionen gebunden: Wenn Anjas Probleme mit der Darmverengung behoben wären, wenn der Ärger im Büro nicht wäre usw., dann könnten wir rundum glücklich sein. Heute im Bewußtsein unserer Endlichkeit können wir das Glücklichsein nicht mehr auf morgen verschieben. Es könnte morgen schon zu spät sein.

Das Leben muß heute knistern.

Diese Erkenntnis, umgesetzt in die Praxis, bedeutete an diesem Abend:

Wir lassen uns von Anja zur Teilnahme an einem ihrer langweiligen Klötzchenspiele animieren, um ihr eine zusätzliche Freude zu bereiten.

Wir trinken später lieber eine Spätlese als einen Landwein und essen dazu drei Essiggurken anstatt nur eine. So einfach ist das.

Jedoch Weltanschauung hin, Religion her – wenn Anja sich in Schmerzen krümmt, helfen keine philosophischen Erkenntnisse. Das Mitleiden mit unserem Kind vernebelt alle Sinne.

Ihr Schmerz war auch unser Schmerz.

»Über eines bin ich mir sicher«, unterbrach ich die Stille, »wenn Anja nicht mehr leben wird, werde ich mir nie Selbstvorwürfe machen, daß ich ihr zuwenig gegeben habe.«

Ich sollte mich irren.

»Alles, was wir ihr geben, ist ein freiwilliges Geben, ohne dabei das Gefühl zu kennen, etwas versäumt oder verpaßt zu haben. Deshalb sind wir auch eine fröhliche und keine griesgrämige verbitterte Familie. Jegliches Mehr – häufigeres Beteiligen an Anjas Spielen oder Ausgehen zum Pizza-Essen – wäre ein «Opfer» und würde langfristig Ressentiments des «Zukurzkommens» unsererseits auslösen«.

Anja waren all diese Gedanken gleichgültig. Ihr Kosmos waren Papi und Mami, und dieser Kosmos würde ihr bis zu ihrem Tode Geborgenheit geben.

Sobald sie genug haben würde von unserer Schmusestunde, würde Uwe mit gutem Gewissen am Computer sitzen – die zusätzliche Klötzchen-Spieletappe würden wir noch absolvieren –, ich würde ein Buch lesen, und Anja würde versuchen, abwechselnd Uwe und mich in unserer Tätigkeit zu stören. Wenn wir Glück hatten, würde sie – je nach Laune – ohne sich um uns zu kümmern, farbige Stifte in ein Gitter stecken oder wieder Papierschnitzel produzieren.

*

Nach Paragraph 211 des deutschen Strafgesetzbuches, ebenso nach den »Richtlinien der Bundesärztekammer für die ärztliche Sterbebegleitung« ist es Ärzten nur erlaubt, bei einem Sterbenden mit irreversiblem Versagen einer oder mehrerer vitaler Funktionen, bei dem der Eintritt des Todes in kurzer Zeit zu erwarten ist, auf lebenserhaltende Therapien wie Medikamente, Flüssigkeitszufuhr oder Sondenernährung zu verzichten.

Während der mehr als vierzehn Jahre dauernden Krankheitsphase unseres Kindes hatten wir uns mit etwa fünfzehn Schulmedizinern beraten. Kein einziger dieser Ärzte sah sich einer Pflichtenkollision zwischen der Forderung des Gesetzgebers nach Lebenserhaltung und unserer Forderung, unserem Kind keine Lebenspflicht aufzubürden, ausgesetzt. Nur ein einziges Mal wurde von einer jungen Ärztin in einem Klinikbericht eine mißbilligende Haltung dokumentiert: »Wie wir inzwischen erfuhren, kam es in der ersten Oktoberwoche zu einer *Parese* der linken Seite, wobei die Eltern eine erneute stationäre Aufnahme ihres Kindes in irgendein Krankenhaus abgelehnt hätten.«

Auf unsere stereotype Frage, die wir allen ärztlichen Beratern stellten: »Wie würden Sie handeln, wenn Anja Ihr Kind wäre?« erfuhren wir die Bestätigung, daß unser Verhalten den Interessen unseres Kindes am besten gerecht würde und sie, die Ärzte, in einer vergleichbaren Situation bei ihren eigenen Kindern ebenso handeln würden.

Wir mußten stets damit rechnen, daß sich bei Anja eine Schlucklähmung nicht mehr zurückbilden würde. Hätten die Folgen einer solchen *Hypoglossusparese* bei Anja zum Tode geführt, wären die Lebensstationen unseres Kindes ebenfalls von mir aufgezeichnet worden, um seine Freuden und Leiden nochmals mit größter Intensität in uns wachzurufen und für immer einzuprägen. Die Aufzeichnungen wären jedoch nie an die Öffentlichkeit gelangt, um den vielen uns beratenden Ärzten und uns selbst nicht zu schaden. Das juristische Fallbeil der »unterlassenen Hilfeleistung« hätte durchaus von einem gnadenlosen Zeitgenossen aktiviert werden können.

Aber Anja war so rücksichtsvoll, uns nie dieser Möglichkeit auszusetzen. In den lebensbedrohenden Situationen, die eine Lebensverlängerung faktisch ermöglicht hätten, entschied sie sich für das Leben. Ihren Tod würde sie so wählen, daß er durch keinerlei medizinische Maßnahme mehr aufzuhalten wäre.

Wir sind sicher, daß es andere Eltern gibt, die dazu neigen, in einer vergleichbaren Situation ebenso wie wir zu handeln, d. h. die Entscheidung über ein Ja zum Weiterleben ihrem Kind zu überlassen, um ihm nicht durch eine aufgezwungene Lebenspflicht jegliche Entscheidungsmöglichkeit zu nehmen. Ebenso glauben wir, daß es sehr selten vorkommt, daß ein Arzt den ersten Schritt unternimmt und den Eltern nahelegt, wie es bei uns der Fall war: »Nehmen Sie Ihr Kind nach Hause, und lassen Sie es in Ihrer Geborgenheit und Ihren Armen sterben«.

Eltern sollten mutig auf die Ärzte zugehen und ihre Überlegungen artikulieren, welches Vorgehen ihrem Kind vermutlich am wenigsten Leid verursachen würde. Wenn mindestens drei Schulmediziner zu Rate gezogen worden sind, können Eltern sicher sein, daß sie sich nicht ins Abseits der in unserem Kulturkreis praktizierten medizinischen Interventionen manövriert haben. Ohne jetzt den sogenannten »alternativen Ärzten« mit nicht schulmedizinisch sanktionierten Heilungsmethoden zu nahetreten zu wollen, sollte darauf geachtet werden, daß die Ratgeber wirklich die aktuelle Schulmedizin vertreten. Nur so ist sichergestellt, daß allgemein anerkannte Therapien genügend Berücksichtigung gefunden haben. Eltern werden wohl erst bei einer hoffnungslosen Prognose ihrem Kind die Entscheidung über sein Leben überlassen.

Auch wir hatten während der Suche nach einer effektiven Therapie für unser Kind Hoffnungen in Wunderheiler gesetzt, allerdings nicht anstatt, sondern zusätzlich zu operativen Eingriffen. Anja schlief zeitweise auf einem Kissen, gefüllt mit getrockneten Brennesseln, empfohlen von einem Heilpraktiker, um eine bessere Durchblutung des Gehirns zu erzielen. »Rescue«-Tropfen aus der Bachblüten-Therapie, wärmstens angepriesen von einer Krankenschwester, sollten die Koliken eindämmen, ebenso wie homöopathische Belladonna-Tropfen, verschrieben von einer Schmerztherapeutin. All diese Naturheil-Maßnahmen können – wenn sinnvolle schulmedizinische Therapien zur Heilung der Grunderkrankung sich als fruchtlos erwiesen haben – für Eltern und Kind Balsam für die Seele sein, da sie dem menschlichen Bedürfnis nach Aktivität und Beeinflussung unerfreulicher Lebensumstände entgegenkommen.

Entscheidend ist, welche Maßnahme dem Kind langfristig am wenigsten Leid zufügt. Nicht immer verderben viele Köche den Brei. Je mehr Ärzte verschiedener Disziplinen als Berater zu diesem Entscheidungsprozeß hinzugezogen werden können, je größer die Wahrscheinlichkeit, die bestmögliche Lebensqualität für das Kind zu finden.

Wobei der Berater wirklich auch als solcher zu verstehen ist. Für eine unabhängige Beurteilung ist es von Vorteil, wenn der beratende Arzt weiß, daß er nicht zur Behandlung hinzugezogen werden wird, sondern nur sein kompetenter Rat gefragt ist. Auch bei Organtransplantationen wird der Hirntod des Organspenders nicht vom Transplanteur verifiziert, sondern von einem nicht involvierten Arzt. So können belastende Situationen vermieden werden, wie sie auch für uns zu Beginn unserer verzweifelten weltweiten Suche nach Heilung für unser Kind aufgetreten sind. Wir erhielten einen bitterbösen Brief eines Schweizer Professors für Neurologie, in dem er uns für das Fortschreiten der Erkrankung bei Anja verantwortlich machte. Seine Aussage: Hätten wir die von ihm empfohlene intra-extracranielle Bypass-Operation, die er selbst an seinem Institut vornehmen wollte, durchführen lassen, wären weitere Schlaganfälle nicht aufgetreten.

Woher sollen Eltern ohne medizinische Vorbildung wissen, ob mit großem Nachdruck angepriesene Behandlungsmethoden nur experimentellen Charakter haben? Bei sehr seltenen Erkrankungen oder unsicherer Prognose gibt es auf alle Fälle mehr Sicherheit bei der Entscheidungsfindung, wenn Therapievorschläge mehrerer kompetenter Berater sich decken. Geben mehrere Spezialisten unterschiedliche Therapieempfehlungen – wodurch der experimentelle Charakter offenkundig wird –, können Eltern bei entsprechender Hintergrundinformation wenigstens die Methode auswählen, die die wenigsten Risiken birgt und ihr Kind am wenigsten belastet.

Bevor Fleming 1928 das Penicillin entdeckte, sah sich niemand dazu gezwungen, sich den Kopf darüber zu zerbrechen, ob es ethisch vertretbar sei, einem unheilbar kranken Kind mit äußerst reduzierter Wahrnehmungsfähigkeit bei einer Lungenentzündung das lebensrettende Antibiotikum vorzuenthalten. Die ethischen Werte der industrialisierten Länder sind seither der ständigen Adaption an neues medizinisches High-Tech unterworfen.

Die Sichtweisen: Vorrang der Lebensqualität oder Vorrang der Lebensquantität sind gleichberechtigt. Ausschlaggebend sind die Signale, auch wenn sie nur subjektiv interpretiert werden können, die von einem solchen Kind ohne kognitive Fähigkeiten ausgehen.

Eltern können ihr Mitleiden ausdrücken, indem sie der Dauer menschlichen Lebens die höchste Priorität zuweisen. Hierbei werden auch massivste Leidenssymptome in Kauf genommen zugunsten einer möglichst langen Lebensspanne. Nur wenn die Lebensquantität mit allen verfügbaren Mitteln ausgeschöpft wird, läßt sich das »Gewissen« beruhigen, auch wirklich alles getan zu haben, um das höchste und absolute Gut, die physische Existenz, verlängert zu haben.

Das Mitleiden kann sich ebenso manifestieren, wenn den Freuden und der Qualität menschlichen Lebens die höchste Priorität eingeräumt wird: das Kind in der Geborgenheit der häuslichen Umgebung zu belassen – die Befriedigung eines Grundbedürfnisses –, seine Schmerzen zu lindern bzw. zu nehmen, ohne ihm eine Lebenspflicht aufzubürden, z. B. durch künstliche Ernährung.

Es wäre natürlich Augenwischerei anzunehmen, daß die Interpretation dieser Signale nicht geprägt oder zumindest beeinflußt wird von der emotionalen Disposition der Eltern.

Eltern mit einem unheilbar kranken, nicht artikulierungsfähigen Kind, die der Lebensdauer ihres Kindes die höchste Priorität einräumen, werden dessen Botschaften in dem Sinne verstehen, daß das Kind jede quälende Maßnahme in Kauf nimmt, um weiterleben zu können.

Eltern, die in der gleichen Situation Maßnahmen wie z. B. die Dauerbeatmung mittels Trachealkanüle als Leidensverlängerung ihres Kindes ansehen, einen Schritt, den sie sich selbst nicht zumuten würden, werden aus dem Verhalten ihres Kindes zwangsläufig eine Ablehnung ablesen.

Mit diesen beiden *gleichberechtigten* Formen des Mitempfindens und Reagierens müssen sich Betroffene immer wieder aufs neue auseinandersetzen. Viele Leser werden zu irgendeiner Zeit dazugehören. Wenn Vater, Mutter, der Partner oder das über alles geliebte Kind sich in einer aussichtslosen Krankheitssituation befinden und sich nicht mehr selbst äußern können, wird mancher Leser darüber nachdenken müssen, auf welcher Ebene sich sein Mitfühlen entwickeln wird.

BEITRÄGE VON FREUNDEN UND ÄRZTEN

Ich habe einige unserer Freunde, die Anja während der Ferien ein paar Stunden betreut haben, gebeten, sie aus ihrer Erinnerung heraus zu beschreiben. Sie haben Anja nur erlebt, wenn es ihr gut ging und können somit ein vorwiegend heiteres Bild von ihr zeichnen. Wie die meisten Menschen zeigte Anja außer Haus, mit wenigen Ausnahmen, ihre Schokoladenseite, und es wird interessant sein, welche Erinnerungen Bettina und Martin Staiber, Paula und Erich Frischknecht sowie Gertrud und Rudolf Hummel zurückbehalten haben.

Ein weiteres Anliegen war mir, einige der vielen Ärzte, die uns mit viel Einfühlungsvermögen jahrelang betreut und beraten haben, dazu zu gewinnen, ihre Sicht des Lebens- und Leidensweges von Anja zu beschreiben. Sie sind ein wichtiger Beitrag zum Verständnis unseres Entschlusses, Anja die Entscheidung über ihr Leben und ihren Tod zu überlassen.

Dr. med. Stefanie Zeller – Ärztin für Allgemeinmedizin

Im Rahmen eines ärztlichen Wochenenddienstes lernte ich Anja und ihre Eltern kennen. Ihre besondere Situation und auch ihre besondere Art, damit umzugehen, berührten mich sehr. Als Ärztin mit eigenen Kindern fühlte ich mich gleichzeitig als Medizinerin und als Mutter angesprochen.

Vom medizinischen Standpunkt ist meines Erachtens festzuhalten, daß Anjas Lebensaussichten, nach allem, was man bisher über ihre seltene Krankheit weiß, sehr schlecht, ja hoffnungslos waren, daß man ihr keine kausale, sondern nur eine symptomatische Behandlung anbieten konnte. Die Anja betreuenden Ärzte mußte sich besonders davor hüten, der Faszination des außergewöhnlichen »medizinischen Falles« zu erliegen und Anja so zum Objekt medizinischer Wissenschaft und Neugierde zu machen. Hier sehe ich das besondere Verdienst von Anjas Eltern. Konsequent prüften sie jeden Vorschlag, jede neue Situation auf die grundlegende Frage hin: »Verhilft das unserem Kind zu einem glücklichen, erfüllten, schmerzarmen Leben?«

Lebensqualität statt Lebensverlängerung stand bei allen Entscheidungen im Vordergrund. Dabei bedeutete Lebensqualität nicht nur Schmerzfreiheit und gute Pflege, sondern auch liebevolle Zuwendung in Form von Streicheln, Spielen, Erzählen, Lachen, Weinen, Spazierengehen, Sonne, Wasser, Wind usw. Kurz, Anja sollte in ihrem zeitlich begrenzten Leben möglichst viel Liebe, viel Schönes, viel Erfüllendes mitbekommen, bei möglichst wenig Leiden.

Auf ihrem schwierigen Weg fanden Anjas Eltern manche Weggefährten unter Ärzten und Freunden. Die Entscheidung, Anja unter allen Umständen zu Hause zu behalten, war nur möglich mit ärztlicher Unterstützung in Krisensituationen. Der Kontakt zu Freunden und die gegenseitige Unterstützung halfen mit, die enorme seelische Belastung zu ertragen.

Alfred Heinrich – Urologe

Zunächst lernte ich Frau Staberoh kennen. Sie kam in meine Praxis, sagte, daß sie Anja nicht in die Praxis bringen könne und wolle und daß sie nur Unterstützung bei den Harnverhalten von Anja suchte.

Ich reagierte zunächst innerlich ablehnend, da ich einem Patienten gerne persönlich gegenübersitze und nicht gut akzeptieren kann, daß nicht ich, der Arzt, die medizinischen Weichen stellt.

Dann erfuhr ich, worum es ging. »Moya-Moya« – nie gehört! Als mir die Staberohs ihr Wissen zur Erkrankung und ihre Gedanken zur Pflege und über den Weg, den sie mit Anja beschritten hatten und beibehalten wollten, näher brachten, begriff ich, daß ich hier nur unterstützend tätig werden sollte und durfte.

Ich denke, daß ich bei Anja kein Recht hatte, mich als Arzt, als Moralist einzumischen und nicht ethisch zu diskutieren hatte. Ich weiß, es gibt zwar ein Recht auf Leben, aber keine Pflicht dazu.

Arzt beiseite, als Vater hätte ich genauso gehandelt und meinem Kind eine sinnlose Krankenhauskarriere und eine Sterbensverlängerung erspart.

Rupert Meister – Orthopäde

Ich habe Anja erstmals im August 1992 kennengelernt, nachdem mich die Eltern gebeten haben, für Anja eine orthopädisch angepasste Sitzschale für einen Buggy zu gestalten, der ihr eine bessere Beweglichkeit im Freien sichert, bzw. einen Transport außerhalb des Hauses ermöglicht.

Anja war damals gerade vierzehn Jahre alt geworden und stellte für mich eine weitere, neue Erfahrung in meiner orthopädischen Tätigkeit dar.

Neu für mich war nicht nur der Name »Moya-Moya«, sondern auch das klinische Bild einer hochgradigen, spastischen Bewegungseinschränkung mit ausgeprägter Fehlstellung der Wirbelsäule, sowie die Unfähigkeit des Sprechens und scheinbarer Kommunikationslosigkeit und die rasch gewonnene Erkenntnis, daß wirklich heilende Maßnahmen nicht bestehen.

Ich habe Anja kennengelernt als ein hochgradig in der Bewegung eingeschränktes Kind, welches ständig auf die Fürsorge ihrer Eltern angewiesen war. In der häuslichen Umgebung habe ich gelernt, welche Einschränkungen bestanden. Unter hilfreichen Ideen der Eltern und des Orthopädiemechanikers glückte es nach einigen vergeblichen Versuchen, für Anja einen Wagen mit einem ausreichenden Komfort zu konstruieren, der es ermöglichte, von den Eltern im Freien geschoben zu werden.

Die Besonderheit der Behandlung und eine wesentliche Erkenntnis in der Zeit mit Anja war das Einbeziehen der Eltern und von Anja auf besondere, nonverbale Weise. Da sich Anja zu unseren Bemühungen nicht äußern konnte, habe ich mich auf andere, auch wesentliche Informationsübertragung, so zum Beispiel Gefühle und Ausstrahlung des Kindes verlassen.

Auch heute bin ich der Überzeugung, daß unser Vorgehen richtig war. Für mich war es eine Erfahrung zu sehen, in welcher Geborgenheit Anja in ihrem letzten Lebensabschnitt von den Eltern getragen wurde. Ich habe Anja in Erinnerung als ein liebenswürdiges menschliches Wesen. Trotz ihrer doch so ausgeprägten Einschränkung konnte Anja vermitteln.

Die Botschaft bleibt unvergessen.

Dr. Wolfgang Böhner – Zahnarzt

Anfang 1984 wurde mir Anja im Alter von fünfeinhalb Jahren erstmals vorgestellt. Ich war damals als zahnärztlicher Assistent in der Stiftung Liebenau, einem Heim für Mehrfachbeinderte, tätig. Bei einer Zahnsanierung in Narkose wird nun nicht einfach losgelegt, sondern es werden gerade im Behindertenbereich alle verfügbaren medizinischen Daten zusammengetragen, um unter Berücksichtigung möglichst vieler anatomischer, neurologischer und stoffwechselbedingter Anomalien das Narkoserisiko abschätzen zu können. Hierbei tauchte plötzlich die Diagnose »Moya-Moya«-Syndrom auf, und ich hatte momentan keine Ahnung, was das sein sollte. Mit schlechtem Gewissen machte ich mich an der Universität Tübingen sachkundig und bekam dort erklärt, daß davon seinerzeit etwa fünfzehn Fälle in der Welt bekannt seien, und daß man darüber auch nicht allzuviel wisse. – Meinem Gewissen ging es besser. – Wohl sei aber bekannt, daß es sich um eine Blutgefäßanomalie im Bereich des Gehirns handle.

So fällte unser Anästhesist die zu erwartende klare Entscheidung: Eine Narkose ist bei Anja nicht möglich. Das Risiko, einen tödlichen Gehirnschlag zu erleiden, sei indiskutabel hoch, ja sogar zu groß für eine normale zahnärztliche Behandlung, bei der durch Angst und vergesellschaftete Aufregung die gleiche Gefahr bestand. Jetzt meldete sich mein Gewissen wieder: Einerseits Schmerzen im Vorfeld verhindern, eventuell bestehende beseitigen zu wollen, andererseits für das Kind hierbei eine tödliche Gefahr darzustellen. Was also tun? Nichts tun würde eines Tages ethisch und juristisch unterlassene Hilfeleistung bedeuten, etwas tun bedeutet drohende fahrlässige Tötung. Zum Hilfspersonal und zu meiner Frau simplifizierte ich meine Situation wie folgt: Wenn die Anja auftaucht, stehe ich mit einem Bein im Gefängnis.

Anja hatte die Angewohnheit, Speisereste im Mund zu behalten, also diese nicht hinunterzuschlucken. Folglich sind die Zähne innerhalb weniger Jahre zerstört. Mir war aufgefallen, daß gerade diese Kinder kaum größere Entzündungen oder gar Abszesse ausbildeten und daß sie niemals Schmerzen zu haben schienen. Festzustellen, ob ein solches Kind nun Schmerzen hat oder nicht, das ist hier wiederum gar nicht so schwer, wie man meinen möchte. Eng vertrautes Pflegepersonal und ganz besonders pflegende Eltern merken schnell und zuverlässig, wenn mit ihren Schützlingen etwas nicht stimmt. Deren Angaben sind für den Behandler eine verläßliche Ergänzung seiner Prüfmethoden.

Ich bin erleichtert, daß wir, das Ehepaar Staberoh und ich, uns in der Betreuungsstrategie gegenüber Anja auf das Abwarten geeinigt haben, eine, wie ich meine, richtige Entscheidung.

Außerdem bin ich erleichtert, daß ich Anja im Notfall trotz allem behandelt hätte.

Bettina und Martin Staiber

Ein Aushang in der Bäckerei unserer Siedlung im März 1991 – das war der Beginn unseres Kennenlernens von Anja und ihren Eltern. Gesucht wurde eine Frau oder Familie für eine stundenweise Betreuung von Anja nach Absprache.

Bis zu diesem Zeitpunkt hatten wir keine Erfahrung im Umgang mit einem behinderten Menschen, und so kamen dann anfangs gewisse Ängste auf, die aber ganz und gar unbegründet waren.

Anja schien eigentlich von Anfang an ganz zufrieden mit uns zu sein. Sie zeigte es uns in vielen liebevollen Gesten: in ihrem stillen, verschmitzten Lächeln, welches sie, je nach Situation, zu einem herzhaften, leicht verzerrten Lachen steigern konnte, in ihren vielen Umarmungen mit dem Nase-an-Nase-Reiben, in ihrem aufgeregten, wilden Armeschütteln, wenn sie sich auf die bevorstehende Spazierfahrt, auf Vertrautes oder Neues freute.

Anja war trotz ihrer Schwerstbehinderung pflegeleicht. Mit sich und der Welt zufrieden, fröhlich, genügsam, mit einem feinen Gespür in Sachen Benehmen, seltenst mißmutig und sehr dankbar. So haben wir sie kennengelernt, und so werden wir sie in Erinnerung behalten. Wir haben durch sie gelernt, und wir haben Erfahrungen gesammelt, die wir nicht missen möchten.

Wir sind dankbar über die Begegnung mit Anja und der daraus entstandenen freundschaftlichen und herzlichen Verbindung mit ihren Eltern.

Gertrud und Rudolf Hummel

Abwechslung für die neunjährige, schwerbehinderte Anja in einer Familie mit Kindern während der Schulferien zu finden, war als Wunsch in einem Zeitungsartikel zu lesen. Unseren vier Kindern teilten wir unser Vorhaben, Anja ein paar Stunden zu betreuen, mit. Begeisterung lösten wir damit allerdings nicht aus.

Während des ersten Aufenthalts bei uns war Anja sichtlich scheu. Bald haben wir wohl ihr Zutrauen gewonnen. Ein Karton voll Spielsachen fand jedesmal ihr Interesse und wurde bis auf das letzte Stück ausgeräumt. Besonders angetan hatten es ihr Bauklötze, die großen Legosteine, Püppchen mit Kleidern, die sie ausziehen konnte und kleine Bälle, die sie mit freudigem Schreien ins Zimmer warf. Immer wenn ein Turm aus Klötzchen gebaut wurde, kam sie angekrabbelt, um ihn lachend umzustoßen. Anja hatte auch Gefallen an unseren Kätzchen, die durchs Zimmer sprangen und wieder davonhuschten. Kleine Spielzeugautos auf dem Boden zu rollen bereitete ihr sichtlich Freude. Erstaunlich war es, wie behende sie in der Wohnung robben konnte. Es gab jedoch auch Phasen, in denen sie ganz mit sich beschäftigt war oder nur still etwas betrachtete. Ungern war sie allein. Es war ihr immer willkommen, mehrere Personen um sich zu haben, mit denen sie auch gerne schmuste. Sie schlang liebevoll ihren Arm um den Hals, drückte Stirn an Stirn oder rieb ganz sanft ihre Nase an einer anderen.

Wir glauben, daß Anja während der letzten sieben Jahre sehr gerne in unser Haus kam, war es doch eine kleine Abwechslung in ihrem Ferienalltag.

Eine lebendige Erinnerung an Anja wird durch die von uns in ihren letzten Lebenswochen gemachten Fotos aufrechterhalten.

Paula, Erich, Ute, Irina Frischknecht

Durch das Zeitungsinserat »Mutter mit gehbehindertem Mädchen sucht Kinderbetreuungsaustausch« lernte ich Familie Staberoh kennen. Meine beiden Töchter, damals zweieinhalb Jahre und zehn Monate alt, waren mit Anja fortan wöchentlich zweimal eine harmonische Spielgruppe. Anja spielte intensiv mit allen Spielsachen, war stets guter Laune, lachte und klatschte, wenn ich eine Kasperle-Geschichte vorspielte. Wir waren geschockt, als Anja bei einem weiteren Schlaganfall auch noch ihr Gehör verlor.

In den Jahren danach habe ich sie weiterhin angesprochen, denn sie hat mein Gesicht und meine Mimik genau beobachtet und ihre Reaktion hat gezeigt, daß sie meine Liebe verstanden hat. Sie hat gern geschmust, bevorzugte Eskimoküsse (Nase an Nase reiben) und klammerte sich gern um meinen Hals wie ein Äffchen. Sie konnte so zum Lachen gebracht werden, daß sie damit alle ansteckte. Manchmal hatte ich jedoch Angst, sie könnte sich verschlucken, weil sie mit dem Lachen nicht mehr aufhören konnte. In den vergangenen vierzehn Jahren hat Anja trotz ihrer starken Behinderung ihre eigene Schönheit und liebreizenden Charme ausgestrahlt.

Ihre Aufenthalte in unserer Familie waren eine Bereicherung.

Zu den Eltern konnten mein Mann und ich eine Freundschaft aufbauen, die mit den Jahren an Intensität zugenommen hat. Die Sorgen und Nöte um Anjas Krankheit haben uns sehr betroffen gemacht.

Ihre Entscheidung, Anja nach erfolglosen Therapieversuchen alle weiteren Klinikaufenthalte zu ersparen und sich für ihre größtmögliche Lebensfreude einzusetzen, war das Beste, was sie für Anja tun konnten.

DAS ENDE NAHT

Montag, 22. 5. 1995

»Zum Geburtstag viel Glück! Liebe Mami, zu deinem siebzigsten Geburtstag möchten wir dir alle herzlichst gratulieren. Dies soll auch ein Anlaß sein, dir für die liebevolle Betreuung von Anja zu danken und dafür, daß Uwe und ich dich so häufig in Anspruch nehmen können. Die Omi lebe hoch!«

Die Gläser werden angestoßen, und meine Mutter nimmt fast ein bißchen verlegen meine Glückwünsche entgegen. Sie hat die Verwandtschaft und uns zu einem Abendessen im Restaurant eingeladen. Anja findet die Ehrenbezeugungen langweilig. Sie rutscht in ihrem Buggy hin und her und wird immer ungeduldiger, eine ausgeprochene Geburtstagsstimmung kann man dies gerade nicht nennen. Mit sanfter Gewalt muß Uwe meine Mutter daran hindern, daß sie selbst an ihrem Ehrentag Anja füttern will. Wenigstens heute soll sie ihr Truthahnschnitzel einmal warm essen können.

Anja wird jetzt etwas ruhiger, nachdem Uwe ihr grüne Bohnen füttert. Die fettigen Pommes frites holt sich Anja selber vom Teller und schiebt sie genüßlich in den Mund. Aufmerksam beobachtet sie, wie Peter, ihr Cousin, ebenfalls nach den begehrten Kartoffelstäbchen angelt. Alle Geburtstagsgäste sind so ahnungslos und unbeschwert! Niemand hat eine Vorstellung davon, was sich in einer Woche ereignen wird.

*

Mittwoch, 24. 5. 1995.

Ein ganz normaler Tag. Der letzte Schultag.

Punkt 12 Uhr hält der Schulbus der Johanniter auf der Straße. Der Zivildienstleistende holt noch das Vespertäschchen, das auf die Plattform gefallen ist und trägt mit mir zusammen Anja in die Diele. Anja setzt sich an den Fuß der Treppe, die rechte Hand an der geschlossenen Eingangstüre abstützend, und brüllt aus Leibeskräften. Ich bin beruhigt. Es ist das übliche Wutgeschrei, das sie seit vielen Monaten anstimmt, sobald sie nach Hause kommt. Dabei spielt es keine Rolle, ob sie von der Schule zurückkehrt, ob sie zusammen mit uns von einem Spaziergang nach Hause kommt oder Bettina sie abliefert. Aus unerfindlichen Gründen braucht sie diese Schreiattacke. Weder liebevolle Aufmerksamkeit unsererseits, noch Gegenbrüllen, noch die Ablenkung durch die Omi können sie davon abhalten. Nach einer halben Stunde ist sie des Schreiens überdrüssig, krabbelt ins Wohnzimmer, knallt die Türe zu und schwenkt um auf ihr Beschwichtigungsverhalten, auch wenn sich niemand über ihr Verhalten erzürnt und geschimpft hat. Manchmal dauert die Schreiattacke länger. Dann muß ich sie von der Türe wegschleppen, damit Uwe ins Haus eintreten kann, oder er drückt Anja mit der Türe ganz vorsichtig zur Seite, damit ihre Finger nicht eingeklemmt werden. Ist diese Etappe bewältigt, kann ich zum Wickeln und Füttern übergehen.

Das Klingeln des Telefons veranlasst mich, Anja nach dem Wickeln die Jogginghose in aller Eile hochzuziehen.

»Grüß Gott, Frau Staberoh, ich bin Kathrin S. – Meine Lehrerin hat mir erzählt, daß Sie einen Babysitter für Anja suchen. Ich würde gerne mit der Anja spazierengehen. Mir wurde gesagt, daß ich zehn Mark pro Stunde dafür erhalten würde.«

Ich erkläre der fünfzehnjährigen Kathrin, daß ich niemanden zum Spazierengehen benötige, jedoch ein Mädchen suche, das regelmäßig mit Anja spielt. Kathrin erklärt sich bereit zu einem Versuch, und wir vereinbaren einen Tag in der darauffolgenden Woche.

Ich nehme Anja in die Arme.

»Stell dir vor, mein Mäuschen, nächste Woche kommt die Kathrin. Sie wird mit dir viele Türmchen bauen, Ball spielen, dir die große Plastiktüte aufhalten, damit du viele Papierschnitzel hineinstopfen kannst, und deine Püppchen anziehen. Was meinst du, sind das nicht aufregende Aussichten?«

Es war geradeso, als ob Anja meine Worte verstanden hätte. Sie schenkt mir ihr strahlendstes Lächeln, faßt mit ihrem Greifer um meinen Hals und stupst ihr Näschen an meine Nase. Sollte nächste Woche mein sehnlichster Wunsch, eine Spielkameradin für Anja zu finden, doch noch in Erfüllung gehen?

Uwe würde gleich zum Mittagessen kommen. Mit einem Blick würde er die häusliche Situation erfassen. Ja, alles ist in Ordnung. Keine Katheter liegen herum, und Anja streckt ihm lächelnd ihren Pepe entgegen. Das bedeutet Entwarnung.

»Denk daran, daß um sechzehn Uhr der Orthopädietechniker ins Haus kommt, um das neue Korsett abzuliefern«, erinnere ich Uwe, bevor er wieder ins Büro geht.

Anja blickt mißtrauisch auf dieses neue monströse Korsett aus hartem, unnachgiebigem PVC-Material. Nach monatelanger Anpassungsarbeit und vielen Anproben findet heute die Übergabe statt. Um ihr das Anziehen des Korsetts etwas schmackhafter zu machen, läßt Uwe Anja ein paarmal zu einem Purzelbaum abrollen. Das ist eine tolle Sache, und Anja lacht aus vollem Herzen. Dabei bemerken wir, daß an den oberen Schneidezähnen ein weiteres kariöses Stück herausgebrochen war. Aber sie hat offensichtlich keine Zahnschmerzen. Gott sei Dank!

Als sie mit nacktem Oberkörper in der unteren Korsettschale liegt, bemerken wir außerdem, daß ihre Haut eine allergische Reaktion zeigt, sie ist übersät mit roten kleinen Flecken. Jetzt erinnere ich mich auch wieder, daß Anja diese allergische Hautreaktion bei sonstigem allgemeinen Wohlbefinden schon vor etwa drei Wochen gezeigt hatte. Ich hatte damals für Frau U., Anjas Betreuerin in der Schule, eine Nachricht in das Vespertäschchen gelegt und sie auf die roten Flekken an Anjas Körper aufmerksam gemacht, mit der Ergänzung, daß das Kind trotzdem am Schwimmen, das ihm immer so viel Spaß bereitete, teilnehmen könnte. Wir hatten eine

Nahrungsmittelallergie vermutet und uns den Kopf darüber zerbrochen, ob wir Anja etwas anderes als sonst gefüttert hatten. Der Hautausschlag, der nur am Körper, nicht jedoch im Gesicht und an den Extremitäten aufgetreten war, verschwand nach etwa vier bis fünf Tagen und geriet in Vergessenheit. Aufs neue überlegen wir, ob wir Anja in den letzten Tagen andere Speisen verabreicht haben, können aber keine Änderung unseres üblichen Speiseplanes feststellen. Wir sind weiter nicht darüber beunruhigt und nehmen an, daß die Hautrötung wieder in ein paar Tagen abklingen wird, wie beim letzten Mal.

Nachdem der Orthopädietechniker wieder gegangen ist, beginnt Anja an ihrer Jacke zu zupfen, für uns die vertraute Anweisung: »Zieht mir das Ding aus!« Wir nahmen an, daß Anja auch das neue Korsett mehrere Stunden tolerieren würde. Nun trägt sie es nicht einmal eine halbe Stunde und will es schon loswerden. Wir entfernen das Monstrum von ihrem zarten sichelförmigen Körper, und Anja ist zufrieden. Sie wollte das neue Korsett einfach nicht!

Ein ganz normaler Abend mit den üblichen Ritualen und ruhiger Nacht schließt sich an.

*

Donnerstag, 25. 5. 1995, Christi Himmelfahrt

Anja ißt äußerst lustlos das Marmeladenbrötchen zum Frühstück. Nur mit Mühe können wir sie noch dazu bewegen, etwas Tee zu trinken. Sie scheint sich nicht wohl zu fühlen. Ihr Gesichtchen wirkt leidend, und die Mundwinkel sind in stummem Schmerz nach unten gezogen. Im Laufe des Vormittags erbricht sie sich. Der scheußliche Brechreiz hält den ganzen Tag über an. Auch das Betrachten eines Apotheken-Ratgeberheftes, in dem es von pausbäckigen glückselig strahlenden Babies nur so wimmelt, läßt in ihrem gequältem Gesicht kein Lächeln mehr aufleuchten. Mit großer Begeisterung, Neugier und großen Augen hatte sie immer die Hefte angeschaut und uns mit einem »Äh, äh« auf die wohlgenährten, vor Gesundheit strotzenden Knuddelbabys aufmerksam gemacht. Ich hatte ständig mehrere dieser Apothekenhefte auf Lager, mit denen sie sich, wenn ihr Wohlbefinden eingeschränkt war, ablenken ließ. Aber der ständige Würgereiz, der wie eine zerstörerische Flutwelle jetzt ihren ganzen mageren Körper durchläuft, läßt keine Erholungsphasen und kein Ablenken zu.

Im Wechsel halten wir Anja wieder in unseren Armen. Der Schmerz des Mitleidens schnürt uns fast die Kehle zu.

Bis wir eine Krankenschwester erreichen, die ihr Medikamente spritzt, um die Übelkeit zu lindern, ist es schon früher Abend.

Die Angst kriecht wieder aus allen Ritzen des Hauses. Welche Zerstörung würde der kommende Schlaganfall bei unserem Kind verursachen? Bisher hatte diese Symptomatik, ein ganztägig andauerndes, qualvolles Erbrechen, immer einen Infarkt eingeleitet. Wieviele Eltern haben diese Ohnmacht schon durchstehen müssen, nicht helfen zu können, machtlos neben ihrem schwerkranken Kind stehen zu müssen und ihm das Leid und die Schmerzen nicht abnehmen zu können? Es ist grausam.

Uwe, der in Akutsituationen immer der stärker Belastbare war, schläft neben Anjas Bett, nachdem das Erbrechen aufgrund der Medikamente zwar etwas nachgelassen, aber nicht ganz aufgehört hat. Anja stöhnt immer wieder, wälzt sich unruhig im Bett hin und her und schläft nur in kürzeren Etappen.

*

Freitag, 26. 5. 1995

Das morgendliche Erwachen bringt die entsetzliche Gewißheit. Keine Übelkeitsattacken mehr, aber ein weiterer Infarkt mit Schlucklähmung. Anjas Augen starren irgendwohin ins Leere. Ihre Zunge hängt aufgequollen zwischen den Lippen. Mit einer Kanüle, die wir mit Tee gefüllt haben, versuchen wir, ihren Mund zu befeuchten. Ein paar Tropfen der Flüssigkeit bleiben im Mund, der Rest rinnt aus den Mundwinkeln. Die roten Flecken an ihrem Körper haben sich über

Nacht in winzige weiße Körnchen, wie Gries aussehend, verwandelt. Ihre Stirn glüht und ist übersät mit Schweißperlen. 40,5 Grad Fieber zeigt das Fieberthermometer an. Abwechselnd halten wir Anja in unseren Armen, um sie unsere Nähe spüren zu lassen. Meine Mutter löst uns für eine Stunde ab, damit wir, mit schnellen Schritten und voller Unruhe, am Fluß entlang andere Eindrücke aufnehmen könnten. Aber unsere Augen sind fast blind.

Wir hatten das Bedürfnis nach medizinischem Beistand und Rat.

Um ganz sicher zu gehen, daß wir einen Arzt, der über unsere ungewöhnliche Situation unterrichtet war, erreichen würden, verfügten wir über die privaten Telefonnummern von vier verschiedenen Ärzten, die wir mit Anjas Lebens- und Leidensweg vertraut gemacht hatten. Sie hatten zugesagt, uns in unseren schwersten Stunden zu Hause zur Seite stehen zu wollen. Dies hatte uns ein Gefühl der Sicherheit gegeben, alle vier konnten unmöglich zur gleichen Zeit abwesend sein. Aber genauso war es.

Nachdem Donnerstag ein Feiertag war, hatten die meisten Praxen geschlossen, und die Ärzte waren mit ihren Familien auf Kurzurlaub weggefahren. Es war für uns unmöglich, den Notdienst anzurufen, um einen Arzt zu erreichen, da die Leitzentrale nicht den Namen des Arztes preisgab, sondern nach den Symptomen des Patienten, der einen Hausbesuch wünschte, fragte. Mit Anjas Symptomatik wäre fünf Minuten später der Rettungswagen mit Blaulicht und Martinshorn eingetroffen, um Anja schnellstmöglichst auf die Intensivstation zu bringen.

Erst beim zehnten Anruf in irgendeiner Arztpraxis ertönt nicht: »Hier ist der automatische Anrufbeantworter der Praxis X«, sondern Dr. U. nimmt den Hörer ab. Ein neues Problem, wie erklärt man in ein paar Sätzen unser Dilemma, ohne große Konfusion zu erzeugen. Dr. U. ist zwar höchst irritiert, muß aber in meinem Gestammel den Ernst der Situation gespürt haben. Am frühen Abend trifft er bei uns ein. Unsere Erklärungen sind für ihn überzeugend, und er sagt uns seinen Beistand zu. Wir vereinbaren eine bestimmte Klingelfrequenz des Telefons, nach der er sofort zurückrufen würde. So können wir ihn jederzeit erreichen.

Anjas Zustand ist unverändert. Arzt, Krankenschwester und Uwe spritzen im Wechsel Beruhigungsmittel. Es ist für Uwe unglaublich schwer, diese Hemmschwelle, sein geliebtes Kind zu stechen, zu überwinden. Die Dosis der Spritzen ist offensichtlich zu niedrig gewählt, weil sich Anjas Unruhe nicht beeinflussen läßt. Der Arzt rät uns, die Dosis zu erhöhen. Uwe wendet ein, daß eine höhere Dosis an Medikamenten sicherlich den Genesungsprozeß beeinträchtigen würde, falls Anja eine Chance hätte, diesen Schlaganfall zu überstehen. Der Arzt und ich lassen uns von Uwe überzeugen. Fiebersenkende Mittel zeigen kaum Wirkung, das Fieber sinkt nur wenig unter 40° Celsius.

Wieder verbringt Uwe die Nacht neben Anjas Bett.

Diesselbe Unruhe und der Schlaf in Intervallen.

Es war unglaublich, wie belastbar Uwe war. Mit mehreren Nächten Schlafentzug wäre ich physisch zusammengebrochen. In Krisenzeiten, wenn Anjas Leben in Gefahr war, hatten wir bisher unser Belastungspotential zeitlich versetzt ausgeschöpft. War die Situation akut, so zeigte sich Uwe als der Stärkere, ebbte sie ab, fiel Uwe in ein physisches Loch mit Müdigkeit und starken Rückenschmerzen, während ich wieder das Ruder übernahm.

Wir waren ein eingespieltes Team.

*

Samstag, 27. 5. 1995

Immer noch hält die Schlucklähmung an, ebenso das hohe Fieber. Der weißkörnige Hautausschlag wird noch auffälliger und überzieht Anjas ganzen Körper.

Diese Krise hat einen ganz anderen Verlauf als die bisherigen. Am dritten Tag war stets eine Besserung ihrer Vitalfunktionen eingetreten. Aber dieses Mal wollte und wollte sich einfach keine Regenerierung einstellen. Im Laufe des Nachmittags geht die Schlucklähmung zurück, so daß wir Hoffnung schöpfen. Anjas Zunge hängt nicht mehr aufgequollen zwischen den Lippen. Aber unsere Versuche, ihr Tee einzuflößen, sind nach wie vor erfolglos. Sie weigert sich zu trinken. Wir fahren fort, Tee in die Kanüle aufzuziehen und ihr in den Mund zu träufeln. Das heiße Gesichtchen zeigt einen leidenden Ausdruck. Wann hat Anja das letzte Mal gelächelt, war es am Donnerstagmorgen? Es scheinen schon Zeitalter dazwischen zu liegen. Das frühere »Sesam-öffne-dich« zu ihrem Lächeln, das beliebte Augenrollen, löst keinerlei Reaktion mehr bei ihr aus. Sie scheint durch uns hindurchzusehen. Gelegentlich stöhnt sie, aber sie weint nicht. Ihre motorische Unruhe verstärkt sich eher, als daß sie abnimmt. Liegt sie auf der Matratze, wälzt sie sich hin und her, dann streckt sie wieder ihren Arm aus, um hoch genommen zu werden. Hält Uwe sie in seinen Armen, auf der Couch sitzend, will sie bald darauf wieder auf die Matratze gelegt werden.

Im Laufe des Abends spreche ich es als erste aus: »Ich glaube, daß Anja sterben wird, sie schafft es einfach nicht mehr«.

Die Vorstellung ist für uns entsetzlich, daß Anja jetzt auf einer Intensivstation liegen könnte, fixiert im Pflegebett mit Bandagen, damit sie die Infusionskanülen nicht aus ihrem Körper herausreißen könnte, unfähig dem übermächtigen Bewegungsdrang nachzugeben, der sie beherrscht.

Versucht sie, dem Tod zu entfliehen?

*

Sonntag, 28. 5. 1995

Eine Infektion, die das extrem hohe Fieber und den auffälligen Hautausschlag ausgelöst hat, im Verbund mit einem generalisierten Gefäßverschluß, ist die Diagnose von Dr. U., der im Begriffe ist, das Haus zu verlassen. Seine Worte dröhnen noch in unserem Kopf: »Der bevorstehende Tod Ihres Kindes könnte auch in einer Klinik nicht mehr aufgehalten werden!«

Anja schafft es nicht mehr.

Noch einmal streckt sie ihren Greifer aus, um auf den Arm genommen zu werden.

Das letzte Mal.

Anja stirbt in unseren Armen.

*

Uwe erinnert sich:

»Alles Tun der Menschen hat seine Zeit.
Geboren werden hat seine Zeit.
Sterben hat seine Zeit.
Denn es geht dem Menschen wie dem Tier,
wie dieses stirbt, so stirbt er auch,
und alle haben einen Odem,
und der Mensch hat nicht mehr als das Tier.
So sah ich denn, daß es nichts Besseres
gibt, als daß ein Mensch fröhlich sei
bei seiner Arbeit; das ist sein Teil.
Denn wer könnte ihn dahin bringen,
daß er sehe, was nach ihm geschehen wird?«

Diese Worte des Predigers Salomon, die der Pastor auf unseren Wunsch am Grabe unseres Kindes gesprochen hat, sind verklungen.

Der kleine weiße Kindersarg wird abgesenkt. Anja wird neben meinem Vater liegen. Als auch der letzte Trauergast im strömenden Regen am Sarg Anja die letzte Ehre erwiesen hat, stehen Angela und ich leer und ausgebrannt vor der tiefen Grube. Verlegen nähern sich zwei Friedhofsarbeiter. Wir stören durch unsere Anwesenheit ihren Arbeitsablauf. Sie senken den Sarg auf den Boden, wo er wie ein kleines Boot schwimmt. Das Wasser fließt nicht mehr ab, die Erde ist gesättigt. Die Blumen und Schalen werden von den Arbeitern um das offene Grab verteilt.

Wir verlassen unsere geliebte kleine Maus, unseren Sonnenschein, unsere Anja. Nun liegt sie allein neben ihrem

Großvater, den sie nie kennengelernt hat. Doch auch wir sind allein. Anja hat ein Loch in unser Leben gerissen. Wir müssen einen neuen Lebensabschnitt beginnen, der aber auf den gemeinsamen Lebensweg mit Anja aufbauen kann. Die Lebenserfahrung, die uns unser Sonnenschein vermittelt hat, kann uns sowenig genommen werden, wie die Gedanken an Anja.

Wir fahren nach Hause, wo uns unsagbare Stille empfängt.

MONATE DANACH

Bei einer plötzlich auftretenden Verletzung spürt man oft in den ersten Augenblicken keinen Schmerz. Diese natürliche Betäubung gibt jedoch bald dem Schmerzgeschehen wieder freie Bahn. Auch wir befanden uns in einer Betäubungsphase. Sie war wie eine Ruhe vor dem Sturm. Wann würde der große Schmerz durchbrechen? Wann würde es bis in unser Innerstes eindringen, daß unser Kind uns unwiderruflich verlassen hatte? Der Schmerz kam nicht schlagartig, sondern schleichend, sozusagen in homöopathischen Dosen.

Immer wieder frage ich Uwe oder er mich: »Wie lebendig ist das Bild von Anja in dir, kannst du dir ihr süßes kleines Näschen noch vorstellen, ihr verschmitztes Lächeln?«

Der Befragte würde den Kopf schütteln: »Nein, auch wenn ich alle Anstrengungen unternehme, ich kann mir ihr Gesicht nicht greifbar vorstellen.« Es stimmte uns traurig, daß das Bild unseres Kindes sozusagen verschluckt und verschüttet war. Natürlich betrachteten wir häufig Fotografien von Anja, in ihrem Buggy sitzend, mit strahlendem Lächeln oder skeptischem Blick. Irgendwann konnten wir nicht mehr unterscheiden, ob die zurückkehrende Erinnerung an ihr Gesicht oder an Situationen durch das Einprägen der Fotos zurückzuführen war oder ob es authentische Prägungen waren. Manchmal schien es uns so, als ob sich unser Innerstes nach wie vor gegen die Realität, den Tod unseres Kindes, sträubte. Diese Endgültigkeit, dieses Unfaßbare des Nicht-mehr-Existierens war mit der Ratio nicht zu bewältigen. Ganz behutsam mußte sich dieses Begreifen seinen Weg in tiefere Schichten bahnen. Aus dieser Widersprüchlichkeit unseres Fühlens, das Trauer und Akzeptanz gleichermaßen umfasste, gab es kein Entrinnen.

Es war kein großer Unterschied zwischen uns und der Amselmutter im Garten, die verstört immer wieder ihr Nest anflog und ihre frisch geschlüpften Jungen suchte. Ich war Zeuge gewesen, wie ein Rabe aus dem Nest in der Efeuhecke die Amseljungen raubte. Es gelang ihm jedoch nicht, alle Jungen auf einmal wegzutragen. Unter dem Nest lag ein Amselkind, sein nackter rosa Körper pulsierte im Rythmus seines Herzschlages. Wie lange würde es noch leben, schutzlos der Kälte ausgeliefert und unauffindbar für seine Mutter? Ich konnte mich in die Amselmutter hineinversetzen. Immer wieder kam sie zum Nest, um dann erstaunt festzustellen, daß es leer war. Die gleiche Unruhe packte Uwe und mich, wenn wir mehrere Stunden außer Haus waren. Wir wurden von unsichtbaren Fesseln nach Hause gezogen, um unser Kind, das nicht mehr da war, zu versorgen. Was die Amselmutter jedoch nach ein paar Tagen begriff, dazu würden wir viele Monate brauchen.

Wir befanden uns in einer widersprüchlichen Gefühlslage. Mehr als ein Jahrzehnt hatten wir jederzeit mit dem möglichen Tod von Anja rechnen müssen und waren bereit, sie loszulassen. Während dieser Zeit hatte sie uns jedoch mit ihrem Lebenswillen signalisiert: »Mami, Papi, ich bin noch nicht bereit zu sterben, ich kann das Leid noch ertragen. Trotz der unzähligen, grausamen Schlaganfälle, die mich zu einem Leben im Rollstuhl, ohne Sprache und ohne Gehör verurteilt haben, habe ich soviel Aufregendes, soviel Zärtlichkeit erlebt. Wie oft habe ich mich wohl gefühlt und mich auf die Radtour gefreut, die ihr mir mittels Zeichensprache angekündigt habt, oder ich habe mit Papi in der Badewanne eine Spritzorgie veranstaltet. Ich weiß, so lange ich lebe, werde ich nie aus eurer Geborgenheit, aus meiner vertrauten Umgebung herausgerissen.«

Ende Mai signalisiert Anja eine Änderung ihres Lebenswillens: »Jetzt aber schaudert es mich vor den unerträglichen Schmerzen, die mir meine Wirbelsäulenverkrümmung bald verursachen würde. Wenn ich mir vorstelle, daß mir bei einem weiteren Infarkt auch noch Blindheit bevorstehen könnte, verläßt mich jeder Lebensmut. Meine Hand, mein Greifer, würde immer ins Leere fassen, wenn ich mich eng an euch schmiegen wollte, um mein Gesicht mit eurem verschmelzen zu lassen, um mich geborgen und ohne Angst zu fühlen, wenn ich nicht mehr euer beruhigendes Lächeln sehen könnte, das mir das Gefühl gibt: Es ist alles gut.

Nein, Mami, nein, Papi, es ist jetzt Zeit für mich zu gehen.«

Ihre letzten Tage vor ihrem Tode ließen keinen Zweifel an ihrer Absicht. Es hatte keine Möglichkeit zur Umkehr gegeben. Selbst wenn sie bestanden hätte, so wäre sie von uns jedoch nicht genutzt worden, da wir uns nicht angemaßt hätten, unser Kind zum Leben zu zwingen. Weder Intensivstation noch künstliche Ernährung oder Beatmung durch Trachealkanüle – heutige Standardmaßnahmen zur Lebensverlängerung – hätten wir Anja zugemutet. Die Ratio in uns war einverstanden, daß Anja diesem Sterben auf Raten ein Ende gesetzt hatte. Aber unser Innerstes klagte, wir wollen unser Kind wiederhaben. Wir möchten es herzlich lachen sehen, seine warme, zarte Wange liebkosen, es in unserer Mitte umfangen halten, einfach wieder komplett sein. Mit diesen zwei gleichwertigen Polen unseres Denkens und Fühlens, mit dieser Ambivalenz, würden wir immer leben müssen.

Wie weh tat es, die vielen Püppchen, Anjas Jacken und T-Shirts in einen großen Karton zu füllen und bei einer sozialen Hilfsorganisation abzuliefern. Annähernd zehn Puppen, weitere Lieblingsspielsachen und Kleidungsstücke werden wie Reliquien im Wohnzimmer aufbewahrt. Wie schmerzlich war es für Uwe, sich von unserem Auto zu trennen, das er für Anja hatte umbauen lassen, damit wir ihren Aktionsradius erweitern konnten. Die Puppenstube, mit Puppenmöbeln und Geschirr, wies noch das chaotische Durcheinander auf, wie Anja es fünf Tage vor ihrem Tod hinterlassen hatte. Die Matratze in ihrem Bett war immer noch mit dem fleckigen Leintuch bezogen, auf dem sie die letzten Nächte geschlafen hatte. Aber unser Kind wird nie mehr in diesem Bett schlafen. Nie mehr wird Anja mit Schwung eine Puppe nach der anderen auf den Boden knallen. Nie mehr abends ihren Papi terrorisieren mit ihrem Socken- und Höschentick. Nie mehr zufrieden glucksend ihren Greifer um unseren Hals schlingen, wissend, hier ist Vertrautheit und Geborgenheit.

Vorbei.

Das Haus war voll von Erinnerungen an Anja.

Die Kugelbahn wartete vergebens darauf, daß jemand die Murmeln herunterkullern ließ. Wochenlang konnten wir die Gewohnheit nicht ablegen, vorsichtig die Wohnzimmertüre zu öffnen, um Anjas Fingerchen nicht einzuklemmen, falls sie hinter der Türe saß. In der Küche ließ ich nach wie vor die unterste Türe des Küchenschrankes offen stehen, damit Anja die Töpfe ausräumen könnte. Um zwölf Uhr wurde ich unruhig, wenn ich nicht die Geräusche des heranfahrenden Behindertenfahrzeuges hörte.

Uwes Optimismus, mit dem er mich immer angesteckt hatte, war berechtigt gewesen. Gemeinsam konnten wir die Trauer, den Schmerz und diese neue Einsamkeit ertragen. Gemeinsam fühlten wir die Leere und die Endgültigkeit des Abschieds von unserem Kind. Gemeinsam entdeckten wir, daß es tief in unserem Innersten, in unserem Herzen, noch da war und immer da sein würde. Ein unsichtbares, aber fühlbares Band hielt es in uns fest.

Nur langsam verloren sich die festgefahrenen Gewohnheiten.

Fast liebevoll betrachteten wir den Nußbaum im Garten. Anjas Baum. Sie war uns hier genauso nahe wie auf dem Friedhof.

*

Wie alle Trauernden machten auch wir unsere speziellen Erfahrungen mit den Reaktionen der Mitmenschen auf unseren Verlust. Nachdem wir nicht zu den Trauernden gehörten, die auf die Frage »Wie gehts?« sofort in Tränen ausbrachen, sondern uns genauso »normal« verhielten wie vor Anjas Tod, mußte wohl der Eindruck entstanden sein, daß wir sehr schnell zur Tagesordnung übergegangen waren. Wir zogen es einfach vor, unter Ausschluß der Öffentlichkeit unseren Tränen freien Lauf zu lassen.

Das Bedürfnis, vor allem bei mir, über die Freuden und das Leiden unseres Kindes zu sprechen, war groß. Die Gesprächsrituale liefen jedoch unterschiedslos nach dem gleichen Muster ab. Teilnahmsvoll erkundigte sich der Besucher nach den letzten Tagen von Anja. Spätestens nach zehn Minuten fand mein Gegenüber dann Parallelen in der Krebserkrankung des Vaters, in der Neurodermitis der Tochter oder dem langen Sterben des Großvaters. Von da war es nur noch ein kleiner Sprung zu den Sandstränden von Tunesien oder Kreta, wo man den Sommerurlaub verbracht hatte.

Irgendwie hatte ich mir vorgestellt, daß bei meinem ersten Gespräch mit Bekannten nach Anjas Tod ausschließlich von Anja gesprochen werden würde. Aber dem war nicht so. Auf diese Weise sammelte sich langsam ein Erzähldefizit an. Unseren engsten Freunden konnte ich diesen Kommunikationsnotstand begreiflich machen. Sie nahmen sich daraufhin die Zeit, uns mit Fragen nach Details aus Anjas Lebens zum Erzählen über unser Kind zu ermuntern. Es war eine große Bereicherung für uns, Ereignisse aus ihrem Leben verbal wieder aufrollen zu können, vermeintlich Verschüttetes wieder zum Vorschein zu bringen: z.B. Anjas fatale Angewohnheit, im Wintergarten augenscheinlich tote Insekten einzusammeln, unter denen sich manchmal auch stechfähige Bienen befanden – mit den entsprechenden Folgen. Dieses Erzählen trug dazu bei, das Bild unseres Kindes noch tiefer in uns einzuprägen.

Um dem nicht abnehmenden Bedürfnis, von Anjas glücklichen und qualvollen Stunden erzählen zu können, nachzukommen, waren ungewöhnliche Schritte notwendig.

Überlegungen, einer Selbsthilfegruppe »Verwaiste Eltern« oder einem Gesprächskreis für Trauernde beizutreten, legte ich *ad acta*. Ich wollte ja nicht über meine Trauerbewältigung reden – die Zielsetzung dieser Gesprächskreise –, sondern Erinnerungen an mein Kind lebendig erhalten. Erzählen, daß Anja sich diebisch freute, wenn sie heftig an den langen Übergardinen zerrte, daß ein lästiger Juckreiz sie häufig die Schulter blutig kratzen ließ. Mich hätte die Kompetenzanmaßung eines auf Trauerbegleitung spezialisierten Therapeuten gestört, Anmaßung von Fachleuten, die nicht selbst ihr totes Kind beweint haben und deren Lieblingsvokabel das Wort »Verdrängung« ist.

Wenn ich einen Tennisschläger kaufen möchte, gehe ich in ein Sportgeschäft und tausche meine Geldscheine gegen ein Sportgerät. Über welchen Ladentisch aber kann ich die Leistung »Zuhören« kaufen, ohne mir im Gegenzug die eingehende Schilderung der Bandscheibenoperation meines Gegenübers anhören zu müssen?

Ich rief flüchtig Bekannte an und fragte sie, ob sie bereit wären, mir gegen großzügige Bezahlung Gelegenheit zu geben, über mein totes Kind zu reden. Nur jeder zweite Angesprochene konnte sich über das herrschende Gesprächstabu, das das Mysterium Tod nach wie vor umgibt, hinwegsetzen. Durch stimulierendes Nachfragen haben sie dazu beigetragen, Erinnerungen an das Kostbarste, was wir besaßen, wachzurufen, zu verbalisieren und zu vertiefen. Einige der Zuhörer verweigerten die Annahme einer Bezahlung für diesen außergewöhnlichen Dienst. Nachdem auch Uwe gerne an dieser Wiederbelebung der Erinnerungen an Anja teilnahm, sind wir beide diesen selbstlosen Mitmenschen gegenüber in großer Dankesschuld.

Das merkwürdigste Erlebnis hatten wir zwei Monate nach Anjas Tod.

Wir waren von Bekannten, die uns eine einfühlsame Kondolenzkarte geschrieben hatten, zum Abendessen eingeladen. Die Dämmerung war ganz sachte über den See gezogen und ließ die gegenüberliegende Uferlinie immer mehr verschwimmen. Die Lichter der Häuser auf der anderen Seite des Sees tanzten wie Glühwürmchen in den fast schwarzen Wellen. Diese Idylle ließ unser Herz noch schwerer werden. Ganz tief sogen wir diese Sinnesempfindungen in uns auf und warteten darauf, nach unserem toten Kind befragt zu werden. Nichts.

Am liebsten hätte ich herausgeschrien: »Begreift ihr denn das Unfaßbare nicht, unser Kind ist tot, es ist einfach nicht mehr da! Was interessiert es mich, wieviel Quadratmeter die Küche eures neuen Ferienhauses in der Bretagne aufweist. Begreift ihr denn nicht, mein Kind ist tot!« Statt dessen nippte ich höflich lächelnd am Weinglas. Diese totale Sprachlosigkeit unseres Umfeldes begegnete uns noch mehrere Male. Durch das sorgsame Ausgrenzen des Namens unseres Kindes, das Ignorieren seiner einstigen körperlichen Existenz durch besonders »rücksichtsvolle« Menschen starb Anja einen weiteren, allerdings nur von uns schmerzhaft empfundenen Tod, den Erinnerungstod.

Ich kann mich nicht mehr erinnern, wie ich mich bisher Trauernden gegenüber verhalten habe. Vermutlich konnte ich ebensowenig nachempfinden wie unsere Gastgeber, daß der Trauernde zu Beginn beherrscht wird vom Schmerz über den erlittenen Verlust und ein großes Bedürfnis besteht, sich über das Leben und Sterben des geliebten Menschen mitzuteilen. Aus diesen Erfahrungen habe ich gelernt, daß ich, wenn ich in Zukunft einem Trauernden begegnen werde, ihn fragen werde, ob er über seinen Verlust sprechen wolle. Wenn ja, werde ich nicht nach einigen Minuten das Gespräch an mich ziehen, um über die Dinge zu reden, die mich bewegen.

*

»Meine Damen und Herren, dieses Luftschiff war das größte je von Menschenhand gebaute Flugobjekt!« Zweiundzwanzig Augenpaare folgten meiner ausgestreckten Hand, die zu einem von der Decke herabhängenden Modell der »Hindenburg« zeigte. »Mein Schwiegervater war als Steward auf den Luftschiffen während der Fahrten nach Südamerika zuständig für die Hummer- und Kaviarversorgung der Passagiere.« Verständnisvolles Nicken. Der Mensch lebt ja schließlich nicht nur vom Brot allein.

Ich hatte die Besucher des Museums verabschiedet. Die Konzentration fiel von mir ab wie ein abzulegendes Kleidungsstück. Mehr als eine Stunde hatte ich den Erinnerungen an Anja nicht erlaubt, sich in mein Bewußtsein zu drängen. Mein Heimweg führte die Uferpromenade entlang. Schwer und bleiern lag der See vor mir. Zwischen schwarzen Gewitterwolken, die sich drohend im Westen aufgetürmt hatten, fielen noch einige Sonnenstrahlen auf den See und in meine Gedanken, zu denen auch Anja wieder Zugang hatte. Dies waren kurze Momente des Gelöstseins und der Schwerelosigkeit. Anja und die Sonnenstrahlen waren eins in mir.

»Hallo, Frau Staberoh«, wurde ich angesprochen von einer jungen Frau mit einem braungelockten Kleinkind an der Hand. Einem Augenblick des angestrengten Nachdenkens, woher ich die junge Frau kannte, folgte das Erkennen. Dies war die Praktikantin, die vor zehn Jahren Anja im Kindergarten mitbetreut hatte. Ich fragte sie: »Wissen Sie denn schon, daß Anja vor zwei Monaten gestorben ist?« Ungläubig kam es von ihren Lippen: »Das darf doch nicht wahr sein.« Mit Tränen in den Augen umarmte sie mich ganz spontan. Diese absolut unerwartete Reaktion stürzte mich in ein plötzliches Gefühlschaos. Die eben noch empfundene Harmonie wurde überflutet durch Schmerz. Von einem Weinkrampf geschüttelt konnte ich nur noch schluchzen: »Ich kann jetzt nicht sprechen, lassen Sie mich weitergehen!« Wo früher Passanten interessiert Anjas Wutausbrüche verfolgten, beobachteten sie heute mit Neugier eine weinende Frau mittleren Alters, die vergeblich versuchte, gegen die Tränen anzukämpfen, die sie um ihr totes Kind vergoß.

Dieses Erlebnis war für mich der Grund, eine schon vor Anjas Tod bei mir gebuchte Stadtführung für den 12. September, Anjas Geburtstag, abzusagen. Es war eine weitsichtige Entscheidung.

*

Auf halbem Weg zu Anjas Grab bitte ich Uwe, stehen zu bleiben: »Ich muß noch mit Margarete und Hans sprechen.« Wir halten vor einem Familiengrab, das dominiert wurde von zwei lebensgroßen steinernen Kindergestalten, deren ausdrucksloser Blick seit fünfundvierzig Jahren über den Friedhof schweift.

»Hallo, Margarete, hättest du nicht Lust, zusammen mit deinem Bruder, ab und zu mit der Anja zu spielen, sie liegt nur etwa zwanzig Meter weiter nördlich von dir. Du könntest ihr ja den Struwwelpeter vorlesen, von dem kohlpechrabenschwarzen Mohren, den fand sie immer so lustig. Weißt du, daß ich vor ein paar Jahren einmal mit eurem Papa Tennis gespielt habe? Er war schon achtzig Jahre alt und hat sich trotz der Last seiner Jahre bemüht, hinter jedem Ball herzulaufen. Nach unserem Match hat er mich im Club zu einem Apfelsaft eingeladen. Ich fragte euren Papa, wie er den immensen Schmerz ertragen konnte, nachdem ihr beide kurz hintereinander im Alter von elf und vierzehn Jahren an Kinderlähmung gestorben wart. Er erzählte mir, daß er sich intensiv in die Arbeit gestürzt habe, was ihm als Arzt ja wohl nicht schwer gefallen sein dürfte.

Nach Anjas Tod mußte ich immer wieder an die Worte eures Vaters denken. Auch ich habe mir eine Arbeitstherapie verordnet, indem ich monatelang die Erinnerungen an Anja aufgezeichnet habe. So wird sie uns nie verloren gehen. Die unendliche Zärtlichkeit, die Anja uns gegeben hat, ist jetzt tief in uns eingegraben.

Ich wollte bald darauf wieder mit eurem Papa Tennis spielen. Beim nächsten Apfelsaft sollte ich ihm über Anjas Erkrankung erzählen. Ich habe euren Papa aber nie wieder gesehen, weil er bald darauf krank wurde. Inzwischen liegt er neben euch. Also, bis dann«, beende ich meinen stummen Monolog.

Die versteinerten Blicke der Kinderskulpturen durchbohren mich, oder war da etwa doch ein allwissendes Augenzwinkern?

Ich ergreife Uwes Hand: »Komm, Anja wartet bestimmt schon sehnsüchtig auf uns!«

*

Nun wurde ich an meine optimistische Aussage vor Anjas Tod erinnert, daß ich mir nie Vorwürfe machen würde, Anja zuwenig Aufmerksamkeit gegeben zu haben. Mehrere Wochen lang plagte mich fast zwanghaft der Selbstvorwurf: »Wir hätten öfter mit ihr Pizzaessen gehen müssen, da ihr dies so viel Spaß machte, ich hätte öfter mit ihr Eisessen gehen sollen, ich hätte häufiger mit ihr die Spielzeugautos hin und her schubsen sollen.«

Ich mußte einfach akzeptieren, daß diese Vorwürfe nicht rational zu beeinflussen waren. Würde Anja noch leben, hätte der Pizzabäcker keine einzige Pizza zusätzlich an uns verkauft, noch hätte ich ein einziges Türmchen mehr gebaut. Es hätte sich sonst eine Aufopferungsmentalität breit gemacht, die weder Anja und Uwe noch mir zuträglich gewesen wäre. Die Verletzung des Prinzips der Freiwilligkeit hätte Groll und Auflehnung in mir hervorgerufen: »Das Leben zieht an mir vorbei, ohne daß ich es gelebt habe, ich kann mich nicht selbstverwirklichen, immer muß ich zurückstecken!« Dies wären vermutlich die permanenten Klagen gewesen, wenn ich mich so verhalten hätte, wie es jetzt die absolut unerwarteten Selbstvorwürfe forderten. Der Schmerz, daß die Zukunft für Anja nicht mehr existierte, in der man ihr diese Freuden nochmals hätte bereiten können, diktierte diese Vorwürfe. Jetzt waren sie einfach ein Bestandteil des Trauerns. Sie würden irgendwann verblassen.

Das Herz sprach jedoch zur Ratio: »Mich interessiert deine Analyse nicht, du hättest öfter für Anja die Murmeln auf der Kugelbahn herunterkullern lassen sollen.«

*

Die Trauer ist ein Prozeß, der sich bis an das Ende unseres Lebens hinziehen wird. Wie ein Beinamputierter sich auch noch in seiner letzten Lebensstunde daran erinnern wird, daß an seinem Stumpf einmal sein Bein saß, so werden wir uns immer daran erinnern, daß ein Teil von uns fehlt, unser Kind. Wir sind kindamputiert.

Die Einsamkeit, die uns nach Anjas Tod umgibt, ist existentieller Art. Eine Leere, die nicht durch irgendwelche Aktivitäten, Abwechslung, Hektik und Kontakte mit Freunden ausgefüllt werden kann. Sie muß angenommen und ertragen werden. Wie lange wird uns diese Einsamkeit begleiten?

Viele »Erstlings-Situationen« haben wir schon schmerzlich erleben müssen: Anjas ersten Geburtstag nach ihrem Tod, das erste Weihnachtsfest, den ersten Besuch beim Pizzabäcker ohne unser Kind, den ersten Frühling. Aber wie bei einer Amputation wird auch der Wundschmerz des Verlustes nachlassen.

Und doch gibt es ein Wundpflaster, das den Schmerz, die Trauer, das Verlassensein mildert: Die Gewißheit, unserem Kind folgen zu dürfen. Morgen schon oder erst nach vielen Jahren? Es ist eine tröstliche Gewißheit, der wir gelassen entgegensehen. Eine Gewißheit, die unserem Leben, trotz der manchmal quälenden Sehnsucht nach unserem Kind – eine fast heitere Leichtigkeit und Unbeschwertheit verleiht.

Wir sind den vielen Ärzten, Familienmitgliedern, Freunden und Bekannten, die Anja und uns mehr als ein Jahrzehnt begleitet und unterstützt haben, dankbar, daß sie uns ausnahmslos darin bestärkt haben, daß Anja ihren Weg gehen durfte. Daß sie entscheiden konnte, wann für sie der Leidensdruck unerträglich werden würde. Daß wir kein Recht haben würden, ihr eine Lebenspflicht aufzuerlegen.

Nur ein Weg konnte der richtige sein:
Anjas Weg.

NACHWORT

Zu den wichtigsten Themen der heutigen medizin-ethischen Diskussion gehört die Frage nach dem rechten Umgang mit der letzten Lebensphase. Mediziner und Juristen schlagen sich mit komplizierten fachlichen Konstruktionen herum, um eine angemessene Abgrenzung zwischen aktiver und passiver Sterbehilfe zu finden.Gleichzeitig entdecken und praktizieren Eltern tödlich erkrankter Kinder bisweilen wunderbare Lösungen, die die wissenschaftliche Diskussion beschämen können. Zu diesen Eltern gehören auch Angela und Uwe Staberoh. Schon in den ersten Lebensjahren ihrer Tochter Anja werden sie mit deren unheilbar zum Tode führenden Erkrankung konfrontiert. Anrührend, wahrhaftig und niemals klagsam beschreibt Angela Staberoh, wie sie gemeinsam mit ihrem schwerkranken Kind in einem jahrelangen Prozeß entdecken, auf welche Weise Eltern in solch einer Situation einen eigenen, verantwortlichen, respektvollen Weg bis zum Ende finden und gehen können.

Dieses Buch erörtert keine theoretischen Konzepte, und das macht es so besonders wertvoll. Aus täglich neu geschöpften Erfahrungen finden diese Eltern einen Weg, der auch anderen, ähnlich Betroffenen Hilfe anbieten kann und Pflegekräften, Ärzten und Juristen zeigt, wie ethisch verantwortliches Handeln angesichts solch unheilbarer Krankheit auszusehen vermag.

Angela Staberoh erspart den Leserinnen und Lesern nichts. Sie nimmt sie hinein in den Schmerz von Eltern, die zunächst hilflos erleben müssen, wie ihr Kind Fähigkeit um Fähigkeit verliert, wo Eltern gesunder Kinder auf eine ständig aufwärts gerichtete Entwicklung ihres Kindes schauen dürfen. Sie nimmt uns mit hinein in ihr Hadern, ihre Zweifel, ihr Mitleiden mit dem eigenen Kind. Und sie erlaubt uns, gemeinsam mit ihr zu entdecken, daß Anja, ihr einziges Kind, nicht nur Fortschritt und Lebenschancen verliert, sondern – trotz aller Einschränkungen – in der Lage ist, elterliche Liebe wahrzunehmen, zu genießen und zu erwidern.

Von Seite zu Seite erfahren wir, wie die Eltern sich von der Genügsamkeit und Zufriedenheit ihres Kindes anstecken lassen und auf diese Weise ihre eigene lindernde Therapie für das heranwachsende Mädchen entwickeln. So wird das Buch zu einer Art »Lehrbuch der Hospizpflege« für unheilbar kranke Kinder. Voller Phantasie und Kreativität zeigen die Eltern, daß solch ein Handeln nicht Verzicht, sondern Gewinn bedeutet – für beide Seiten. Ihr Respekt vor der Würde des Lebens und ihre besondere Form der Spiritualität verbietet ihnen von selbst jeden aktiven Eingriff in die Existenz ihres Kindes, der lebensverkürzend wirken könnte. Und sie erringen sich die innere Reife, die es ihnen erlaubt, auf zweifelhafte, lebensverlängernde Maßnahmen zu verzichten. Mit ihnen erleben wir die Enttäuschung, wenn dieser Weg auf Widerstand bei Ärzten stößt, und wir können ihr Glück nachempfinden, wenn sie Mediziner entdecken, die bereit sind, sich von ihrem eigenen, besonderen Weg anstecken zu lassen.

Dies mag Ermutigung für all diejenigen Eltern sein, die selbst oftmals hilflos dem Aktionismus von Ärzten gegenüberstehen, wo wirksame Heilung nicht mehr zu erwarten ist. Vielleicht stoßen Angela und Uwe Staberoh auf diese Weise sogar eine ganz neue Art von Selbsthilfebewegung solcher Eltern an, die nur noch lindernde (palliative) Therapie für ihr Kind wünschen. Aber nicht nur solchen Eltern in Not ist dieses Buch zu empfehlen, auch diejenigen Eltern, deren Kind gesund ist und voll sich frei entwickelnden Lebens, mag es helfen, ihr Kind noch wacher als das wahrzunehmen, was Kinder immer sind: ein göttliches Geschenk an uns alle.

Johann-Christoph Student